アートゾーンデザイン
地域価値創造戦略

一般社団法人 地域デザイン学会 監修

原田保・板倉宏昭・佐藤茂幸
編著

同友館

目　次

はしがき ………………………………………………………………… iv

プロローグ～アートによる地域価値創造の実現に向けて（原田保）……… 1

第1部《理論編》

第1章　アートの地域デザインに対する有効性の検証（板倉宏昭）
　　　―地域志向の戦略― ……………………………………………… 13
第2章　アートによる地域デザイン理論の発展過程（佐藤茂幸）
　　　―コンテンツ指向からコンテクストの進化― ………………… 31
第3章　アートによる地域価値創造戦略の理論フレーム
　　　（原田保・宮本文宏・鈴木敦詞）
　　　― ZTCA デザインモデルによる地域価値と顧客価値の同時実現― ……57

第2部《事例編Ⅰ》アートゾーンデザインによる大都市創造

第4章　「ヴェネツィア」のアートゾーンデザイン（原田保・宮本文宏）
　　　―海の都市の歴史的コンテクスト― …………………………… 85
第5章　「フィレンツェ」のアートゾーンデザイン（原田保・宮本文宏）
　　　―ルネサンス都市の歴史的コンテクスト― …………………… 107
第6章　「ラスベガス」のアートゾーンデザイン（原田保・宮本文宏）
　　　―カジノとエンタテイメントのコンテクスト― ……………… 131

第7章 「バルセロナ」のアートゾーンデザイン（板倉宏昭）
　　―モデルニスモ建築が彩る街並み― ……………………………… 153
第8章 「東京」のアートゾーンデザイン（鈴木敦詞・原田保）
　　―空とカオスからアート都市 TOKYO のコンテクスト― ………… 171

第3部 《事例編Ⅱ》アートゾーンデザインによる地方創生

第9章 「小布施」のアートゾーンデザイン（鈴木敦詞・原田保）
　　―北斎が遺した寛ぎのコンテクスト― ……………………………… 193
第10章 「直島」のアートゾーンデザイン（河内俊樹）
　　―島民と来島者をつなぐ現代アートのコンテクスト― …………… 207
第11章 「境港」のアートゾーンデザイン（佐藤茂幸）
　　―妖怪アニメアートの価値創造― …………………………………… 223
第12章 「神山」のアートゾーンデザイン（板倉宏昭）
　　―アーティスト・イン・レジデンスからワーク・イン・レジデンスへ―
　　………………………………………………………………………… 241
第13章 「尾道」のアートゾーンデザイン（佐藤茂幸）
　　―時間と空間の価値創造― …………………………………………… 261
第14章 「米沢」のアートゾーンデザイン（原田保・吉澤靖博）
　　―アートプロジェクトと藩政改革のコンテクスト― ……………… 277

第4部 《事例編Ⅲ》イベントによるアートゾーンデザイン

第15章 音楽イベントを活用したアートゾーンデザイン（原田保・宮本文宏）
　　―脱代理店型の音楽中心のフェスティバル― ……………………… 293
第16章 アートイベントを活用したアートゾーンデザイン
　　（原田保・宮本文宏）
　　―日本におけるアートイベントの特徴と展開― …………………… 309

第17章　映画祭を活用したアートゾーンデザイン（佐藤正弘）
　　―地方文化運動としての映画祭― ……………………………… 327
第18章　アニメイベントによるアートゾーンデザイン（原田保・萩原功）
　　―地域に現出するアニメの舞台― ……………………………… 339

第5部《考察編》

第19章　アートの観光客に及ぼす影響（板倉宏昭・原田保）
　　―地域資源を活かした持続的展開への期待― ………………… 355
第20章　アートの住民に及ぼす影響（佐藤茂幸・原田保）
　　―住民価値を創出する限界アートの可能性― ………………… 371

エピローグ～地域を捉えたアートゾーンに対する総括（原田保）……… 383

執筆者一覧 ……………………………………………………………… 395

はしがき

　本書『アートゾーンデザイン——地域価値創造戦略——』は、(一社)地域デザイン学会理事長等の筆者（原田保）が構想した地域価値創造のためのデザインモデルである「ZTCA デザインモデル」を、近年とみに注目度を高めているアートの領域に適用した、いわばアートによる地域価値創造に関する理論と先進事例に関する著作である。筆者が、本書でアートを取りあげた理由は、確かにアートによる地域おこしはそれなりに有効ではあるものの、それでも適切な対応を行わないと地域にとっては継続的に有効な戦略にはなりえない、という懸念を感じたからである。

　多くのアートに関わる地域における事業展開については、その多くがまさに一過性のイベントに終わり、またたとえそれが継続しても、その成果はイベントなどをプロデュースした著名なアクターに帰している。そこで筆者は、地域イベントやこれをトリガーにした地域デザインが地域アクター主導で行われ、またその成果が地域に帰す方法はないのか、ということを考えたのである。つまり、地域デザインに関する理論については、もっぱら地域デザイン学会サイドが提供することとして、この理論に依拠して地域のアクターを啓発し活動を行い、そしてこれらの行為によって地域が自身のためのまさに主体者として地域デザインを推進していける仕組みを確立していきたい、という考え方に行き着くことになった。

　このような考え方から、本書ではアートをかなり広範に捉えながら、これをある種のトリガーにして地域価値の創造を可能にするための、いわば知行合一指向による研究活動が鋭意行われる。具体的には、アートゾーンの構築に関する理論編と3つの領域におけるアートゾーンに関わる先進事例の分析、そして地域デザイン視点からの提言が行われる。このように、ここでの議論は理論も事例も地域デザインに関する基本的な知見については概ね網羅

されているために、本書を参考にするならば、アートによる地域おこしについてはそれぞれの地域のアクターが主体になる体制によって推進できるようになる、と考えられる。その意味で本書に対しては、地域デザインのイニシアチブを地域が国家の中央に位置する大企業や著名人から奪還するためのある種のガイドブック的な役割が期待されている。

さて、ここで提示される地域デザインのための理論としては、前述した「ZTCAデザインモデル」が使用される。この第1のZはゾーンデザインであり、第2のTはトポスデザインであり、第3のCはコンステレーションデザインであり、第4のAはアクターズネットワークデザインである。そして、これらの4つの要素を多様に組み合わせながら構想したり推進することによって、まさに地域における価値の創造が可能になるわけである。これは、いかなる地域に対しても、またいかなる事業に対しても適用できる、まさに普遍的なデザインモデルとして構想されたものである。

本書における主題の「アート」についてはいわゆる芸術や文化とは異なる可能性を内包する概念として構想されているために、本書においてはアートの政策的な意味への理解を深めることからスタートする。そして、このアートによるゾーンデザインに関する基本的な知見を共有化することによって、3つのアートゾーンへのアプローチについての理解を深めていく。読者においては、これを習得するならば、おおむね自身の地域に対するアートによる地域デザインに関する知見は十分に満たされる。

実は、この3つのアプローチについては、本書では概ね以下のような分類が行われている。第1が都市（主にグローバルな大都市）、第2が地方の市町村（主にローカルな田舎）というゾーン特性からのアプローチである。そして、第3が地域を対象にして主にアート自体の価値創造を図るために地域において展開されるイベントなどのアプローチである。これらには共通することも多いが、それでもそれぞれに異なる対応が行われる場合も見出せる。そこで、これを踏まえながらいくつかの事例に対して丁寧な論述が行われる。それゆえ、地域のアクターにとっては、それぞれに自身が関わる地域に

ふさわしいアプローチを的確に行ってほしい。

　本書で取りあげる第1の五都市については、グローバル指向が不可欠であることを考慮すると、少なくとも人口については原則として100万人以上の大都市ということになろう。また、これらの大都市は実際には実に多様な相貌を見せている。そこで本書では、地域デザインのアプローチにおける差異を明確にするために、大きく歴史都市と人工都市という2つの特徴的な都市類型の提示が行われる。

　本書では、前者の歴史都市としては、イタリアのヴェネツィアとフィレンツェが、これに当たる。また、後者の人工都市としてはアメリカのラスベガスが、これに当たる。さらには、ともに現在ではグローバルな都市であるスペインのバルセロナと日本の東京は、時代の最先端をも走っている歴史のある大都市であるということで、いわば歴史・人工複合型というべき性質を保持するグローバルな大都市ということになる。これには、まさに芸術都市と言われるフランスのパリや、エキサイティングでコンテンポラリーな都市であるアメリカのニューヨークも含まれるであろう。

　続く第2の地方については、我が国においてはそのほとんどの地域は人口減少に悩んでいる、消滅可能性のある地方の小都市やいわゆる田舎の景観を今に残す穏やかな雰囲気を見せる町や村である。これらにおける問題点は、地域のリソースが限定されていることと、時間的にも空間的にも現在の時代の流れから少しずつ置き去りになっている地域である、ということである。そのため現時点では、ここは確かな未来展望がほとんど見出せない、いささか閉塞状況にある地域である。

　本書では、これを大きく醸成型地方と接ぎ木型地方の2つに分類する。前者では、既存のアート領域における地域価値を活かしたアートゾーンの構築が可能であり、本書では小布施と尾道、そして米沢がこれに当てはまる。また、アートに関する歴史性がさほど見出せない地域においては、何らかの新たなアート領域をあたかも接ぎ木をするように過去の姿を打ち消すことによって地域価値を発現するというような、まさにある種の操作型のゾーンデ

ザインが期待される地域であるが、本書では直島、境港、神山がこれに当たる。

　第3の地域におけるイベントの開催については、必ずしも地域特性や歴史文化に直接関係づけることなく、何らかのアートイベントを地域に持ち込むことによって、結果として個性的なアートイベントが開催される地域としてのブランディングが図られるようなアプローチ方法である。それゆえ、これにはアートイベントがある種のトリガーになってアートゾーンを形成する場合と、単にアートイベントが開催されるに過ぎない、いわば開催地に終わってしまう場合がある。なお、本書では、イベントの領域としては、音楽イベント、アートフェスティバル、映画祭、アニメイベントがあげられている。

　ここにおいては、音楽イベントが地域ブランディングに有効であった地域としては、バイロイト（ドイツ）、ニューポート（アメリカ）、グラストンベリー（イギリス）が紹介される。また、アートフェスティバルが地域ブランディングに有効であった地域としては直島（香川県）や瀬戸内、越後妻有（新潟県）が紹介される。さらに、映画祭が地域ブランディングに有効であった地域としては、釜山（韓国）、湯布院（大分県）、福岡（福岡県）が紹介される。加えて、アニメイベントが地域ブランディングに有効であった地域としては、金沢（石川県）、鷲宮（埼玉県）、京都（京都府）が紹介されている。

　これらの事例は内外にある数多の事例の一握りのものであるため、読者においては今後これらを参考にしながらも、ぜひ自らが関わる地域に有効であると思われる事例を自身で探索してほしい。それは、このような行為を継続することによってアートを活用した優れた地域デザインを展開するならば、それこそ各地において地域特性にふさわしいプロデューサーに成長することも可能になるからである。それゆえ、地域デザイン学会の会員においても読者においても、このような試みに挑戦することが大いに期待される。

　今回も、筆者が長い間お世話になっている株式会社同友館に（一社）地域デザイン学会の監修による本書の出版を引き受けていただいた。とりわけ今回、代表取締役社長の脇坂康弘様に担当していただいたことには大いに感謝

している。それゆえ、この場を借りて心からの御礼をさせていただきたい。

2016 年 6 月 1 日

(一社)地域デザイン学会理事長　原田保

> プロローグ

アートによる地域価値創造の実現に向けて

原田保

はじめに～何によって地域再生を行うのか？

　さて、我が国では地域消滅が現実化しているなかで地域再生が各地で推進されている。このような状況下で大事なのは、地域再生ですべての地域の消滅を阻止できるわけではなく、また地域間競争に打ち勝った地域のみが生き残れるという認識をもつことである。これはすなわち、多くの地域の未来が他の地域に対する自身の競争戦略に依拠していることを意味する。それゆえ、地域はそれぞれに自らのケイパビリティ（組織能力）を飛躍的に高めなければならない。

　このような試みについては、筆者は地域における価値発現のためのコンテクスト（文脈）デザイン[1]が有効である、としている。この地域デザインには、状況によって複数のアプローチが考えられるが、この成否はこれを担うアクターの能力に依拠している。このような認識から本書では、特にアートからのアプローチ方法と先進事例の分析を試みていきたい。それは近年、我が国の多くの地域は歴史や文化に根ざした多様なアートが存在しており、これらのアートによってかなりの地域がグローバルなレベルでの関心を獲得しているからである。

　すでに周知のように、我が国のように国中の隅々にまで美術館があり、またほとんどの市町村に文化ホールがある国は他には見出せない。それゆえ筆者は、このようにまさに過疎の地域にまでもアート（art）が浸透していることを踏まえながら、それこそいつでもどこでも触れられるアートの存在を活用した地域デザインが、我が国の地域再生にとってはきわめて有望な手法

である、と確信している。

　こうした考え方から本書では、アートを活用して地域価値を発現するためには一体いかにしたらよいのか、が考察される。これは具体的には、すでに筆者などが提唱している、後述されるZTCAデザインモデル[2]をアートの領域に適用させて地域価値の発現を実現していく試みである。なお、ここでのZはゾーンデザインであり、Tはトポスデザインであり、Cはコンステレーションデザインであり、Aはアクターズネットワークデザインである。

　そこで本書では、アートによる地域価値の発現を指向すべく、それこそ世界の注目すべき大都市から日本の地方で展開される小さな試みまでが、それぞれの地域特性を踏まえて展開されている実態の分析が試みられる。そして、これを通じてある種のアートによる地域デザインのための一般解の抽出を行っていく。それゆえ、アートによる地域価値の発現に向けたゾーン設定と、そこに関わるアクターたちの地域価値発現に向けたプロデュースこそが、まさに我が国の地域再生のためのコアファクターになってくる。

(1) 筆者の主張するZTCAデザインモデルとはいかなるものか？

　それでは、本書でのすべての事例を読み解く理論フレームの概括的な解説を行う。なお、詳細については、学会誌の『地域デザイン第4号』に所収されている拙稿[3]を参照していただきたい。なお、このZTCAデザインモデルを算式的に表わせば以下のとおりになる。

$$「地域デザイン」=(「ゾーンデザイン」+「トポスデザイン」+「コンステレーションデザイン：」) \times 「アクターズネットワークデザイン」$$

　そこで、まず第1のゾーンデザイン（zone design）についてであるが、これは全域からある部分である区域を切り取るゾーニングという行為にコンセプトを付与することでワンセットにした戦略的な概念である。言い換えれ

ば、これは地域価値を発現するための意味ある区画の設定に関するデザインである。そのために、ゾーンデザインにはトポスデザインやコンステレーションデザインが最大効果を発揮するように構想されることが望ましい。

第2のトポスデザイン（topos design）については、ゾーンにある有形資産や無形資産の価値を引き出すための編集を伴ったコンテンツの抽出であり、コンテンツに価値ある意味を付与するデザイン行為である。単なる場所には価値は見出せないが、編集によって特定の意味が付与されると、そこに新たな価値が生まれる。例えば、かのアウシュビッツはドイツ人サイドから見れば反省の場であるが、ユダヤ人から見れば抗議の場である。この差異こそがコンテクストが現出させる差異であり、このことにまさに場所の保持する価値の多様性が現出している。

第3のコンステレーションデザイン（constellation design）については、人の心の奥底深くに記憶として残すためのデザイン手法である。このコンステレーションは元々は星座のことであるが、この星座によって我々は星々を記憶することができる。これはまさに、何らかの括りを行うことによって世界中のすべての人が同様の意味を感じる形態のデザインである。それゆえ、このコンステレーションデザインについては、地域と人との関係を強固にするためには不可欠な手法であると考えられる。

最後のアクターズネットワークデザイン（actors network design）については、実は地域デザインにとってもっとも大事な計画の推進者のネットワークのことである。なお、これが大事なのはどんな計画も実現されなければ何の意味もないからである。それゆえ、アクターおよびこれらの組織であるアクターズネットワークには計画段階の潜在価値を実際に顕在化させる機能が期待されている。その意味では、このアクターズネットワークにはある種のプロデューサー的な色彩が見出せる。なお、これには地域に深く根ざしているローカルアクターと中央資本などと密接な関係を保持するナショナルアクターとが並存する。それゆえ、これら双方の的確なコラボレーションによる協創関係を確立することが大いに期待される。

ここで大事なのは、このような４つのファクターをそれぞれ別個に構想するのではなく、これらをまさに戦略的に統合されたデザイン戦略として展開すべきである、ということである。その意味では、これを可能にする筆者のようなプロデューサーとしてのコンテクストデザイナーの存在が不可欠になっている。このようなコンテクストデザイナーが地域デザインのために使用する理論フレームが、実はここで紹介した ZTCA デザインモデルなのである。

(2) アート（芸術）ならびに関連概念はいかに定義されるべきか？
　アートならびにこれに関する概念は多様に存在するが、本書においてはこれらに対して一定程度の定義を行っていく。そこで、古賀（2011）がこれらを的確にまとめているので、筆者においてもこれを参考にして考えてみたい。
　筆者は、まずアートは日本語の芸術であると考えるが、この芸術は、作品とそれを創る行為、そしてこれに関わる諸活動をも意味している。その上で、地域デザインからアートを捉えるのだから、当然ながらコンテンツとしてのアートではなくコンテクスト指向のアートを考えるべきである。この際には、コンテクスト指向のアートは多様に捉えられるが、本書では地域価値を発現する価値発現装置としてのコンテクスチュアルなアートである、としたい。それゆえ、ここでの議論では、さしずめアートカルチャー（芸術文化：art culture）と定義される。つまり、このアートカルチャーはまさにカルチャーが付いているのは価値発現装置としてのアートである、とするためである。それゆえ、本書でのアートに関する議論は、さしずめアートカルチャー（芸術文化）に関するものになる。このアートカルチャーはカルチャーが付いているのだから、何らかの方法で人間の生の営みに対してポジティブに作用することが期待されている。それゆえ筆者は、アートゾーンという概念には芸術作品というコンテンツとしての地域ではなく地域に何らかの価値を与えるカルチベーションを伴った行為として捉えている。つまり、アートゾーンのデザインとは、アートが地域価値を発現したり、これに関与する人間の

図表 0-1　アートカルチャーの概念

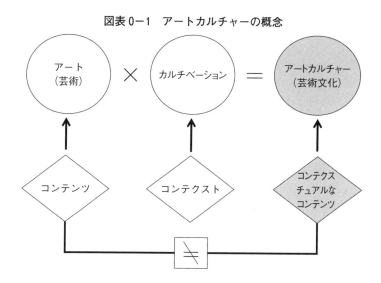

生の営みを革新したりする、まさに人による何らかの形態のカルチベーションとして捉えられる（図表 0-1）。

　ここで理解したいことは、実はコンテンツとしてのアートは例えば美術作品でも音楽作品でも、また映画作品や演劇作品でもよいことになり、そして大事なのはこれらの作品をいかにゾーンの価値発現に結び付けるか、ということである。これこそが、アートを活用した地域デザインであると定義付けられる。それゆえ、地域デザインに必要なのはアートカルチャーという文化としてのコンテクスチュアルなアートになる。このアートカルチャーは地域と密接な関係があるし、これと関わる人々に対して何らかのカルチベーションを与える（図表 0-2）。

　このように、本書で我々が重視するのはアートのデザインなどではなく、アートカルチャーゾーンのデザインである。その意味では、カルチベーションがもともと田畑を耕すという意味であることを考慮すれば、コンテンツとしてのアートはあくまでも地域に恵みを与える素材として捉えられる。そうなると、地域デザインにおいては、アートの作品としての価値はさほど大き

図表 0-2　アートカルチャーとアートカルチャーゾーンデザイン

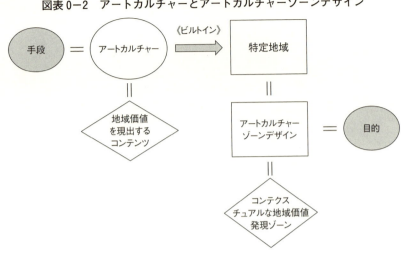

な意味はなく、むしろこれをコンテンツとして地域のために活用するコンテクストの戦略的なデザインに対して多大な意味が見出せる。

(3) いかなる地域がアートゾーンとして取り上げられるのか？

さて、本書の主題であるアートゾーンとは、何らかのコンテンツとしてのアート（芸術）やコンテクスチュアルなコンテンツとしてのアートカルチャー（芸術文化）によってある特定の地域、すなわち何らかのポジティブな意味を保持するゾーンである、と考えられる。このように本書においては、コンテンツとしてのアート自体が問題になるのではなく、むしろアートがカルチャーとして地域に根ざし、そこにいかに地域価値を発現させるかというコンテクスチュアルなコンテンツとしてのアートカルチャーが問題になる。

こう考えると、あらゆるアートが、たとえそれらが優れた作品であっても、必ずしも地域デザインに対して有効であるとは限らない。それゆえ筆者は、本書ではアートの体系[4]についての議論や個々のアートに対する評価はまったく行わない。換言すれば、本書のすべてのアートに関する議論はもっぱら地域価値の発現という視点から言及されることになっている。

それは、本書が芸術論に関する著作ではなくまさに地域デザインに関する著作だからである。換言すれば、本書での議論は主に地域デザインに対してアートを戦略的に活用する試みであり、それゆえこれとの関連から取りあげた先進的な事例に関するものに限定される。

そこで本書では、アートカルチャーがゾーンに地域価値を発現させた事例として、まずはいわゆる歴史・文化都市やデザイン都市などに代表される広範に人間の活動が営まれる新旧の大都市がアートカルチャーゾーン（以下、すべてアートゾーンとする[5]）として紹介される。これに続いて、アートカルチャーによって特定の地域の活性化や再生を指向された地方おこしの手法としてのアートカルチャーの事例を捉えた考察が行われる。これは、まさに何らかの手段としてのアートカルチャーということになる。最後に、こうした施設や構築物などのハードパワーによるのではなく、例えばイベントに代表されるソフトパワーによって、地域ブランディングを行うことで地域価値を発現させることが、事例を捉えて提示される。

これらを通じて理解できるのは、地域価値の発現にはアートカルチャーの地域への定着と外部への発信が、そこに住む人々とそこを訪れる人々の双方に対してポジティブな生活価値を与えている、ということである。そして結果として、アートゾーンには多様な人々の交流による新たなタイプのコミュニティ、すなわち外部に開かれたある種の交流型コミュニティが生まれてくる。つまり、アートゾーンの形成はアートカルチャーによる新たな求心力に依拠するコミュニティの誕生を誘発している。

以後においては、こうしたアートカルチャーを捉えた ZTCA デザインモデルの有効性の確認が事例を捉えて繰り返し行われる。しかし、ここで大事なのは、例えばニューヨークや東京のような現代の大都市は複合的な機能によって維持されているし、これらによって立つアイデンティティは単一のものではない、ということである。その意味では、これらの地域においては、必ずしもアートカルチャーのみによって価値が現出されているのではない。それゆえ確かに、これらの複合的機能によってアイデンティティが構築され

ている大都市をアートゾーンとして規定することにはいささか無理がある、とも考えられる。また、このようなことは、他のタイプの地域においても多かれ少なかれ見出される現象であろう。それどころか、完全なるアートゾーンといえるような事例はほとんど存在しないと考えるほうが、現実的な捉え方であろう。

本書の事例のなかでは、完全なるアートゾーンとして捉えられるのは、かろうじてフィレンツェ、ヴェネツィア、そして小布施、直島ぐらいであろう。しかし、他の地域においても、アートゾーンという切り口で地域ブランディングが行われていることで地域価値が発現することも、また確かである。それゆえ、筆者においては本書では地域デザインの有効なアプローチとしてアートゾーンがあるとしている。

おわりに〜いかにして主客の相互関係を構築するのか？

さて、本書で取り上げる事例については以下のとおりである。これらは、前述のように大きく3つのカテゴリーに分類できる。これらは、第1がアートゾーンとしての大都市、第2が地方のアートゾーンあるいはこれ以外の市町村における（主に田舎）アートゾーン指向地域、第3がイベントによって認知されるアートゾーンとしての地域である。なお、本書では、大都市については国内のみならず海外の大都市も扱われている。

第1の大都市は大きく2つに分類できる。その1つは歴史・文化都市であり、いま1つは芸術都市ともいわれる大都市である。前者にはイタリアのフィレンツェとヴェネツィアがある。後者にはアメリカのラスベガスがあるが、これはいわゆる計画都市、すなわちデザイン都市である。なお、このラスベガスはカジノを中心に据えたいわば完全なるエンタテイメントゾーンになっている。さらに3つ目ともいえる都市としてはバルセロナと東京があげられる。これらでは歴史・文化、そしてまさに純粋アートからエンタテイメントまで揃えた総合的なアートカルチャーゾーンが形成されている。

第2の地方のアートゾーンは日本全国に広がるいくつかのアートゾーンとして確立していたり推進中であったりしているために、現在大いに注目を浴びている地域である。小布施や直島はまさに地域そのものがまるごとアートゾーンであり、残りの境港、神山、尾道、米沢はアートカルチャーが地域おこしのトリガーとして期待されている地域である。

　第3の地域についてはアートイベントが地域おこしに貢献しているところである。ここにおいては、音楽祭、美術祭、映画祭、アニメイベントにおいて著名ないくつかの地域が選定されている。

　これらを通じて、アートカルチャーによる地域デザインの社会性や文化性からの理解が深められることになる。そして、アートカルチャーが大都市のみならず、地方の小都市でも十分に展開できて、また短期のイベントさえも有効であるということが理解できる。そして、これを成功できるならば、さらなる地元のアクターの熱心な関与と多くの優れたプロデューサーの登場が大いに期待される。そして、このようなアートゾーンにおいては、住民はアクターであって顧客がオーディエンスであるという関係の構築と、演劇などに見られる優れたドラマツルギー[6]の発現が期待される。そして、これを効果的に発現できる優れた地域プロデューサーの登場が不可欠になってくる（浅野・原田・庄司、2014）。

（注）
1) コンテクストデザインについては以下を参照されたい。原田保・三浦俊彦、高井透編著（2012）『コンテクストデザイン　価値発現のための理論と実践』芙蓉書房出版。
2) 地域の価値は4つの要素に対するデザイン行為の掛け合わせによって実現する。Zはzone design、Tはtopos design、Cはconstellation design、Aはactors network designのことを意味する。
3) 地域デザイン理論のコンテクスト転換指向したZTCAデザインモデルの提言である。

4) 時間があれば、岩波文庫から1965年に刊行されたプレハーノフ著（蔵原惟人・江川卓訳）の『芸術と社会生活』を参照されたい。
5) 書名はアートカルチャーゾーンが望ましいのだが、長いためカルチャーを省略した。本書でのアートゾーンとはすべてアートカルチャーゾーンであると理解していただきたい。
6) ここでは、演劇などにおけるアクターとオーディエンスとの良好な相互関係を追求することという意味で使用されている。

（参考文献）

浅野清彦・原田保・庄司真人（2014）「世界遺産の統合地域戦略デザイン」原田保・浅野清彦・庄司真人編著『世界遺産の地域価値創造戦略 地域デザインのコンテクスト転換』芙蓉書房出版、23-43頁。

古賀弥生（2011）『芸術文化がまちをつくるⅡ』（財）九州大学出版会。

第1部《理論編》

第1章

アートの地域デザインに対する有効性の検証
―― 地域志向の戦略 ――

板倉宏昭

はじめに〜アートと地域デザイン

　今や、アートの地域デザインに対する期待は大きい。モノ・カネ・技術・情報に加えて人々も世界的規模で行き交うグローバリズムは、もはや一部の国際企業だけのものではない。一般の人々の大交流が進行している現代においては、アートなどの文化について、それぞれの地域そして日本が、世界へ向けてプレゼンスを示すべきである。

　我が国は、産業技術だけでなくアートなど文化についても、外国のものを取り入れてきたといえる。古代から中世においては、中国を中心としたアジア、そして明治以降は欧米の影響を受けている。しかし、本格的に外国の支配下に置かれたことはなく、独自の展開を遂げている。例えば、水墨画、陶器、建築、さらには、漢字や仏教なども外部と内部のコンビネーションによって発展してきた。

　グローバル化が進行している現代においては、地域さらには国境を超えたアート圏形成に向けて、外国に対して、主導権を発揮する戦略性が問われる成熟段階となっている（板倉、2015a）。

　本章では、第1に、アートによる地域デザインのモデルとしてアート中核型地域デザインモデルへの期待について述べる。第2に、アートが経済に及ぼす影響について整理する。具体的には、アートに対する国の文化政策、国際的な芸術祭による地域活性化、アーティスト・イン・レジデンス（Artist-in-residence program）、アートの直接的雇用効果について述べる。第3に、アートとデザインの関係を述べた上で、両者のコンビネーションについて明

らかにしたい。

第1節　アート中核型地域デザインモデルへの期待

　後述の図表1-1がアート中核型地域デザインモデルである。中核のアートとは視覚をとおして表現された芸術を指すが、ITを使ったマルチメディアによるアートなどの新しい創造的活動が含まれる。さらに、アートを芸術と捉えれば、音楽、演劇、工芸品などを含め考えることもできる。内側より外側のほうが収益率が高く、経済効果が高くなる。

(1) 人間行動力モデル

　アートの外側に位置するのが、人々の行動に関する4つのモデルである（板倉、2015b）。第1は、サイト・スペシフィックなストーリー（Site Specific Storytelling：3S）、すなわち、地域ならではの物語である。アートを通じて「創造的な地域」という物語が生まれる。StoryでなくStorytellingとしているのは、物語が存在しているだけではなく、語る人がいて語られていなければならないという意味である。

　第2は、シュンペーターは、経済成長を生むのはアントレプレナーによる新結合（neue Kombination）、新たなコンビネーションだとした（Schumpeter, 1926）。ここでは、地域の内部力である地域の住民（ジモティ）と外部力としてのアーティストや専門家などクリエイティブな人々によって新たなコンビネーション、組み合わせ（new combination）が生まれる。

　第3は、創造的な地域へのコミットメントが生まれるということである。すなわち、アートがある地域を誇りに思い、愛着をもつと同時に、地域の問題を自分の問題のように考えるという同一化が生まれるということである。さらに、地域にコミットすべきだという規範的意識が生まれる。

　第4は、創造的な人々が、アートという事業を超えて、結び付くということである。

クリエイティブ・クラスは、新しいアイデアや技術、コンテンツの創造によって、経済成長を担う知識労働者層であり、所得も高い。クリエイティブ・クラスは、自分の能力が活かせる、または暮らしたい環境がある場所を選び移動していくため、クリエイティブ・クラスが集まる地域と集まらない地域間で経済成長の格差が拡大している（Florida, 2002）。

クリエイティブな人は、これまでの高速道路などのインフラではなく、快適さや寛容さのある地域に集まる。製造業などのものづくりは、比較優位性に基づいてグローバルに分散するのと反対に、デザインやアートは、創造的な人々が集まりやすい地域に集まって、顔の見える関係から議論するところから生まれる（Florida, 2012）。

(2) 「超」アート産業

さらに、一番外側には、アートの領域を超えた産業が位置する。創造的な

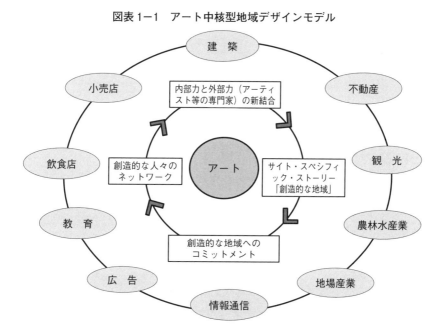

図表1-1　アート中核型地域デザインモデル

人々のニーズを満たすようなデザインされた建築、不動産、安心・安全なオーガニックな飲食店、洒落た雑貨などをはじめとする小売店が成立する。創造的な人々あるいは子女への教育産業が成立であろう。さらには、デジタル・インフラを利用した情報通信業や創造的な地域を売っていくための広告業が成立する。また、美術館などへの観光業、トレーサブルな農業や林業あるいは水産業からの安心・安全な特産物など地場産業に広がる可能性がある（図表1-1）。

第2節　アートと経済の地域デザインに対する役割

　ここでは、アートの地域デザインに対する役割を経済性から述べることにする。具体的には、第1がアートによる文化政策、第2が国際的な芸術祭による地域活性化、第3にアーティスト・イン・レジデンスである。

(1) アートと文化政策

　多くの国が、文化政策に多くの予算を支出している。2015年度の日本の文化予算は1,038億円であり、国家予算に占める割合は0.1％である。アートの国フランスの文化予算は日本の5倍以上の5,163億円である。国家予算に占める割合は1％を超える。フランスには文化省があり、中央集権的に管理している。

　これに対して米国は、寄付制度によってアートの振興を図っている。また、中国の国家予算に占める文化の割合は0.25％であり、日本を上回っている。韓国は、国策として文化のコンテンツの輸出を戦略的に行っている。韓国の国家予算に占める文化関係予算の比率は高く、日本の約9倍の0.93％である。韓国が文化政策に国家予算を投入するのも経済的な背景があってのことである。

　韓国では国を挙げてコンテンツ産業を育成しようとしている。韓国コンテンツ新興院が映画、K-POP、ドラマ、アニメ、キャラクターなどの制作と輸

出や広報を支援している韓国企業の多くは日本のみならず、世界各国で自国の俳優や歌手を活用したマーケティング戦略を展開している。例えばLG電子は、韓流ドラマに自社の携帯電話を使っている[1]。政府の政策と企業の戦略が結び付いており、産業振興を図っている。

　文化庁（2009）によると、ニューヨーク市の2005年のアートにおける経済効果は212億ドルであり、16万人以上の雇用と82億ドルの賃金、ニューヨーク市への税収9億400万ドルが生まれたとされている。アートの中心地であるパリには、ルーブル美術館やピカソ美術館などを訪れる観光による経済効果が大きい。ルーブル美術館には約1,000万人の年間来館者があり、世界第1位である。なお、ドイツのカッセルで1955年から5年おきに開催されている現代アートの美術展ドクメンタの入場者は2012年6月9日から9月16日の約100日間で86万人であり、人口19万人の地方都市でもアートによる地域活性化に成功している（図表1-2）。

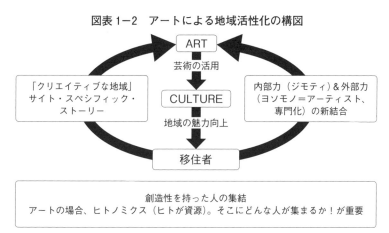

図表1-2　アートによる地域活性化の構図

出展：佐々木（2005）：144-145頁を参考に作成

　アートによって地域のプレゼンスが向上し、地域のブランド力が向上する。地域のアートの評価が高まれば、インバウンドが拡大する。海外におけるドラえもんなどの日本アニメの高い人気などは、「パブリックディプロマ

シー」、すなわち世論形成にも大きな影響を与える。

製造業の生産拠点が地域から転出し、いわば空洞化しても、アートを通じてその地域のイメージを上げることがある。

例えば、スペインのバスク州ビルバオは、造船業や鉄鋼業を基幹産業としていた。しかし、1970年代以降は、失業者の増大に苦悩していた。衰退した地域に、1997年10月に現代美術館ビルバオ・グッゲンハイム美術館を建設した。5年間で515万人の入館者を記録した。直接雇用は、4,100人増加し、観光業などの間接雇用は4万人増加した。税収で1億1,750万ユーロ（158億円）の経済効果があった。経済効果は、美術館建設費の約10倍に相当し、バスク州政府は投資額を3年で回収した計算になる。アートが地域活性化の起爆剤となるというケースとなっている。これら経済効果に加えて、ビルバオの住民が、地域に対する誇りなど地域コミットメントを回復したことが大きい。

(2) 国際的な芸術祭による地域活性化

ヴェネツィアのビエンナーレに代表される国際的な芸術祭が世界的に開催されている。経済効果は、直接的な経済効果だけではなく、間接的な経済効果が期待される。

このような国際的な芸術展は、2つに大別できる。都市型と地方型である。

第1は、都市型である。観光資源に恵まれた都市であるヴェネツィアが国際展を初めて開催したのは1895年である。ヴェネツィアは、イタリア統一に出遅れ、長引く経済的低迷を脱するためのアートによる地域おこし、地域活性化のためにヴェネツィア・ビエンナーレを開催したのである（宮津、2014）。

都市における大規模国際展は、アジアで急速に広がっている。1995年に韓国の光州ビエンナーレ、1996年に上海ビエンナーレ、1998年に台湾の台北ビエンナーレが開催された。我が国では、2001年に、横浜トリエンナーレが始まった。

2010年から開催されているあいちトリエンナーレは、主催者である愛知県と名古屋市が75％を負担した都市型芸術祭である。2010年の経済効果は78億1,000万円であり、529名の雇用創出効果があったとされている。名古屋市長者町はかつて繊維業の生産拠点であったが、生産拠点が海外に移るのに伴い、地域の活性化が課題となっていた。旧大手繊維問屋を活用したデザイン事務所などを誘致して成功し、飲食店や雑貨店などが出店している。これらはかつての倉庫街がアートの先進地域となったニューヨークのソーホー地区を想起させる。

　第2は、地方型である。トリエンナーレ化された2回目2013年の瀬戸内国際芸術祭の来場者は107万人となり、2011年から2013年の運営予算の10億1,500万円に対して収入が11億7,500万円となり、1億6,000万円の黒字となった。2013年の瀬戸内国際芸術祭の経済効果は、直接経済効果77億円、1次波及効果29億円、2次波及効果26億円、計132億円となり、412名の雇用創出効果があったとされている（日本経済新聞、2013）。

　瀬戸内海の島という地域にあるからこそのサイト・スペシフィックな芸術である。島の風景や建物という内部力もアートという外部力とのコンビネーションから生まれたアートである。また、アーティストや観光客といった外部力（ヨソモノ）と地域のボランティアといった内部力（ジモティ）の交流もサイト・スペシフィック・ストーリー（Site Specific Storytelling：3S）となっている。

　島の高齢者が自ら現代アートの解説をするなど、島の地域コミットメントの向上に大きく貢献している。20～30代が7割、女性が7割とこれまでにない観光客が瀬戸内海の島々を訪れるようになったのも特徴である。また、直島を訪れる観光客のうち、3割は外国人であり、米国、韓国、フランスの順で、欧米、特にフランスからの観光客が多いのが特徴である。

　直島には、客室でも現代アートが楽しめるベネッセが経営するベネッセハウスの他、外国人向けのゲストハウスが急増している。フランスのアート雑誌 *Artpress* で、直島のアートによる地域活性化は「直島メソッド」として

紹介されている（Ferrier, 2010）。また、直島は、パリ（フランス）、ベルリン（ドイツ）、ドバイ、アレクサンドリア（エジプト）、ビルバオ（スペイン）、リオ・デジャネイロ（ブラジル）とともに7つの今後注目すべき旅行地として紹介されている（Condé Nast Traveler, 2000）。

　アートフロントギャラリー社長であり、元女子美術大学教授であり、香川大学大学院地域マネジメント研究科等の客員教授である北川フラムが総合ディレクターを務めている。北川フラムは出身の新潟県越後妻有でも総合ディレクターを務めており、地域発の国際展のキーマンとなっている。なお、芸術祭開催中だけでなく、直島などでは本村プロジェクトなど常設展として、継続的に現代アートが展示され、地域活性化に貢献している。

(3) アーティスト・イン・レジデンス

　アートによる地域活性化を考える場合、2つの考え方がある。見学に訪れる観光客をターゲットとする場合と制作に訪れるアーティストを対象とする場合の2つである。

　前者には、評価の定まった芸術家の作品を集める必要がある。したがって、資金が必要であるし、専門家が必要である。

　後者は、アーティスト・イン・レジデンス（Artist-in-residence program）と呼ばれている。これは、アーティストを一定期間ある地域に招き、その地域に滞在しながら作品の制作を行ってもらう事業を指している。これらは地域での制作プロセスを通じて、地域の担い手との交流などアーティストにとっての地域の価値を磨く必要がある。つまり、外部力であるアーティストの滞在満足度を上げていく必要がある。

　我が国のアーティスト・イン・レジデンスに長らく取り組んでいる地域として、徳島県神山町が挙げられる。神山アーティスト・イン・レジデンス（Kamiyama Artist In Residence：KAIR）は、大南信也が理事長を務めるNPOグリーンバレーを中心に、1999年からスタートした国際的なアートのプロジェクトである。滞在費、旅費、宿泊費、制作費をNPOグリーンバレー

図表1-3　神山町図書館 Hidden Library

を通じて負担する。2015年の滞在期間は、2015年8月20日から11月6日までの2カ月半である（図表1-3）。

　徳島神山町の神山アーティスト・イン・レジデンスでは、毎年3名を招聘している[2]。神山のアーティスト・イン・レジデンスは、民間主導が特徴である。神山町の場合、神山移住交流支援センターを民間のNPOグリーンバレーが請け負った。民間が行うメリットとして、移住希望者の逆指名が挙げられる。つまり、商店街などの空き家をどのような創造的な職業、例えば、アーティストやデザイナーや専門的靴屋などに来てもらいたいかを空き家情報とともに提供している。行政が移住希望者を募集するとなると公平性の観点から逆指名は、難しいであろう。

　なお、ワシントンポストの2015年5月26日号では、神山町は、オレゴン州ポートランドのような都市（Think of it as Japan's answer to Portland, Ore.）として紹介されている（Fifield, 2015）。

　徳島県神山町で注目された、アーティストが地域に滞在し制作を行うアーティスト・イン・レジデンス（AIR）が、制作をサポートする地域の内部力（ジモティ）とアーティストなどの外部力（ヨソモノ）との交流にも貢献し

図表1-4　えんがわオフィス

図表1-5　カフェ・オニヴァ（Cafe On y va）

ている。
　さらに、神山はアーティスト・イン・レジデンスを発展させて、ワーク・イン・レジデンスを展開している。必要な人材を公募により逆指名している。

IT企業が立地して、光ケーブル網を活かしたサテライトオフィスが立地している（図表1-4）。情報産業の従事者は、有機食品を好み、IT関係者が来ることで、飲食店ができ、有機栽培の農産物が町のなかで売れるようになったり、カフェ・オニヴァというフレンチビストロが立地した（図表1-5）。

(4) アートの直接的雇用創出効果

美術館では多くの専門的なスタッフが必要となり、雇用創出効果がある。日本では学芸員が様々な事務を担当する多能化が特徴であるが、欧米では分業化していることが多い[3]。

我が国の梱包・輸送・展示ビジネスは、世界的に評価されている。日本ではキュレーターがコーディネーターとなり、多能化する一方、梱包から展示までアウトソーシングすることが多い。日本通運やヤマトの美術館の梱包・輸送ならびに展示に関する業務については世界的に評価されている。アジア諸国で美術館の開館が多数予定されているが、重要な輸出産業となりうる（宮津、2014）。

第3節　デザインとアートのコンビネーション

(1) アートとデザインとアーティスト

アートとは、視覚をとおして表現された芸術である。アートとデザインは、異なる存在で相いれないと考えられてきた。しかし、その境界は消滅しているといってよい。アートは、自分を表現するために作り、デザインは、クライアントのために作るという考え方が逆転している（奥山、2010）。

アートの主要な目的は、表現することそれ自体にあるという考え方があった。つまり、理解されることが大きな目的ではないという考え方である。アーティストは、利益を得ることが目的と考えていなかった。アートは、主観的なものであり、ターシャ・テューダー（Tasha Tudor）の言葉にあるように「美は見る人の目の中にある」（Beauty is in the eye of the beholder）とい

う考え方である（Tudor, 2006）。何が美しいのか、アートにおける美の絶対的基準は存在せず、1人ひとり違うものである。国や地域によって、美の意味は異なる。さらに、アートには、実用性がないと捉える人が多い。

しかし、アートがビジネスとなり、デザインが自己表現となるというアートとデザインの逆転が見られる。デザイナーにも作家性が求められている。デザインも、現在のクライアント、カスタマー、顧客ではなく、未来のクライアント、カスタマー、顧客のためにあるとすると、自分の満足を追求する方向でデザインすることになることもある。したがって、アートの定義であった「自分のため」がデザイナーにもあてはまるようになった。

図表1−6　ウィリアム・モリスの壁紙

出典：内山武夫編集監修1997：93頁

(2) モリスとマグリットにおけるデザインとアートのコンビネーション

例えば、ウィリアム・モリスは、アーティストでありデザイナーといえよう。ウィリアム・モリスは、社会思想家でもあった。ウィリアム・モリスのアーツ・アンド・クラフツ（Art and Craft）運動は、産業革命の結果、大量生産による粗悪な商品があふれたなかで、モリス商会が、中世の手仕事を活かして、生活と芸術を一致させようとした運動である（図表1-6）。

ルネ・マグリット（René François Ghislain Magritte）は、シュルレアリストとして知られており、作品の多くはデペイズマンを使い、1枚の絵のなかに同時に昼と夜を描いたものや、空に浮かぶはずのない岩が空中に浮いているなど、「ありそうでなさそうなもの」を描き、見慣れた風景のなかにありえないものが存在するような不思議な作品で知られている。

図表1-7　オ・ド・トワレット、エミナンスのための広告

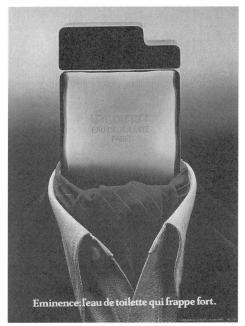

出典：Roque（1983）

また、マグリットは、画家としての成功が遅く、生計を立てるために広告デザイナーの仕事が多かった。マグリットの作品は、広告にイメージが使われることが多い。マグリットのアートと広告もアートとデザインの融合を示している。「マグリットは偉大な画家であり画家ではない」とルイ・スキュトネール（Louis Scutenaire）は、論文の冒頭に述べている（Scutenaire, 1977）（図表1-7）。

おわりに～多様な主体による魅力の現出

　リチャード・フロリダによると、労働力人口の40％以上をクリエイティブ・クラスが占める地域は、3つのT―技術（technology）、才能（talent）、寛容性（tolerance）が備わっている（Florida, 2002）。

　大規模な組織中心の時代には同調が重視されたが、今日必要とされるのは、個性や異質なものへの寛容性である。それは地域特性に関係するため、4つ目のT「縄張り（territory）の資産」と呼ぶ地域の質が重要となる（Florida, 2012）。即ち、地域の質が高いとクリエイティビティが発揮される。

　こうしたことからも、国のみが先導するだけではなく、地方公共団体、民間企業、個人といった多様な主体によるアートを通じて、地域の魅力度の向上が必要であろう。アートによる地域活性化の影響を期待できるのは、企業の社会貢献活動も含まれる[4]。瀬戸内国際芸術祭の成功は、内部力（ジモティ）である三宅親連直島町長の長年にわたる取り組みと、香川県ではなく岡山県という近隣ではあるものの外部力（ヨソモノ）であるベネッセによるベネッセアートサイト直島の活動が基礎となっている。

　ところで、アートマネジメントは、メセナといった言葉を通して、1990年頃から広がったが、アートに関係する施設の管理、マーケティング、アートの広報活動など限定された戦術（tactics）にとどまっていることが多い。企業、教育機関での講座開講数も増えているが、その多くが過剰供給された文化施設の運営、マーケティング、広報のノウハウなどミクロな経営術の伝

授にとどまっているのが現状といえる（小暮、2013）。

　今こそ、アートには多様性が求められている。ユネスコによる2005年文化の多様性（cultural diversity）条約[5]など多様なアートが交流する場所としての「地域デザイン」が求められている。これはアメリカ中心のグローバル化を調整するための条約であるといえよう。

　ビジネスと同様、オークションなどアートの分野でも中国の存在感が急速に増している。アートのオークション市場は世界で1兆円といわれている。オークション市場は中国が市場の4割強を占め、世界一となっており、米国を上回っている。中国では、1980年代生まれのバーリンホウ世代がオークション市場を担っているといわれている。

　我が国には独自の商習慣があり、画商間の交換会がオークションの機能を担っている。陶磁器などの中国の美術品売買は、日本の美術商の信頼が高く、日本の美術商から購入する中国人顧客が多くなっている。グローバル化に追随するオークションに限らずに、日本独自の「信頼」を活かしたビジネスモデルを追求することが求められている。

（注）
1) 映画やテレビドラマなどの映像に自国やその製品を表示するプロダクトプレイスメント（product placement）というマーケティング手法である。
2) 2015年のKAIR2015の招聘アーティストは、Kriss Salmanis（ラトビア）、Claire Healy & Sean Cordeiro（オーストラリア）、Quynh Vantu（アメリカ）の3名である。2014年までは、海外から2名、日本から1名という枠があったが撤廃している。
3) アートの専門家として、次のような専門家が欧米で存在する。キュレーターは展覧会を企画する専門家である。作品をプロモート・販売して美術館やコレクターとの関係をマネジメントするギャラリスト。作品の貸し出しや移動を記録するレジストラー。作品の保存や修復はコンサバター。美術館の展示を担当するのがアートハンドラー（あるいはインストーラー）。教育研修プログラムを担当するエデュケーター。資料の整理を行うライブラリアン、作品購入を通

じてアーティストを援助するコレクターなどである。
4) 例えば、クラレを興した大原孫三郎の大原美術館、川崎造船の松方幸次郎の松方コレクション、サントリー社長佐治敬三によるサントリー美術館、セゾングループ代表の堤清二のセゾン美術館、森ビル創始者森稔による森美術館などが挙げられる。
5) 2001年に、文化的多様性に関する世界宣言が採択された。さらに、2005年10月20日のパリのユネスコの総会（Convention on the Protection and Promotion of the Diversity of Cultural Expressions）において「文化多様性条約」が国際的な規範として採択された。なお、投票結果は、賛成148カ国、反対は、米国とイスラエルの2カ国、棄権4カ国であった（川田、2006）。

（参考文献）

板倉宏昭（2015a）「旅行の歴史と未来―人が旅行に望むもの―」原田保・板倉宏昭・加藤文昭『旅行革新戦略』白桃書房、22-34頁。

板倉宏昭（2015b）「観光研究の今日的アプローチ―観光学からの脱却へ向けて―」原田保・板倉宏昭・加藤文昭『旅行革新戦略』白桃書房、35-49頁。

内山武夫編集監修、京都国立近代美術館（河本信治、松原龍一）、東京国立近代美術館（金子賢治、今井陽子）、愛知県美術館（古田浩俊、高橋秀治）、福本事務所編（1997）『モダンデザインの父　ウィリアム・モリス』（展覧会図録）。

奥山清行（2010）『ムーンショット　デザイン幸福論』武田ランダムハウスジャパン、124-125頁。

川田順造（2006）「いまなぜ文化の多様性か」『ACCUニュース』No.356、2-4頁。

小暮宣雄（2013）『アーツマネジメント学　芸術の営みを支える理論と実践的展開』水曜社。

佐々木雅幸（2005）「都市文化の再生と創造都市」植田和弘、神野直彦、西村幸夫、間宮陽介編『岩波講座都市の再生を考える第8巻　グローバル化時代の都市』岩波書店、137-167頁。

日本経済新聞（2013）「瀬戸芸の経済効果132億円」『日本経済新聞』（2013年12月10日）。

文化庁（2009）『文化芸術創造都市に関する調査研究　調査報告書』文化庁、2009年3月。

宮津大輔（2014）『現代アート経済学』光文社。

Condé Nast Traveler (2000), 'The next 7 wonders in Paris Berlin Alexandria Bilbao Rio Naoshima Island Dubai', *Condé Nast Traveler* 35(4). pp.134-149.

Ferrier, M. (2010), 'Setouchi. Japan's Festival of the Inland Sea', *Artpress*, no.371, pp.48-53.

Fifield, A. (2015), 'With rural Japan shrinking and aging, a small town seeks to stem the trend', *Washington Post*, 26th May 2015.

Findlay, M. (2012), *The Value of Art*, Prestel Verlag.（バンタ千枝、長瀬まみ訳（2014）『アートの価値　マネー、パワー、ビューティー』美術出版社）.

Florida, R. (2002), *The Rise of the Creative Class: And How It's Transforming Work, Leisure, Community, and Everyday Life*, Basic Books.（井口典夫訳『クリエイティブ資本論―新たな経済階級の台頭』(2008) ダイヤモンド社）.

Florida, R. (2012), *The Rise of the Creative Class-Revisited: 10th Anniversary Edition-Revised and Expanded*, Basic Books.（井口典夫訳『新クリエイティブ資本論―才能が経済と都市の主役となる』(2014) ダイヤモンド社）.

Roque, G. (1983), *Magritte et la Publicité Ceci n'est pas un Magritte*, Flammaion.（日向あき子監修、小倉正史訳 (1991)『マグリットと広告　これはマグリットではない』リブロポート）.

Scutenaire, L. (1977), *Avec Magritte*, Lebeer Hossmann, p.8.

Schumpeter, J. A. (1926), *Theorie der Wirtschaftlichen Entwicklung*, Duncker & Humblot, pp.100-101.（塩野谷祐一・中山伊知郎・東畑精一訳 (1977)『経済発展の理論：企業者利潤・資本・信用・利子および景気の回転に関する一研究』岩波文庫、上、183 頁）.

Tudor, T. (2006)（食野雅子（訳）(2006)『生きていることを楽しんで（ターシャ・テューダーの言葉（特別編））』KADOKAWA／メディアファクトリー）.

第2章

アートによる地域デザイン理論の発展過程
―― コンテンツ指向からコンテクストの進化 ――

佐藤茂幸

はじめに〜地域デザイン学会の役割

　日本政府が主導する地方創生の動きに象徴されるように、地域振興は日本の社会にとって最大級の重要課題といってよいだろう。こうした課題に応える戦略手法が、地域デザイン学会が主張する地域デザイン理論であり、これによって地域に見出されるローカルな価値をグローバルな価値にまで高めていくことが大いに期待される。それゆえ、本学会では、経済学、経営学、社会学、都市工学、政治学、歴史学、地政学など、実に広範な研究領域において活動する人々の英知を結集するある種のインテグレートスタディとしての地域デザイン学の確立を指向している（地域デザイン学会、2012）。

　こうした地域デザイン学会の研究活動をバックボーンに置き、本書は「地域デザイン理論」をベースに、アート分野における地域振興を検討するものである。そのため筆者に与えられた本章の役割は、「理論構築の経緯」と「アート動向」を先行研究的に整理することである。つまり、地域デザイン理論としてこれまでどのような検討がなされてきたのか、その一方でアート分野では何が起きているのか、そしてこれら2つの事柄からアートにおける地域デザイン理論にどのような展望が見えるのかということになる。

　こうした問いに答えるため、第1節では地域デザイン理論の発展過程を確認して、本書の中核理論であるZTCAデザインモデルに至った経緯を明らかにする。第2節ではアート分野の近年のトレンドを網羅的に整理する。そして、今起きていることや将来期待されていることから、アートの地域におけるコンテクスト進化の動向を考察する。第3節では、まとめとしてアート

による地域デザイン理論の発展の可能性を示唆していく。

　なお、本書とりわけ本章は、アートについて「地域デザイン理論」から検討するものであって「アート」そのものを専門的に考察するものではない。したがって、アートの動向分析については表層的にとどまっているかもしれない。これについては、地域振興の観点からアートを探索することに論点の比重があることをご了解いただきたい。

第1節　地域デザイン理論の発展過程のトレース

　本節では、地域デザイン学会（以降「本学会」という）において考察がなされてきた、地域デザイン理論の発展過程を整理する。本書で一貫して使用される中核理論は、ZTCAデザインモデルである。そこで、その中核理論へと至った経緯や議論の内容を紹介しながら、先行研究として地域デザイン理論の論点と本質、そのアートとの関わりを明らかにしていく。さらには、地域デザイン理論の今後の発展方向も紹介し、本書の位置づけなども検証する。

(1) 地域デザイン学会による理論展開に関する概要

　本学会では、2012年の学会発足以降の4年余りの期間において、地域デザイン理論に関わる研究活動が活発に行われている。その研究成果として、「地域デザイン学会誌（1号～5号）」の5点、「地域デザインに関わる叢書（地域デザイン叢書、地域デザイン学会叢書）」の7点、地域をテーマにした「地域ブランドに関する著作（地域ブランドブックス、地域ブランディング選書）」の5点を出版した。また、学会内には複数の地域部会やテーマフォーラムが設定されており、学会員の間で地域デザイン理論について多角的な議論が繰り広げられている。

　そこでここでは、いったんアートから離れて、こうした地域デザイン理論の発展経緯を俯瞰する（図表2-1）。実は、地域デザイン理論の本流は、本

書の編者でもあり本学会理事長の原田が、これまでの学会誌の巻頭論文などで示してきている。したがって、ここでの解説は原田の論をもって検証する。

図表2-1 地域デザイン理論の展開経緯

年	理論名	構成要素	内容
2012年	初期理論モデル	地域ブランド＝ ゾーニング×コンテクスト	研究の起点となる理論として提示された。
2013年	トライアングルモデル	地域ブランド＝ ゾーニング ＋エピソードメイク ＋アクターズネットワーク	「地域ブランド」を形成するための要素を提示した。ZTCAデザインモデルの原型モデルとして位置づけられる。
2014年	ZTCAデザインモデル	地域デザイン＝ （ゾーンデザイン ×トポスデザイン ×コンステレーションデザイン） ×アクターズネットワーク	地域デザイン理論の基本系であり完成形として提示された。今後は、この理論の詳細研究がなされていく予定である。
2015年	ゾーンデザインの発展理論	ゾーンデザインにおける 「編集域」	Z・T・C・Aの各デザイン要素の1つとして提示された。
2013年 〜 2016年	各テーマ・各地域を題材にしたコンテクストデザインへ進化の理論	「"奈良"と"やまと"」「世界遺産」「食文化」「旅行」「安心・安全」等におけるテーマ別の地域デザイン理論	地域デザイン理論の応用・実践として具体的な研究がなされている。

　地域デザイン理論の探求のスタートは、地域ブランド価値の発現構造を明らかにすることから始まった。これは、地域ブランドは「ゾーンデザイン」と「コンテクストデザイン」の積でなされるとした理論である（原田、2013a）。このことを企業における一般のブランド論と比較するならば、企業のビジネスデザインが商品を対象にするコンテンツデザインであることに対して、地域デザインは地域の物語を対象にするコンテクストデザイン[1]となる。つまり、地域においては、コンテンツ重視からコンテクスト重視を当初

から主張していたのである。

　とはいえ、まず行うべきは地域を特定化するゾーンデザインである。しかし、ゾーンデザインといっても決して一様ではない。これには行政単位、文化圏・生活圏、狭域・広域など多用な考え方があり、さらには、ゾーン設定の多重性や連携性なども考慮する必要がある。一方、コンテクストデザインにおいても、特殊性や複雑性が想定される。つまり、地域には文化や歴史の個性があるし、多様な人々の利害関係も複雑に絡んでいる。したがって、地域のコンテクストデザインは、利益を追求すれば一義的には問題がない企業の戦略デザインと、まったく異なってくるのである。このような議論を背景にしながら、地域ブランドの原型モデルとして2013年に「トライアングルモデル」が提示された（原田、2013b）。これにより、地域ブランドを形成するための道筋が示され、地域価値の発現メカニズムの議論が進展することになる。トライアングルモデルは文字通り3つの要素で構成されるが、この詳細については本節(2)で具体的に解説する。

　そして、2014年においては、このトライアングルモデルから広く地域デザイン全般を対象にするZTCAデザインモデルへと発展することになった（原田、2014）。これにより、我々の視座はいよいよ地域ブランドの構築から、それを含む理論拡張がなされ、これをもって地域デザイン理論の一応の完成形とした。このZTCAデザインモデルは、本書のなかで中核的な理論フレームとして使用しており、次章においては、原田らからこの理論モデルの詳細な解説が行われることになる。そして、その趣旨を踏まえながら各執筆担当者の事例研究が行われている。ちなみに、ZTCAの構成要素については本節(3)において簡単に紹介しているので、この理論の概要を事前に理解していただきたい。

　2015年以降からは、ZTCAデザインモデルの各論ベースの研究が進展している。例えば、原田においては、ZTCAの1つの要素であるゾーンデザインに関してまさに有効な価値発現が期待できる、いわば「編集域」という概念をすでに提唱している（原田、2015）。

以上のように、本学会の地域デザイン理論の研究において、短期間で理論の高度化と精緻化、およびこの理論の適用範囲の拡大がなされてきた。さらに、これら理論モデルの構築と連動させて、様々な地域テーマを題材に、コンテクスト進化の実態を探ることも重要な研究としてきた。本書ももちろんその一環であり、アートを主題にした地域デザイン理論の検討が繰り広げられる。

(2) 原型モデルの「トライアングルモデル」とアート領域の応用の可能性

　前項においては、地域デザイン理論の展開経緯を確認し、その原型がトライアングルモデルであるという認識を示した。そこで、ここではそのトライアングルモデルの内容を点検し、ZTCAデザインモデルの理解を深めるための前提知識としたい。そして、それをアートに言及しながら、その後の詳しい説明の布石とする。

　さて、原田（2013b）により、地域ブランドの価値はトライアングルモデルによって現出するとしたことは、すでに前述している。このトライアングルを構成する要素とは、第1が「ゾーンデザイン」、第2が「エピソードメイク」、第3が「アクターズネットワーク」の3つであり、それぞれ説明していきたい。まず第1の「ゾーンデザイン」とは、地域をブランディングするゾーン（区域）を決定することであり、地域ブランドの出発点になるものである。この設定方法については、大括りに2つある。その1つ目は、現在の国の制度で決められた地域分類の単位であり、都道府県や市町村によって設定する方法である。その2つ目は歴史的・文化的・風土的な意味づけを感じさせるようなゾーニング方法である。地域ブランドにおいては、2つ目の歴史的・文化的・風土的なゾーニングのほうが、その価値を戦略的に増大させる可能性が高いとされている。したがって、アートの関わりでいうならば、歴史・文化・風土と関連させて地域をゾーニングできれば、それこそ有効な戦略を描くことができる。

　第2の「エピソードメイク」とは、顧客の心の奥深くエピソード記憶とし

て残すことを目的に、何らかの非日常的な体験による個性的なストーリーの構築を行うことである。つまり、特定ゾーンの各所に点在する価値を物語として紡ぎ、顧客に感動を与えそれが長期記憶にとどまるようなコミュニケーション行為を意味する。アートには、地域の物産や名所などのコンテンツにストーリーを付与し、作品として具現化する力があり、それゆえ、アートそのものがエピソードメイクであるといえよう。アートはいわばコンテンツにある潜在性を感動的に表出させる技術でもある。

　第3の「アクターズネットワーク」とは、地域ブランディングを推進するための主体や組織のことである。これをアートに関連させて考えるならば、アーティストはもちろんのこと、美術館・博物館、芸術系の教育機関、画廊、アートNPOなど、まさにアートに直接関わっているプレイヤーが地域には数多く存在する。そうなると、これら多様なプレイヤーと、自治体、市民、そして企業も含めた連携による組織形成が重要となり、そのイメージがアクターズネットワークとなる。

　このように、トライアングルモデルの3つの要素は個々にデザインされる。そして、各要素のデザインの完成度が、地域ブランドの資産価値を決定づける。それゆえ、この理論フレームは、当該地域の活性化や地域振興における成功要因を理解したり解明したりするためにはきわめて有効な理論である。その一方で、3つの要素を相互に関連させながら、地域ブランドの価値創出を図るデザイン行為が、その次の理論に求められてくる。そこで、このトライアングルモデルを発展させたZTCAデザインモデルの理論が登場するのである。

(3) 地域デザインモデルとしての「ZTCAデザインモデル」

　ZTCAデザインモデルの詳しい解説は、原田が執筆担当する次章を参照していただきたい。ここでは、原田（2014）が『地域デザイン学会誌第4号』で論じた内容に、筆者の解釈を付与しながら、Z・T・C・Aの構成要素と理論構築の経緯を簡単に述べておく。まず、「Z（zone）」はゾーンデザイン

であり、地域の範囲を示す概念としてエリアの括り方を意味する。「T（topos）」のトポスデザインは、1つひとつの地域資源を他の資源との比較において個性的な、かつ意味ある場所にすることを意図している。この2つの概念により、トライアングルモデルにあるゾーニングの「空間」の捉え方に、領域と場所、そして広域と狭域といった両義性をもたせながら、理論の拡張性を図っている。

「C（constellation）」はコンステレーションデザインを指す。コンステレーションは、その語源として星座と訳されるが、ここでは、地域の各場所を何らかのコンテクストによって各トポスを意味ある塊になるように結び付けることである。これはすなわち、コンテクストとしての物語的な価値を創出する行為のことである。これもまたトライアングルモデルのエピソードメイクの発展形であり、顧客の視点からの価値発現のデザイン行為と考える。実は、上述のトポスデザインも、多くの場合には、エピソードメイクに直接的に寄与しており、その意味では「場所」の視点からの意味づけの方法である。それゆえ、エピソードメイクは、トポスデザインとコンステレーションデザインの2つのアプローチに分化していった、とも解釈できる。

最後の「A（actor）」のアクターズネットワーク（actors network）デザインは、Z・T・Cのいわば実行部隊として地域の価値を発現する主体者（個人と組織）を指している。Z・T・Cを企業経営論の戦略論やマーケティング論に該当させるならば、アクターズネットワークデザインはさしずめ組織論に該当するであろう。ただし、地域のプレイヤーについては、企業組織のような枠組みには、そのままでは当てはまらないことが多くある。これには、例えば地域には、プレイヤーが偏在し複雑な利害関係と価値観が存在する。したがって、地域のアクターを求心力と自律力をもってマネジメントするネットワークデザインが求められており、そのため具体的な理論構築が本学会においてはすでに検討されている。

トライアングルモデルからZTCAデザインモデルへの発展については、理論フレームの深化以外にも、実は本学会にとっては大きな意義が見出せ

る。その1つが、地域価値の論点が地域ブランドから、コンテクストデザインによる多様な価値発現に拡張していることである。地域ブランドとは、主に経営学・マーケティング論に依拠し、地域外顧客の「買いたい・訪れたい・交流したい・住みたい」の体験価値（電通 abic project、2009）を誘発する、ある種の地域イメージであるといえよう。このように考えると、地域デザインによる地域創造を指向するには、地域ブランド価値の体系では学問的にも価値体系的にも理論構築の限界を意識せずにはいられない。したがって、ZTCA デザインモデルは、地域ブランド価値を含む多様な地域価値に論を拡大させているのである。これを踏まえ、本章「おわりに」の部分でアートによる地域価値の提示を筆者として試みている。

　ZTCA デザインモデル展開への意義のもう1つが、デザイン行為そのものが理論体系に組み込まれたことである。原型モデルのトライアングルモデルは、ある種の静態的な成功要因モデルにとどまっていた。これに対して、ZTCA デザインモデルは"デザイン"という概念が付与されていることからも、何らかのアクティビティを伴うデザイン手法の開発や実践が意図されている。それゆえ、現時点では ZTCA デザインモデルは基本形理論として一応の完成がなされたとしている。

　しかし、デザイン行為としての実践理論や応用理論の研究は未だに今後の課題になっている。したがって、本書においても、アート分野におけるこの応用・実践理論の構築が意識されている。

第2節　アートのトレンドに見るコンテクスト進化の予兆

　本節においては、アートの動向を整理しながら、地域価値の現出につながるコンテクスト化の状況を考察する。そのために、1970年代から始まるハード中心の文化政策を、アートのコンテンツとして確認することから始めたい。そして、2000年代に入ってから生起している地域アートのムーブメントをコンテクスト転換として捉えながら、地域デザイン理論との関係性を模

索する。

(1) コンテンツとしてのアート～近年の文化政策の経緯を捉えて

ここにおいては、地域ではいかなるアートに関わる文化政策が展開されてきたのか、近年の歴史的経緯を捉えて概観を行う。これには、ハードの施設としての「博物館・美術館」や「公立文化施設」のみならず、これらの保有作品や運営組織体、アートイベントなどのソフトも含んで整理する。

まずは、地域アートの収集と発信の拠点となりうる「博物館（美術館）」[2]の実態を見てみよう。地域の県立・市立の博物館は、周知のように1970年代から1980年代にかけて建設のピークがあった。このときに、博物館の本業として地域のアートを収集、保存、展示する態勢が整ったといってよいであろう。しかし、その後においては、博物館にあるコンテンツとしてのアートの利用価値は、単なる鑑賞価値の域から外に出ることがなかったために、地域価値の発現にまでは至らなかった。それこそ一部の地域博物館を除いては、市民にとってはかなり敷居が高かったし、生活者には縁遠い象徴的な構造物であるという感も少なからず浮かび上がる。

実は、博物館とは別に、多くの地域においては地域アートイベント用の施設としての「公立文化施設」がある。これらは、いわゆる「文化会館」や「市民会館」と呼ばれている施設であり、1970年代から市町村ごとの設立に向けて次第に整備が進展した。こうした公立文化施設は、多目的ホールとして例えばコンサートや演劇、そして展示会などが実施されており、博物館よりはもう少しカジュアルな地域のアート拠点としての機能を有している。しかし、2000年代に入ってから行政の予算が削減されたために、公共文化施設はまさにプロ・アマ問わずにどんな利用者にも貸し出す、いわゆる「貸し館」に転換してしまった。つまり、芸術家や作家という主要アクターがそこには不在であり、創造的なアートのコンテンツ力を活かした意味ある情報発揮が行えなくなっている。

こうした背景もあってか、1990年代から次第に文化複合施設としての「専

門芸術施設」の設立が目立ちはじめてきた。例えば、渋谷の東急文化会館（1989年開館）や水戸芸術会館（1990年開館）、彩の国さいたま芸術劇場（1994年開館）は、まさにその先駆けである。また、専門芸術施設は、演劇、コンサート、オペラなどのアート領域に特化した施設であることから、高度なアートコンテンツ力を保有している。それゆえ一般の公立文化施設と一線を画している。

　これら文化施設に代表されるハードの普及と連動して、ソフトとしてのアートに関わるプレイヤーも次第に多様化していった。これについては、1つに1980年代から始まった文化振興財団の設立が挙げられ、その財団の多くが公的アート施設を行政から受託運営するものである。ただし、こうした財団組織の主要ポストは役所からの派遣である、いわゆる「天下り」であり、それゆえ優秀な財団プロパー職員の専門性とモチベーションを引き出しきれてはいない。その結果、ある意味では「役所以上に官僚的である」との批判があるなど、創造性を担う機関としての問題を発生させている（野田、2014、88頁）。

　元来、文化・芸術の創造過程では、多様な価値観の混沌（カオス）のなかから新たな創造が生まれる。このカオス状態を創り出すことは、当然ルール重視の行政には不向きである。こうしたなか、1998年にいわゆるNPO法[3]が制定され、これを契機にして2000年代になると、アートNPOが大いに注目されることになる。このアートNPOとは、ルールや前例に縛られない文化・芸術活動を行う市民・民間団体である。また、その活動フィールドは多岐にわたり、指定管理者として文化施設の運営や文化・芸術イベントの主催、劇団やオーケストラによる実演など、様々な領域で活動を行っている。

　2000年代は、文化政策が次第にハード重視からソフト重視に移行していき、その1つとして地域発のアートイベントが盛んに行われている時代でもある。その大規模なものが、地方中核都市レベルで開催されるビエンナーレ[4]・トリエンナーレ[5]であろう。そもそも、従前から地域美術館においては有名・無名のアーティストの企画展が実施されており、また劇場において

も演劇公演の前後にファン交流会などのイベントが実施されてきた。さらには、数日から数カ月の期間にわたり開催される、音楽祭・演劇祭・映画祭・美術祭なども次第に盛んになっている。

　こうした地域イベントが各地で多発化、定期化、大規模化するなかにおいて、均質化、マンネリ化、商業主義化することが問題になってくる。これは、アートの地域普及の効果は認めつつも、地域創造を促し価値発現を実現する効果は十分とはいい切れない、ということを示している。また、観光志向の高いトリエンナーレについては、地域経済に貢献する一方で、地域住民の生活を圧迫するという心配も払拭できない。これらに見るように、アートイベントのありようも、いよいよ転換期を迎えているようである。これらについては、後章の事例編において詳細に論ずることにしたい。

(2) ハードコンテンツからのコンテクスト転換

　上述のいわゆる伝統的な地域のアートコンテンツは、実は地域課題の解決の要請を受けながらすでに進化を始めている。そこに、ある種のコンテクスト転換の姿を見出すことができる。そこで前項を受け、地域におけるアートの進化の状況を、施設等のハード面と組織やイベント等ソフト面に分けて検証を試みる。ハード面については本項において、ソフト面については次項においてそれぞれ解説を行いたい。なお、これに関する全体的な概念のイメージについては、図表2-2をあらかじめ参考にしてほしい。

　ハードコンテンツで、第1に挙げるべきは美術館である。いわゆる制度化が極端に進んだ美術館という文化装置は、地域社会から遊離し、前衛的なアーティストたちから次第に見放されていった（野田、2013、185頁）。アーティストにとっては、社会のありようを鋭敏に問いながら表現していくためには、もはや美術館のなかで行われる活動のみでは、収まりきらなくなっている。こうした背景のもとに、"脱"美術館に向けたアートのコンテクスト転換が大いに期待されている。それは、例えば、インスタレーション[6]と呼ばれる活動であり、これに伴い展示場所と一体化した作品づくりが台頭して

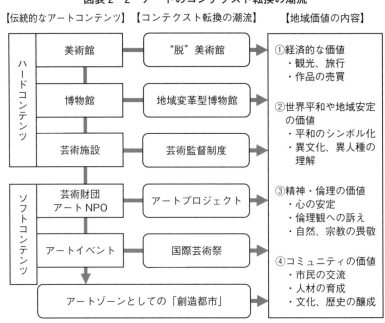

図表2-2 アートのコンテクスト転換の潮流

くる。また、展示場所の"脱"美術館と呼応して、制作場所についても"脱"アトリエを指向するアーティスト・イン・レジデンス（AIR）[7]も注目されている。これらインスタレーションやAIRは、まさに展示する場所にこだわった制作を進めるサイト・スペシフィック（場の特殊性）な活動であり（三浦、2012）、地域デザイン理論のトポスとしての価値発現が期待できる。

　第2の伝統的なアートの進化としては、博物館の変化が挙げられる。例えば単なる文化財の収集や保存から、多様な形態で地域の活性化や社会課題の解決に向けて貢献できる博物館が出現してきたことを指摘したい。玉村雅俊（2013）は、博物館の新しい地域機能として、次の5つのコンテクストアプローチを指摘しており、それと同時に30件の博物館の事例を紹介している。

　① 社会イノベーションの触媒となるミュージアム

② コミュニティの魅力を見える化するミュージアム
③ 人々の協働プロジェクトを促すミュージアム
④ 価値を共創する拠点となるミュージアム
⑤ ワクワクが変化を生み出すミュージアム

　こうした博物館については、いわば「地域変革型博物館」と命名することができよう。博物館が所蔵する希少性の高いコンテンツや館内と敷地に見出される独創的な空間（＝トポスデザイン）が、地域の人々をつなぐ（＝アクターズネットワークデザイン）。そして、彼ら彼女らにアイデアの発想や企画を促し、そこから新たな価値を創る（＝コンステレーションデザイン）。それを地域内で伝達する仕組みを継続させ、ある種のアートゾーンを形成するのである。
　ハードのコンテクスト転換の第3は、専門芸術施設における「芸術監督制度」の導入に見出せる。この専門芸術施設とは、前述したように演劇やコンサートなどジャンル特化のホールを有している施設である。「芸術監督制度」とは、その専門芸術施設をマネジメントするため、アートのプロを芸術監督として中核に据え、事業企画など劇場運営について強力な権限が与えられる組織制度である。この芸術監督の代表例としては、水戸芸術館ACM劇場の鈴木忠志や、彩の国さいたま芸術劇場の蜷川幸雄が挙げられる。芸術監督制度を機能させるためには、芸術監督の持つ能力やネットワークを十分に活用できる環境を整備しながら、同時に芸術面に関する権限は一任する度量の広さと経営面におけるシビアなマネジメント力を兼ね備えた、いわば経営部門における専門人材が不可欠になる（野田、2013、64頁）。この芸術監督制度は、いわばコンテクストデザイン（＝アクターズネットワークデザイン）を具現化する組織システムであり、地域アマチュアから地域プロフェッショナルに転換するモデルを有している。

(3) ソフトコンテンツからのコンテクスト転換

　ここでは引き続き、コンテクスト転換のトレンドをソフトの観点から整理する（図表2-2再参照）。その第1として、自治体、芸術財団、アートNPOなどのアートに関わる組織から、「アートプロジェクト」へのコンテクスト転換を指摘する。このアートプロジェクトとは、簡単にいえば、社会や地域の問題をアートのアプローチから解決しようとする活動である。アートプロジェクトは、アートをツールにした観光イベント、商品開発、学習・教育など、その活動内容は様々に存在し、同時にこれはある種のムーブメントになっている（大森、2015）。工藤（2015）は、そうしたアートプロジェクトの特徴を次のように整理している。

① アーティスト個人の作品ではなく、人々を巻き込む参加型の活動である。
② 多様な表現方法を用いて、結果としての作品よりもそのプロセスに重きを置くプロジェクト型の傾向が強い。
③ 参加者との対話やインターラクションを重視し、アーティストがすべてを管理しないオープンエンド型の傾向が強い。
④ 地域コミュニティの問題から都市計画、社会福祉、環境汚染、青少年犯罪など、現社会が抱える様々な問題を活動テーマとしている。

　以上のことからわかるのは、アートプロジェクトは、既成の組織体の単なる芸術振興であることの境界を超えて、ピンポイントで課題解決を行うミッション志向の組織といえる。そして、アートプロジェクトの活動そのものに、アーティストも含めたアクターをネットワークするデザイン行為を含んでいる。これによって、既成の組織やアーティストたちは再編成されることになり、コンテクスト転換が促される（＝アクターズネットワークデザイン）。

　第2のコンテクスト転換は、アートイベントにおける外部連携化や国際化への対応である。例えば、今や世界最大級の国際芸術祭と称される「大地の

芸術祭 越後妻有アートトリエンナーレ」は、新潟県越後地区においては、実際に多大な地域価値を発現させている。イベント開催中の観光集客やマスコミ露出の経済効果のみならず、同時にアート表現により里山の価値に光を当てながら、併せて地域住民の誇りと他者との交流を創り出している（北川、2015）。このイベントには、これまでに実績のある北川フラムを総合アートディレクターにしており、また国際的に実力あるアーティストを複数招き入れて AIR として創作活動を行ってもらっている。これこそが、辺境地域でもアートをもって外部に開く、ゾーンデザインとアクターズネットワークデザインが成功した好例であるといえよう。

　最後に、アートによるコンテクスト転換の1つの帰結ともいえる、「創造都市」の潮流を取り上げたい。そこには、様々なアートに関するコンテンツとコンテクストの要素があって、これらが地域デザインのもとに統合化される姿を垣間見ることができる。文化庁（2015）は、この創造都市に対して「文化芸術の持つ創造性を地域振興、観光・産業振興などに領域横断的に活用し、地域課題の解決に取り組む地方自治体」と位置づけている。そして、平成26年度（2014年）時点では、累計32の都市を「文化芸術創造都市」[8]として表彰した。つまり、この政策は都市をアートゾーンとして捉え、そこに価値発現の仕組みを構築する考え方がある。

　また、佐々木（2009）は、創造都市を「市民の創造活動を基礎とする文化と産業（特に創造産業）の発展を軸にして、水平的な都市ネットワークを広げ、文化的な多様なグローバル社会と社会包摂的なコミュニティの再構築をめざすものと位置付けられる」としている。これはまさに、創造都市のコンセプトが広域的なゾーンデザインを意図するものであり、また複数のアートコンテクストを統合化するいわば"超"コンテクストやハイパーコンテクストへの転換を想起させるものである。

第3節 アートによる地域デザイン理論の発展性の考察

アートは、アーティストによる創造的活動が作品（コンテンツ）となって結実したものである。それが、地域に既成するコンテンツと結び付き、ある種のコンテクスト転換が生じる。そこで本節は、そうしたアートの特徴から地域デザイン理論の今後の発展性を考察し、本章の総括としたい。

(1) コンテンツ指向からコンテクスト指向へ

前節によるアートトレンドの考察から、コンテクスト進化の構造を図表2-3によってイメージ化を試みた。それは「アートの地域社会化」と「地域社会のアート化」であり、こうした2つのコンテクストを循環させる仕組みの設計こそが、アートによる地域デザインを意図するものである。

図表2-3 アートによるコンテクスト転換の循環

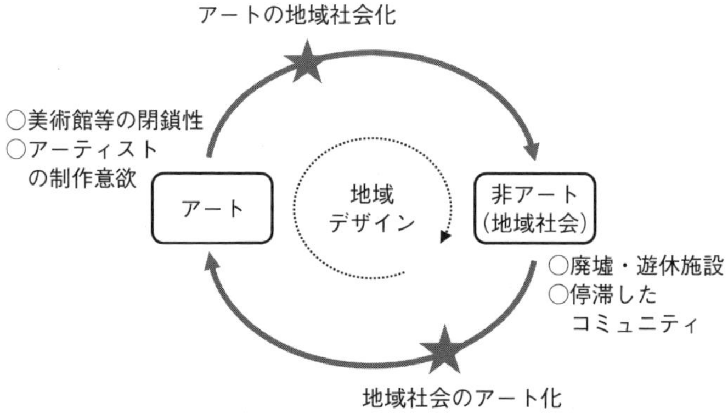

アートの地域社会化

○美術館等の閉鎖性
○アーティストの制作意欲

アート ⇄ 地域デザイン ⇄ 非アート（地域社会）

○廃墟・遊休施設
○停滞したコミュニティ

地域社会のアート化

この構造を具体的に説明していこう。まず、「アートの地域社会化」とは、アートを地域社会に融合させて、アートとしての前衛的ともいえる創造力や表現力を増していくことである。現代アートの第一人者である千住（2014）は、芸術（アート）を「私たちの社会とは何かを考えること」「社会の歪みや私たちの心の歪みを識ること」としている。つまり、アートは本来、社会

との関わりのなかでその光と影を表現し伝える行為であり、作品（コンテンツ）そのものの完成度や技術に本質的な価値はないと解釈できる。「社会との関わり」を考えるならば、前述した"脱"美術館としてのインスタレーションや AIR は、まさにアートの地域社会化のムーブメントといってもよいであろう。また、アーティストの創作エネルギーは、作品と社会との融合のなかで、新たな表現力を得てアートそのもののありようを変えていく。

ただし、こうしたコンテクスト転換は、アートの進化に起点があることを忘れてはならない。アーティストのパブロ・エルゲラ（Helguera, 2014）は、ソーシャリーエンゲイジドアート（社会関与型アート）を推奨するなかで、アーティスト活動の社会的相互行為の必要性を提示しつつも、作品制作の要素はアーティストのパーソナリティに基づいて構築されるべきである、としている。さらに、中川（2009）は、「それは、アートの投入される場が深刻な社会問題の真っただ中ということも関係してくるであろう。関わる人々の切実で緊迫した思いや事情が堆積するなかから、アートの「強度」が生まれ、新たな表現が誕生する」としている。つまり、アーティストの成長と創造性は、その才能や心の内面にあるのではなく、社会との深淵な関わりで発現する。このように、アートそのものの進化は、社会化との関わりで生まれるコンテクストなのである。

第2の「地域社会のアート化」とは、地域社会がアートの要素を抱合するなかで、地域ブランド力や地域デザインに関わる課題の解決力を向上させていくことである。前述したアートプロジェクトは課題解決を第一義とする事業活動であり、それゆえいわば地域社会がアートになることを指向するものである。この象徴的な事例として、廃墟のアート化を指摘しておきたい。廃墟には、空き家、廃校、廃工場、廃病院、廃寺など様々なものがあり、これら施設には地域住民が利用してきた記憶が埋め込まれている。このような廃墟に対するアート化とは、アートの力でそうした記憶を想起させ（＝コンステレーション）、「場」に新たな意味を付加していくことである（＝トポス）。これにより、コミュニティの再生や観光ビジネスへの価値発現の効果が期待

でき、実際に多くの場所でこうした活動が実践されている。

　このように考えると、アートによる地域デザインとは、シンプルにいうならばアートと地域社会（非アート）の相互作用を持続させる仕組みを作ることである。そして、地域社会そのものがアートゾーンに進化し、価値発現のプラットフォームとすることを目的とする。その具体的なデザイン手法やアプローチ手段は、ZTCAデザインモデルによってくるというのが本書の主張である。

(2) 地域デザインへのアプローチ手法

　さて、アートゾーンの仕組み・メカニズムの考察を行った上で、その次に議論すべきは、いかにしてアートゾーンを形成していくかという、アプローチ手段の課題である。これについても前節のアートトレンドの整理から、その手掛かりをZTCAデザインモデルとの連動をもって説明することができる。つまり、アートゾーンデザインの手法は一様ではなく、Z・T・C・Aのそれぞれのアプローチから実施しうるという仮説である。

　これを図表2-4を参照の上で解説しよう。例えば、ゾーンデザインアプローチは、前述の創造都市の構想に該当する。創造都市の場合は、行政主導

図表2-4　ZTCAデザインモデルによるアプローチ

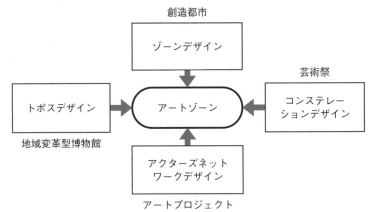

となるかもしれないが、広域的な行政区域と文化圏を考慮したゾーニングからアートゾーンが構築される。そこには、広域な都市ゾーンのなかに狭域なゾーンを重ね合わせ、その一方で都市間ネットワークのように超広域なゾーン設定も求められてくる。

　トポスデザインアプローチは、博物館等ハード施設のコンテクスト進化に見ることができる。これも前述したように、「地域変革型博物館」や「"脱"美術館」に関わる活動は、既存の施設や空間をアートによって意味あるものにするコンテクスト進化であり、トポスデザインであるとした。こうした活動の延長には、トポスの複数の連携や価値の蓄積によってアートゾーンを形成しようとする姿が見える。

　コンステレーションデザインアプローチは、芸術祭によるコンテクスト進化が該当するであろう。芸術祭はそこに関わるアーティストや住民、そこに訪れる顧客の目線や価値観でイベントが企画され運営される。芸術祭によって、地域の物語を紡ぐ行為、すなわちコンステレーションの発展の先にアートゾーンが形成されることになる。

　最後のアクターズネットワークデザインアプローチは、アートプロジェクトの動きにフィットする。アートによる課題解決の決め手は、プロジェクトチームに関わるネットワーク組織の組成にかかっている。そのネットワーク組織の活動領域そのものがアートゾーンに転換していくことになる。

　これらZ・T・C・Aからのデザインアプローチは、最初の入り口のデザインであってトリガーの役割でしかない。したがって、その後の統合のデザインが求められてくることはいうまでもないだろう。この統合のデザインについては、次章以降の論を待ちたいところである。ただし、その前にアートとデザインとの関係性を今一度考察し、本章のまとめに導きたい。

(3) 地域デザインとアートの関係

　敢えていうまでもないのだが、アートとデザインはまさに似て非なる概念であり、これを図表2-5で対比整理した。千住（2013）は、アート（芸術）

について「人や自然と理解しあって生きていくためには、あらゆる表現手段を駆使して伝えていこうとする時に生まれる熱量の産物」である、と語っている。それゆえ、アートはアーティストの自己表現にこそ目的があり、その表現された作品に触れた第三者が美を感じそこから感動を生じるものである。つまり、アートそのものがコンテンツのまさに自由で独創的で前衛的なコンテクストへの転換である、といえよう。

　他方で、デザインはある種の問題解決を目的に行われる設計や制作である。それゆえ、デザインによるコンテクストへの転換は、アートに比較すると計画的で仮説の成り立つ案件を得意としている。こう考えると、もしかしたら局所的にはアートの力のほうが、コンテクストのパワーは強いのかもしれない。

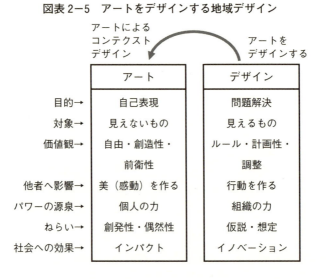

図表2-5　アートをデザインする地域デザイン

このようにアートとデザインを対比させると、その相違点が明らかになる。しかし、それと同時に、アートと地域デザイン理論との関わりも浮き彫りになってくる。これは、「アートを（地域で）デザインする」というよう

な思考に辿り着く。つまり、地域デザインの目的をアートなアクティビティを起こすことに置くわけである。それは、今、地域で求められているのは、アート的な独創的コンテクスト化の構想の確立であるのかもしれない、ということを前提にする。また、デザインの役割とはアートを仕掛けることであり、そしてアートによる地域デザイン理論はここに本質が見出される、とも考えられる。筆者としては、これを念頭に置きながら、次章以降のZTCAデザインモデルや多くの事例研究を読み解いてほしい。

おわりに～アートによる地域価値とは

　この章における筆者の役割の1つは、地域デザイン理論の展開過程とアートとの関係性を、先行研究として整理することにあった。そのために、地域デザイン学会で検討されてきた理論の経緯と、アートのトレンドを網羅的に確認しながらこれをコンテクスト転換の動きを捉える論述をしてきた。そして、これらを要約する形で、アートによる地域デザインの構造に関する考え方を提示し、アートならではのコンテンツ指向からコンテクストの転換のメカニズムを説いてきた。

　最後に、こうした考察の帰結として、ここにおいてアートのコンテクストへの転換によって発現する地域価値の効果をリストアップし、次章以降の議論にバトンを引き継ぐことにしたい。ここで示したい価値発現の効果とは、「経済的な価値」「世界平和と地域安定の価値」「精神・倫理の価値」「コミュニティ形成の価値」という4つの価値である。この4つの価値は図表2-2に表記済みであるが、ここではそれぞれに若干の説明を加えたい。

　まず「経済的な価値」とは、地域にビジネスを起こし雇用を創出する価値である。これは例えば、アーティストの活動が地域の観光資源や旅行サービスへというようにコンテクスト転換することが挙げられる。次の「世界平和・地域安定の価値」は、地域や民族の多様性を尊重することを指向している。アートの発信力は、ときに国境を越えて、民族的な紛争やトラブルを解

消し相互理解を進めるパワーをもっている。

　そして、「精神と心の安定」の価値は、スピリチュアルなものである。例えば、その土地に由来する宗教や神話はアートのモチーフとして使用される。また、街なかにあるパブリックアートは、その街のシンボルとして市民の憩いの空間を提供する。そして、最後の「コミュニティ再生の価値」は、まさに人材の交流を促し、ソーシャルキャピタルを醸成するものである。アートの表現は自由であることから、障害者も、子どもも、よそ者も、外国人も、すなわち多様な人材も地域コミュニティに引き込むことができる。

　実は、アートによる価値発現の効果は、これまで地域デザイン学会のなかで単発的あるいは示唆的に様々なところで考察がなされてきた[9]。こう考えると、本書はこれらの議論の集大成であるとともに、アート分野へのアプローチによる地域デザイン理論の可能性の考察でもある、といえる。また、これらの具体的な議論については、次章や事例編での論述に譲られる。

（注）
1) コンテクストとは文脈・脈略を意味し、コンテンツにある種の意味づけをしていく行為である。これによりコンテンツの保有する潜在価値の発現や、新たな価値の創造や既存の価値の増大に対し多大な貢献をする機能と定義できる（三浦、2012）。地域デザイン学会では、地域の価値創造の重要な戦略要素としている。
2) 我が国の博物館とは、1952年施行の博物館法で規定されている。これによると美術館も美術系博物館として広義には博物館に含めている。したがって、ここで論じる博物館はいわゆる美術館も含めることとする。
3) NPO法とは、特定非営利活動促進法のことであり、非営利活動を行う市民活動団体等に法人格を認証制度のもと与えるもの。非営利活動として21分野を規定しており、そのうちアートに関わることとして「学術、文化、芸術又はスポーツの振興を図る活動」を定めている。
4) ビエンナーレとは、2年に1回開かれる地域を挙げて開催される美術祭のことである。「ビエンナーレ」の語源はイタリア語で「2年に一度」の意味。ヴェ

ネツィア・ビエンナーレに起源がある。日本では、神戸ビエンナーレ、琵琶湖ビエンナーレ等が開催されている。
5）　トリエンナーレとは、3年に1回開かれる美術祭のことである。日本では、横浜トリエンナーレ、あいちトリエンナーレ等が開催されている。越後妻有アートトリエンナーレはその代表格となっている。
6）　インスタレーションとは、据え付け、取り付け、設置の意味から転じて、展示空間を含めて作品と見なす手法を指す（野田、2013、100頁）。
7）　アーティスト・イン・レジデンス（AIR）とは、直訳すると「滞在中のアーティスト」となる。定義としては、アーティストをある場所に招いて、一定期間滞在してもらい、その体験を創作活動に活かしてもらうことにより創作のプロセスを支援する制度である（林、2004）。
8）　32の都市・地域として、文化庁から横浜市、札幌市、東川町、水戸市、金沢市、豊島区、仙台市、十日町市・津南町、近江八幡市、篠山市、中之条町、南砺市、沖縄市、萩市、別府市、木曽町、神戸市、仙北市、新潟市、八戸市、美唄市、鶴岡市、大垣市、いわき市、松本市、浜松市、神山町、千曲市、松山市、舞鶴市、尾道市、内子町が表彰されている。
9）　地域デザイン学会が監修している叢書のなかで、いくつかアートに関する考察や示唆がなされている。例えば、旅行とアートの関係や（板倉、2015）、世界遺産とアートの関係（浅野・原田・庄司、2013）、料理とアートの関係（宮本、2015）などが挙げられる。

（参考文献）

浅野清彦・原田保・庄司真人（2014）「世界遺産の統合地域戦略デザイン」原田保・浅野清彦・庄司真人『世界遺産の地域価値創造戦略地域デザインのコンテクストデザイン』芙蓉書房出版、23-43頁。

板倉宏昭（2015）「旅行の歴史と未来―人が旅行に望むもの―」原田保・板倉宏昭・加藤文昭『旅行革新戦略』白桃書房、22-23頁。

大森正夫（2015）「拡張するアートプロジェクト」環境芸術学会編『アートプロジェクト・エッジ』東方出版、4-5頁。

北川フラム（2015）『ひらく美術―地域と人間のつながりを取り戻す』筑摩書房。

工藤安代（2015）「アートプロジェクトと国際潮流」環境芸術学会編『アートプロジェクト・エッジ』東方出版、150-159頁。

古賀弥生（2011）『芸術文化がまちをつくるⅡ』（財）九州大学出版会。

佐々木雅幸（2009）「文化多様性と社会的包摂に向かう創造都市」佐々木雅幸・水内俊雄編著『創造都市と社会包摂』水曜社、13-24 頁。
千住博（2014）『芸術とは何か』祥伝社、3-9 頁。
玉村雅俊（2013）『地域を変えるミュージアム』英治出版、8-13 頁。
地域デザイン学会（2012）『地域デザイン学会設立趣旨』http://www.zone-design.org/aim.html（2015.9.6 アクセス）。
地域デザイン学会（2014）『地域デザイン学会誌第 3 号 地域経済と観光ビジネス』芙蓉書房出版。
電通 abic project（2009）『地域ブランド・マネジメント』有斐閣。
中川眞（2009）「社会包摂に向き合うアートマネジメント」佐々木雅幸・水内俊雄編著『創造都市と社会包摂』水曜社、13-24 頁。
野田邦弘（2014）『文化政策の展開―アーツ・マネジメントと創造都市』学芸出版社。
林容子（2004）『進化するアートマネジメント』レイライン。
原田保（2013a）「コンテクストブランドとしての地域ブランド」地域デザイン学会編『地域デザイン学会誌第 1 号 地域革新と地域デザイン』芙蓉書房出版、7-15 頁。
原田保（2013b）「コンテクストブランドとしての地域ブランド」地域デザイン学会編『地域デザイン学会誌第 2 号 地域ブランドと地域の価値創造』芙蓉書房出版、9-22 頁。
原田保（2013c）「ゾーンデザインとコンテクストデザインの共振」原田保編著『地域デザイン戦略総論』芙蓉書房出版、13-24 頁。
原田保・武中千里・鈴木敦司（2013）『海と島のブランドデザイン：海洋国家の地域戦略』芙蓉書房出版。
原田保・西田小百合・古賀広志（2014）『奈良のコンステレーションブランディング』芙蓉書房出版。
原田保・浅野清彦・庄司真人（2014）『世界遺産の地域価値創造戦略』芙蓉書房出版。
原田保（2014）「地域デザイン理論のコンテクスト転換」地域デザイン学会編『地域デザイン学会誌第 4 号地域デザインのコンテクスト転換』芙蓉書房出版、11-27 頁。
原田保（2015）「「第 3 のゾーン」としての「リージョナルゾーン」に関する試論」地域デザイン学会編『地域デザイン学会 No.5 地域デザイン 特集 地域企業のイノベーション』空海舎、11-27 頁。
平田オリザ（2013）『新しい広場をつくる』岩波書店。

文化庁（2015）「文化芸術創造都市」http://www.bunka.go.jp/seisaku/bunka_gyosei/chiho/creative_city/（2015.9.6 アクセス）。

三浦俊彦・原田保（2012）「コンテクストデザイン戦略に至る理論の流れ」原田保・三浦俊彦・高井透編著『地域デザイン戦略総論』芙蓉書房出版、23-74 頁。

宮本文宏（2015）「高度な料理芸術に見るスタイルデザイン」原田保・浅野清彦・青山忠靖『食文化のスタイルデザイン』大学教育出版、22-23 頁。

Helguera, P. (2014), *Education for Socially Engaged Art*, Jorge Pinto Books.（アート＆ソサイエティ研究センター訳（2014）『ソーシャル・エンゲージド・アート入門』フィルムアート社）。

第3章

アートによる地域価値創造戦略の理論フレーム
—— ZTCAデザインモデルによる地域価値と顧客価値の同時実現 ——

原田保・宮本文宏・鈴木敦詞

はじめに～地域価値発現装置としてのアートゾーンへのアプローチ方法

　さて、我が国では急速な地域再生が期待されており、地域再生のための施策が国をあげて行われている。しかし望ましいのは、地域が自身の力で地域価値を創出することである。そのためには、その試みが顧客から強い支持を獲得することが不可欠である。これはすなわち、顧客価値の発現によって地域価値の発現が導出される地域デザインが大事であることを示している。

　また、そのためのデザインモデルは、実際にはその適応対象のもつ特徴によって多様な形態に細分化して使用される必要がある。これについては、本書では「型モデル」ということにしておきたい。これには、例えば「アート型ZTCAデザインモデル」「アグリカルチャー型ZTCAデザインモデル」「スピリチュアリティ型ZTCAデザインモデル」「温泉型ZTCAデザインモデル」「遺産（例えば世界遺産）型ZTCAデザインモデル」などが想起できる。なお、これらに見出される差異については地域価値発現のためのアプローチにおけるものであり、ZTCAという理論を成立させる基本的枠組みについてはまったく同様である（図表3-1）。

　そこで本書では、アートからアプローチしたZTCAデザインモデルの考察と、そのアプリケーションの提示が行われる。そしてこれを踏まえて、この型レベルのモデルのいわばアプリケーションの分類が行われて、この「型」の下部概念が「系」で表わされることになる。そこで本書で議論されるモデルについては、「アート型ZTCAデザインモデル」における特に3つの「系」になり、これらを具体的に表わすならば以下のようになる（図表3-1）。

図表3-1　アートを捉えたZTCAデザインモデルの活用概念

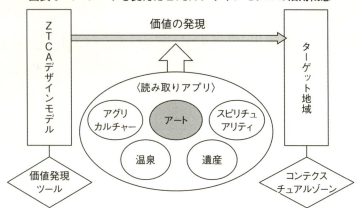

□ここで示した3つの「アート型地域デザイン」と、
これらの理論として3つの「アート型ZTCAデザインモデル」
① 行為としての「大都市系地域デザイン」と
この理論としての「大都市系ZTCAデザインモデル」
② 行為としての「地方系地域デザイン」と
この理論としての「地方系ZTCAデザインモデル」
③ 行為としての「イベント系地域デザイン」と
この理論としての「イベント系ZTCAデザインモデル」

それゆえ、後章においてはこの分類を踏まえながらアートを捉えた複数の地域デザインモデルに関する考察が展開される。なお、この考察の対象は、第1が「アートゾーンとしての大都市」、第2が「アートゾーンとしての地方（市町村）」、第3が「アートゾーンとしてのイベント開催地」である。もちろん、アートゾーンによって地域デザインを指向するアプローチには、これら3つ以外にも多くのアプローチが考えられることは、いうまでもない（図表3-2）。

第3章　アートによる地域価値創造戦略の理論フレーム　59

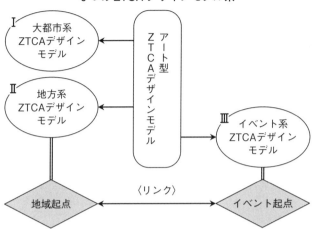

図表3-2　アート型ZTCAデザインモデルを構成する
3つのZTCAデザインモデル系

第1節　大都市の価値発現フレーム＝「大都市系ZTCAデザインモデル」

　第1の「大都市系ZTCAデザインモデル」については、Z・T・C・Aのそれぞれは以下のように定義される。ゾーンは、市民革命を経て獲得した、市民のためのアートとしての、都市の歴史や地勢上から周囲に及ぼしてきた影響圏である。トポスには、都市の歴史的な景観や伝統文化をアートにする芸術景観都市と、都市空間で創造される広範囲にわたる文化事象を主体にす

図表3-3　大都市系ZTCAデザインモデルの定義付け

ゾーン	トポス
・都市の影響圏	・創造性
コンステレーション	アクターズネットワーク
・物語の力	・知的ネットワーク

る芸術文化都市とがある。コンステレーションとは、アートの力で物語を展開して関係性を築くことである。アクターズネットワークは、都市の知的なネットワークに集まる人たちである（図表3-3）。

(1)「大都市系アートゾーン」のゾーンデザイン

　大都市系アートデザインにおいては、大都市とアートという2つの要素が組み合わさっている。しかし、この2つの要素は定義が曖昧であり、実体としては捉えがたい。大都市は地方に対比し用いられるが、アートは芸術や美術と並列して用いられることが多い。それゆえ、その時々で何を示すのかはコンテクストによって変わってしまう。そこで、以下に本章における都市とアートに関する1つの捉え方を示しておく。

　さて、第1の要素である大都市とは、規模や範囲のみで捉えきれないゾーンである。また、大都市とは公的には人口統計上の区分であり、一般的には人口が集中していて、また居住者を含めた近郊からの通勤・通学者や、他の地域から訪れる人が多い地域のことである。

　大都市というゾーンをアートの観点から見ると、これは建物や絵画や彫刻を収蔵した美術館などの人工物が数多く蓄積されている場所である。さらに、大都市はそれ自体が過去から人の手によって構築されてきたものであり、経済的にも政治的にも周辺に対し優位性をもっている。この都市の優位性については、元来アートという概念が西欧の都市空間と密接に結び付くことによって生まれ、そして確立してきたのである。

　続く第2の要素であるアートは何を示すのか。このアートとは、狭義には絵画や彫刻などの美術を示す言葉だが、これは現在では映画や音楽、ダンスや文芸、さらには自然の風景から日常的なモノやコトにまで幅広く使われる言葉になっている。しかし、もともとアートとはたんに万人に向けられた娯楽なのではない。このアートは映画や音楽とは異なり、大衆のためのエンタテイメントとは明らかに一線を画すものなのである（椹木、2010）。

　遡れば、現在我々がアートとして捉えている教会などの都市の建築物や聖

像も絵画も、これらはすべて近代以前には神に捧げられたものであった。近代以前には、作品とは作家の自己表現のためのものでも、また多くの人が鑑賞するものでもなく、まさに神への信仰のためのものであった。そして、民衆の信仰心を高めるための装置として壮麗な教会が設けられてきた。天国へ至るべく自らの信仰を示すために、王や貴族や大商人たちは進んで喜捨をして教会を大きくしていった。また、神から王権を授けられた王やその周辺の貴族は、自己の権威と楽しみのために神話や聖書を題材に自らをモデルにした作品を描かせて、それらを秘匿したのである（椛木、2010）。

やがて、時代は科学革命によって近代を迎えることになって、神ではなく人が世界の中心になっていった。そして、そのときからアートの歴史が始まることになった。つまり、近代とは生産力の向上と貨幣経済が発展したために、都市の市民が経済力を蓄えることで興隆していった時代なのである。そして、やがて都市で革命が起こり、市民が王侯貴族に成り代わっていった。こうした権力の転換を示すために、近代国家は、王侯貴族の特権であった美の収蔵品の数々を一般に公開したのである。実は、西欧を起源とする美術館がルーブルやプラドやエルミタージュなどのかつての王宮に設けられているのは、そのためである。

このように、アートは宗教的権威や王権とともに発展していき、市民革命を経て市民のためのものになっていった。また、その変化は都市の変化の歴史そのものを示している。つまり、様々な建造物が立ち並ぶ都市の景観を成立させてきた歴史や地勢上の影響圏を捉えながらデザインすることが、大都市のアートゾーンのデザインになるわけである。

(2)「大都市系アートゾーン」のトポスデザイン

次に、大都市のアートゾーンのトポスデザインについて考察していく。周知のように、都市にはそれぞれの独自の色や形が存在する。この色や形がアートとして固有の意味をもつ特別な場を形成している。このようにして生まれる場が都市の精神性であり、また都市の魅力であり創造性なのである。

それゆえ、都市固有の創造性を抽出することが大都市のアートゾーンにおけるトポスデザインになる。

　この大都市のトポスデザインを考えるにあたっては、トポスの成り立ちからアートゾーンは大きく2種類に区分できる。その1つには芸術景観都市であり、もう1つが芸術文化都市である。この2種類の違いは、前者の芸術景観都市が都市の歴史的な景観や伝統文化をアートとしてトポスの主体にするのに対して、後者の芸術文化都市は都市空間で創造される広範囲にわたる文化事象をトポスの主体にする、というものである。

　第1の芸術景観都市の最大のコンテクストは、過去から蓄積されている現在の都市の景観を形成する建築物や絵画、彫刻であり、これらの様々なコンテンツから生まれる都市の歴史的な厚みである。大都市に歴史による芸術的蓄積が存在するのは、かつてその都市が経済的に繁栄して文化が華開いたことに起因する。繁栄によって都市は人を集め大都市になり、さらには芸術家が集まってコミュニティを築いて、王や貴族や大商人たちが、つまり当時の権力者がパトロンとして彼らを保護していった。芸術景観都市とは、その都市が時代の栄華を誇ったことを、まさに芸術遺産として都市空間そのものが表現するような都市である。

　例えば、ヨーロッパの代表的な芸術景観都市がフィレンツェやヴェネツィアである。これらの都市は歴史上、繁栄を謳歌した都市であり、当時の経済と芸術の中心的な都市であった。これらの都市は美術史上、フィレンツェ派やヴェネツィア派と呼ばれる表現形式を生み、また巨匠といわれる芸術家たちが活躍した[1]。日本では、京都が芸術景観都市として世界的なブランドを確立している。また、かつて新大陸といわれたアメリカでも、ボストンはヨーロッパからの最初の入植地の1つであり、そのためビクトリア時代の建築様式を取り入れた街並みが残っている。

　これらの都市が歴史的なコンテクストを主にするのに対して、第2の芸術文化都市は、歴史性よりも現在のこの時点に創造される同時代的な文化をコンテクストにする。都市で生まれる様々な文化活動やイベントによって、都

市の創造性を生み出しそこにクリエイティブな人たちを集めており、そのためこれらは都市としての発展の原動力になっていった。

こうした都市の姿の現出は、Florida（2005）やMoretti（2012）によれば、21世紀型の創造都市のありようである。これは、産業革命以降の従来の大量生産型の製造業の衰退とともに、研究者や科学者、デザイナーや芸術家という存在が都市の経済活性化に不可欠な要素になったことに起因する。彼らは現代の知的創造階級といわれており、彼らの集積によって都市は人を集めることによって発展している。

例えば、代表的な芸術文化都市としては前述したニューヨーク（現在の歴史都市とした）や東京（これもニューヨークと同様である）やラスベガスがある。これらの都市は歴史的な蓄積以上に現在の時代を創造し、これを世界に向けて発信している。ニューヨークと東京は世界的な経済都市でありながらも、ファッションや、ミュージカルや芝居、そして音楽や美術の最先端に位置する。また、ラスベガスでは連夜、街中で様々なショーやスポーツイベントが開催されており、そのためここはショービジネスの本拠地になっている。

しかし、こうした芸術景観都市と芸術文化都市という都市の区分は便宜的なものであるために、明確に線を引くことはできない。例えば、ここでは触れていない金沢は歴史的な伝統の積み重ねから芸術景観都市に位置づけられるが、近年では芸術文化都市として現代アートを起点とした文化創造を展開している。

それでも、都市のトポスを理解してデザインするためには、この2つのコンテクストの違いを意識して都市のアートの源泉を探り引き出すことが有効である。すなわち、アートゾーンをデザインすることとは、各都市固有の意味を捉えて都市の創造性をデザインして、そして創造性を発信する場所を創り出していく行為になっている。

(3)「大都市系アートゾーン」のコンステレーションデザイン

　大都市におけるアートのコンステレーションデザインとして重視すべき点は、アートが都市の記憶やつながりの物語を創造する点である。この物語によって、文化や伝統という過去から現在に至る歴史が生まれてくる。そして、文化や伝統の創造こそが国家を成立させるための精神的基盤を生み出しているし、またこれが国民の国家との自己同一性を担保している。

　このことは、アートが権力による統治のためのシステムとしての側面をもっていることを示している。覇権を獲得した権力が、まっさきに歴史書の編さんや共通言語の創設や芸術の保護に取り組むことについては、まさに歴史が証明している[2]。各国が競って美術館を首都に設立したのは、実は美術館という装置が近代の国民国家を象徴する存在であると市民にアピールするためであった[3]。市民に開かれた美術館というイメージは、教会や王権や貴族層に代わって市民が権力の座についたことを示しており、また美術館に収蔵された数々の作品には、文化的発展の標本として国家が伝統と歴史によって築かれてきたという、いわば正統性を広く知らしめる効果を発揮している。

　この美術館が国家にとって必要な装置であるとされるのは、国民国家という意識自体が想像上の架空のものとして、伝統や文化、歴史とは後世においてそれこそ後付け的につくられた人工的な概念だからである（Anderson, 1983）。こうした概念を成立させ補強するために美術館をはじめアートが文化装置として用いられてきた。

　近代国家においては、このような美術館はかつての教会のような神聖な場所になっている。近代以前の中世においては、西欧の各都市は聖杯や聖槍などのキリストや聖人たちの聖遺物を教会で公開して巡礼者を集めることによって、人々の信仰を高めてきた。聖遺物のある場所が聖地になり、そこに市ができ都市になり、これらが都市間にネットワークを築いた（大澤、2011）。近代以降には、こうした聖遺物が著名な作家の芸術作品に代わり、宗教的権威であった教会が芸術を象徴する美術館にかわっていった（寺岡、2014）[4]。現代では、美術館が各都市や各国の象徴になり、その都市や国の

イメージを国内外に普及させる大きな力になっている。

このように、アートは、伝統や文化的つながりを創出することによって人々の共通の物語を生む力をもっている。それゆえ、都市におけるアートゾーンとしてのコンステレーションデザインにおいては、こうした歴史や文化的つながりという想像の物語を、アートがもつモノとコトの力によって創り出すためにデザインすることになる。

(4)「大都市系アートゾーン」のアクターズネットワークデザイン

ここまで見てきたように、現在我々が捉える芸術や美術やアートとは、第1には国民国家の成立とともに生まれたきわめて近代的な概念なのである、ということである。これに対しては、紀元前の洞窟の壁画や装飾品などに見られるように、アートは人類の誕生とともにあったというような反論もある。しかし、こうしたものは当初からアートであったわけではなく、アートという概念の成立後に過去に遡ってこの概念を適用することによって、原始芸術という分野が生まれたために壁画や装飾品はアートになったわけである。

第2には、このアートとはもともと、西欧社会に起源を置いている、ということを理解すべきである。都市を起点に、市民革命が起きた西欧社会において生まれた、ということである。そこで、東洋にアートはなかったのかと問えば、東洋では異なるありようである屏風画や絵巻物、水墨画や仏像として存在していた。しかし、現在日本で用いられている工芸や日本画という言葉は、実は明治時代に西欧から美術が輸入されたときにつくられたものである（北澤、2000）。

こうしたアートの第3の特徴としては、日本の場合には政府が主導した翻訳文化として持ち込まれた点があげられる。もともと、美術という言葉は、明治初期に、ウィーンの万国博覧会に参加した訳官がkunstgewerbeの訳語として用いたことを起源にしている。それ以降においては、美術とは欧米の先進的な文化を輸入した後に、民衆を啓発するために教育し伝授するもので

あるというような伝統を生んできた。日本画が生まれたのも同時期であり、当時アメリカから東京美術学校の講師として招聘されたフェノロサが当時の欧化の流れのなかにおいて、過去の画風や画材を再解釈して創造したものである（椹木、2010）。また、工芸については、美術を翻訳して持ち込んだ際に、実用性という観点が抜け落ちたことに対して整合性を保つためにつくられた言葉なのである（北澤、2000）。

このように、日本では近代化における富国強兵から国民精神の形成の過程のなかにおいて、進んだ欧米の文化を翻訳し取り入れようとした官の主導によって美術や工芸が形成されてきた。つまり、これはいわゆる近代化に向けた欧化策の一環として国をあげて進められた施策の1つなのであった。欧米を模範とする美術の形成によって画家や彫刻家を目指す者は洋行することになった。また、大正時代の白樺派が行ったように知識人たちは積極的に欧州の絵画や彫刻を日本に紹介することによって、人々を啓発するという伝統を生んできた。

こうして、日本では美術や芸術は選ばれし芸術家と知識人層が担うものという認識が主流となり、また芸術家と知識人によって都市にサークルが形成されてきた。現在では、かつての白樺派などのような芸術家を中心にしたサークルはほとんど存在しないが、感性やセンスが尖った人たちを中心にしたネットワークの形成によってアートが展開するという伝統は維持されている。そして、このような感性やセンスの高い人々のネットワークが、都市のアートゾーンを支えるアクターズネットワークとして都市のアートゾーンを支えているのである。

第2節　地方系アートゾーンの価値発現フレーム＝「地方系ZTCAデザインモデル」

「地方系ZTCAデザイン」においては、ZTCAモデルは以下のように定義付けられる。ゾーンには5つの地方系デザインモデルがある。これらは、観光地先行型、アート併設型、アート牽引型、地域連携型、オープンプロジェ

第3章　アートによる地域価値創造戦略の理論フレーム　67

図表3-4　地方系 ZTCA デザインモデルの定義付け

〈ゾーン〉	〈トポス〉
・プロジェクト	・非日常性
〈コンステレーション〉	〈アクターズネットワーク〉
・コミュニティ	・共創性

クト型になる。ここでは、特に行政上の地方の区分を超えるプロジェクトによるゾーン創造が着目されることになる。ここにおいては、トポスは各地域の日常の風景を非日常に変えるアートの力になっている。また、コンステレーションは、アートを中心とするオープンなコミュニティになっている。このコミュニティからアクターズネットワークとして、多様な人同士による共創的なつながりが生まれてくる（図表3-4）。

(1)「地方系アートゾーン」のゾーンデザイン

　日本の地方においてアートが着目されるのは、まさに地方活性化の手段への期待からである。産業の誘致や観光資源によって都心から人を集めることによって経済効果を得る方法の1つとしてアートは活用されている。この代表的なものが、美術館を設立して、これを観光資源としての手段にすることである（図表3-4）。

　このことを示すものとして、日本においては各地に数多くの美術館が設置されている。バブル期に政府によるふるさと創成資金を交付したいわゆるバラマキの影響によって、各都道府県や各市区などに公立の美術館が設けられた。その結果、日本は世界でも有数の美術館大国となった。国民1人あたりの美術館の数は、フランスやイギリスをはるかに凌駕している[5]。しかし、当時つくられた美術館の多くは現在、地元からも他地域からも訪れる人がほとんどなく、そのために運営費の負担に喘いでいる。地方の美術館は集客力

が乏しく、経営の視点で捉えるならば、コストに見合う収益を継続して獲得することはきわめて困難である（寺岡、2104）。その理由の1つは、美術館の設置そのものが、他の自治体にあって自分たちの地域にないという安直な理由に基づき設置されており、また美術館がその場所にある必然性がないからである。そこで、並木・中川（2006）による各地の美術館の5つの分類をもとにして5つの地方系デザインモデルを提示したい[6]。

　第1は、観光地先行型ゾーンデザインである。このモデルでは、軽井沢や安曇野、そして伊豆や湯布院などのもともと知名度が高い観光地に、美術館などのアート拠点をコンテンツとして展開される。これは観光地というブランドに寄り掛かった付加型のゾーンデザインである。第2は、アートと観光地の相乗効果を目指すアート併設型ゾーンデザインである。このタイプでは、境港市の水木しげる記念館などのように、土地固有の人物や歴史を活かしたアートデザインが指向される。第3は、アート牽引型のゾーンデザインである。このタイプでは、アートがその地域のブランド化を牽引する。小布施市や直島のように、アートがその地域のブランドの中心になり、アートを目的にその地域に人が多く訪れる。第4は、複数の地域連携型ゾーンデザインである。これは、複数の地域が美術館などのコンテンツを共通パスなどを設けて、つなげて連合体として展開するタイプである。第5は、オープンプロジェクト型ゾーンデザインである。このタイプは、第4のモデルを発展させるために、美術館などのコンテンツを超えたり、さらには行政上の区分も超えたりして新たなゾーンを描いたりする。このような事例としては、都市や地域の芸術家や地域の住民やボランティアまでの様々な人が参加して実施されるアートプロジェクトなどがあげられる。

　この5つの分類を戦略的に検討して地域の新たなゾーンを描くことが、アートゾーンデザインにおいては大事になる。アートを地域の魅力にするためには、行政単位による従来のゾーンからのコンテクスト転換を通して、地域の特性や独自性を引き出せる地域にはなくてはならないアートゾーンを描くことが求められる。

(2)「地方型アートゾーン」のトポスデザイン

　さて、アートという言葉が現在のように使われるようになったのは、実は1980年代以降である。これが使われるようになった背景には、バブル期の経済の高揚感が大きく影響している。この時代は、消費文化が大量生産・大量消費から脱するためにモノへの欲望からコトへの欲求へと変わっていこうとした時代であった。

　この時代には、都市ではパルコ文化のように、大手資本のメディアにおけるコマーシャリズムが文化になり、従来の美術にない新たな展開を生み出していた。従来は、美術といえば絵画や彫刻などの作品を指していたが、美術・芸術の枠を超えて、音楽やダンス、そして映画や食などのあらゆる都市の文化がアートと呼ばれるようになった。同時に、横尾忠則や日比野克彦、湯村輝彦などのコマーシャリズムと密接な関わりをもった作家が、美術館の枠を超えて様々なメディアに取り上げられて活躍した。さらに、村上隆や大竹伸朗、そして草間彌生や奈良美智などの海外の美術市場で高く評価される作家も現われはじめた。

　こうしたなかで地方とアートとの結び付きにおける大きな転機になったのが、直島での日本の新しい世代の作家のアートを用いた取り組みであった。これが海外で紹介されて、海外や都心から多くの人が足を運ぶようになっていった。このように、直島は有力な産業や有名な観光地のない地方においてもアートが経済効果をもたらすことを示していた。この直島の取り組みを成功事例と捉えて、各地方にアートプロジェクトが生まれていった。

　このように、各地でアートプロジェクトの展開が生まれたのは、アートのもつ多様な表現とスタイルが地方の空間に日常とは異質なコンテクストをもたらして、新たな創造を生むためである。また、利賀村という古民家が点在する村落にギリシア悲劇という西欧の古典を持ち込むことによって、その場は独自の非日常的な空間に転換する。確かに、瀬戸内の小さな島の直島にあるごくありふれた漁港に草間彌生の水玉の巨大なオブジェが置かれることによって、その場所は異次元空間になっている。

アートには、地方の風景を異化して異なる風景に変える力がある。もともと、アートはその語義や起源からも多様で1つに括りがたい概念であるが、この代表的な特徴としては次の3点があげられる。1つは、1990年代以降に展開された運動ということである。2つは、様々な属性の人々によるコラボレーションを重視することである。3つは、コミュニティを形成する共創的な活動ということである。この3点の特徴は既存の美術に対するアンチテーゼであり、アートの対抗文化性を示している。つまり、これは脱美術館というアプローチを模索するために従来のコンテクストを転換する試みである。こうした試みが、都市から各地域に向けての様々な活動としてアートプロジェクトを生み出してきた。

　地方型のアートゾーンのトポスは、近代化した都市に対してアートの特徴を活かし近代を超えて新たな文化を創造するものであり、これは見慣れた日常を非日常へ転換してしまう。

(3) 「地方型アートゾーン」のコンステレーションデザイン

　美術は、前述のようにかつての明治維新の近代化における国民国家統合のための施策として、官が西欧から輸入して上から啓発しながら展開されてきた。これに対して、アートという言葉が1980年代以降に使われだしたことには、西欧から輸入された近代化の枠のさなかにある美術や芸術を解放する意図が込められている。

　アートという言葉が意識的に用いられるようになったのは、アートが従来の美術や芸術とは違うという差異を強調するためであった。その差異は、アートの定義に現われている。つまり、美術が作品として見せるものであるのに対して、アートとは観客を包み込み空間を含めた雰囲気を生み出すものであり（山下、2008）、従来の定義にあてはまらない、いわば価値観の転換を示すものになる（菅原、1994）。このように、アートは意図的に美術や芸術と区別され、これらとは違うものという意味をもっている。それゆえ、アートとは従来の美術からのコンテクスト転換を示すことになる。

これまでの美術が西欧を模倣しながら、官から民へ都市から地方へとトップダウン方式で展開していったのに対して、アートはプロジェクトとして地方を起点にするブランド化やまちづくりイベントとして展開している。こうした展開は、実はB級グルメににている。このB級グルメもまた1980年代のバブル期の時代の空気のなかから生まれたもので、都市を中心にグルメに対抗する文化として発展していった。その後には、これは地方のイベントとしても展開していった（宮本、2014）。アートもB級グルメも元は西欧から輸入され、それぞれ美術やグルメへの対抗文化として都市から地方に展開することで地域とのつながりを生み出していった。

　さらに、アートの代表的な手法であるインスタレーションでは、従来の美術における作家と鑑賞者という静的な関係を超えて、送り手と受け手が一体化してその場で作品を創造していく。このように、アートプロジェクトにおいてはアーティストが直接その土地の住民と交流する活動が生まれている。こうした手法や活動によって、民間や公共などの様々な組織や人との連携が生まれ、これによって新たなコミュニティが生まれることになり、これがまさに共創の場になってくる。

　また、アートの活動は地域内にとどまらず、他の地域との連携によって新たな展開の波を生み出している。B級グルメが地方対抗のイベントとして展開したのと同様に、アートにおいてもまた他の地域へと波及している。直島の活動が周囲の島や他の地域に広がることで瀬戸内の島と島のつながりを創造していき、さらに新潟の越後妻有地域での芸術祭も生まれることになった。こうした直島のムーブメントは、瀬戸内国際芸術祭というフェスティバルへと展開している。この直島のアートイベントは、アートが地域と地域を結んでネットワークを広げていった事例である。

　このように、アートには日常に対する非日常的な祝祭を創造する力がある。また、祭りはその地域の人々を結び付け、外から人を集める。地方で行われるアートプロジェクトの成功要因は、いかに人を集めることで多様な人と人のつながりの場を生み出すか、にある。このつながりは、地域の内と外

や地域間のネットワークを描くことであり、従来の町や村の閉鎖的な関係ではない外に向け開かれたコミュニティをデザインすることである。地方のアートゾーンのコンステレーションをデザインするには、アートの祝祭性を活かしたコミュニティをいかにデザインするか、が重要な要素になる。

(4) 「地方型アートゾーン」とアクターズネットワークデザイン

　地方においてアートによる地域デザインを行う場合には、一般的には美術館を中心にする方法とアートプロジェクトによる展開があげられる。しかし、これらのいずれの方法をとっても、準備や運営のための費用が発生するため、そのための資金が必要になる。

　特にアートの場合には、名前の知られた作家になればなるほど作品が美術市場で取引される金額が巨大になる。美術市場のオークションにおいては、落札された価格が高額なほど話題になりその作品への関心が高まり、さらに価格があがるという現象も起きている。

　このように、アートは風景や史跡のようにそれがある場所とは切り離せないために、たんにそこに存在するコンテンツとしてのものと異なっている。つまり、これに伴いアートには移動性と取引性が対応すべき課題になってくる。それゆえ、これには大きな金額を扱うことができる企業や個人のメセナ、あるいは国や地方自治体といった公共団体が必須のアクターになってくる。特に、地方でアートを展開するには、都道府県や市区町村の公共団体が主たるアクターになることが多くなっている。

　しかし、地方自治体が主体になってつくられた美術館では、その地方の人の参加意識は乏しくなる。反対に、住民の声を積極的に取り入れようとすると、ごくありふれた美術館になってしまう。また、市民参加を標榜して地域のなかの視点で展開された美術館が、他から見て魅力的に映るとは限らない。

　むしろ、外から地域に人を集めようとするときに必要になるのは、外部の視点をもったアクターである。それは、内向きの視点ではアートゾーンは形成できないからである。つまり、その地とアートとの組み合わせから美を見

出すには、その地域に閉じた視点ではない異質なものを創造する視点が必要とされる。

　直島がアートの島として成功したのは、外部のベネッセホールディングスという企業がメセナとして島にアートを持ち込んだからである。実は、当初は島の住民の多くは、それらのアートを奇妙なものとして冷ややかに眺めていた。こうした態度が変化したのは、島のアートがメディアで紹介されるようになって、海外や首都圏から多くの人が訪れるようになったからである。

　このように、地方型のアートゾーンにおけるアクターズネットワークは、その地方の人に限定せずに、アーティストをはじめとして、地域住民や資金面を支える公共団体や企業のメセナ、大学生や市民団体、そしてボランティアまでの多種多様な人が参加することで、アートによる展開が支えられている。このアクターズネットワークは、立場や背景や考え方がそれぞれ異なる人同士のコラボレーションによって成り立っている。それぞれの地方で人と人が出会い、お互いが共創するクリエイティブな場や空間をアートゾーンとして生み出していくつながりこそが、アートゾーンにおけるコラボレーションを指向するアクターズネットワークである。

第3節　イベント系アートゾーンの価値発現フレーム＝「イベント系ZTCAデザインモデル」

　「イベント系ZTCAデザインモデル」においては、ZTCAモデルは以下のように定義付けられる。ゾーンについては、イベントのコンセプトとの連動性が重視されることになり、これによってゾーンデザインが決定づけられる。トポスでは、イベントの核となるホールや会場のみではなく、もともと地域にある価値を掘り起こしたトポスとの連動性が鍵になる。コンステレーションについては、イベントによって掘り起こされた地域固有の物語になっていく。アクターズネットワークとしては、地域系アートゾーンと同様に多様な人同士による共創のつながりが大切なのだが、ここに住まう人と訪れる人がともにつくりだすという関係が重要になる（図表3-5）。

図表3-5　イベント系ZTCAデザインモデルの定義付け

ゾーン	トポス
・コンセプトドリブン	・場所の記憶の回復
コンステレーション	アクターズネットワーク
・地域固有の物語とイベントのマッチング	・住民と来訪者の共振

(1)「イベント系アートゾーン」のゾーンデザイン

　一言でイベントといっても多種多様であるために、地域デザインにおいてイベントをどう捉えるのかという点から考察を始める必要がある。そこで、地域におけるイベントを大きく2つの軸から捉えてみたい。1つは、内に向いているのか、外に向いているのかという視点であり、2つは、純粋に芸術の振興を目指すのか、地域の課題に取り組むのかという視点である。この2つの軸を掛け合わせることによって、地域イベントをまさに4つに類型化することができる。

　1つは、地域住民が音楽や美術、芸能などのアートを披露して、このことを通じて地域内の芸術を振興させる、あるいはコミュニティを活性化させようというものである。これには、主に市区町村レベルの主催で行われる音楽祭や芸術祭があてはまる。なお、これには規模も小さく住民による住民のためのアートイベントという色彩が濃く出る。

　2つは、地域住民に留まらずに、広く国内外のアーティストの参画を仰いで、地域外からの集客をも見込むまさに興行のようなイベントである。ただし、この一義的な目的は日頃なかなか接することのない一流のアーティストに接することによって地域のアート振興を目指すものであり、例えばバイロイト音楽祭、ニューポート・ジャズ・フェスティバルなどがそうである。これについては、イベントの規模は大きくなるが、地域の課題への取り組みというよりは芸術面の活性化や祝祭性の演出、さらには地域外からのインバウ

ンドによる経済効果を狙ったものになる、といえるであろう。

3つは、地域住民を軸にするものの、地域の課題解決を目的に取り組むイベントである。これは、伝統文化や伝統芸能、あるいは伝統的な技術の伝承のためにアートイベントという形態をとり、地域内への浸透と拡散を狙ったものとして捉えられるイベントである。もちろん、これには地域コミュニティを活性化するという狙いもあるだろうが。

そして4つは、地域住民、内外のアーティスト、さらにはボランティアや来訪者という地域外の関与者も巻き込みながら地域の課題を解決するために行われるイベントである。例えば、由布院での映画祭や音楽祭[7]、新潟越後妻有地域や瀬戸内で行われているアートイベント[8]をあげることができる。

ここでは仮説的に地域のイベントの類型化を試みた。しかし、アートのジャンル（音楽、美術、映画、アニメなど）によってそれぞれに特有な類型化も可能であるため、この点については第4部において検討が行われる。

このように、地域イベントはそれぞれの目的とコンセプトをもって開催される。そして、ゾーンデザインの要諦は「ゾーニング（対象地域の特定）とコンセプト（提供価値の特定）を同時に決定するという一点につきる（原田、2011、22頁）」ことになる。それゆえ、イベント系アートゾーンのゾーンデザインとは、ひとえにイベント自体の目的やコンセプトによって定まるものであり、それゆえゾーニング先行でのゾーンデザインはあまり意味はないことになる。

(2)「イベント系アートゾーン」のトポスデザイン

たとえどのような領域のイベントであろうと、そこには核となる場所が存在している。音楽イベントではコンサートホールやイベントスペースであり、美術イベントでは美術館であり、映画イベントでは映画館であり、そしてアニメやドラマなどのイベントであればストーリーの鍵となる建造物や風景がある。イベント系アートゾーンにおいては、これらの核になる場所が厳然として存在しており、これが当然ながらトポスの核になる。

しかし、核となるトポスが１つに限られてしまうと、地域デザインにおけるアートゾーンとしては成立しえなくなる。それは、もしもこの場所だけがゾーンにおけるトポスになるならば、そこに来訪者と地域のつながりは成り立ちがたい、と考えられるからである。これについては、かつての温泉地が巨大旅館のなかに宿泊機能ばかりでなく、内風呂や食事、さらには買い物やレクリエーション対応の機能までをも取り込むことによって、来訪者と地域の関係を断ち切ってしまったことを顧みるならば、実に明らかなことであろう。こうなると、観光客は地域としての温泉地に来たのではなく、ただ旅館という施設に来ただけになる。

ホールやイベント会場がゾーンにおける唯一のトポスになると、かつての温泉地のように来訪者はその一点（ポイント）のみを訪れることになるため、そのまま帰路に就くことになる。音楽イベントなどにおける「弾丸ツアー」という言葉が、まさにこのことを象徴している。そこには、地域との触れ合いなど微塵も見出せない。だからこそ、核となるトポスを取り巻く複数のトポスを、いかに配置させるかが重要な課題になってくる。例えば、メイン会場でのミニステージや街にあふれるアート、連れと語り合い余韻に浸る広場やカフェ、地域の特産を見て食べることができる商店街やレストランなどという、その地域の特徴に触れたり地域の人々と触れ合える場所をトポスとして設計することが不可欠になってくる。

ここにこそ、アートイベントがたんなる興行と異なる意味があるわけである。なぜならば、アートは「失われてしまった場所の固有性や場所に属する物語を蘇らせる（建畠、2015、163頁）」力をもつからである。後付けで場の物語を創造しなくても、元来その場所が持っていた固有性や物語をアートの力で蘇らせることによって、そこは自然とゾーンにおける意味ある場所としてのトポスになる。

(3)「イベント系アートゾーン」のコンステレーションデザイン

コンサートや美術展を地域に誘致するのみでは、参加者にとっては、ふだ

ん行うアート体験を生活圏から離れた地域に移動するだけの意味しかない。つまり、これはどこでコンテンツを消費するかという問題のみであり、特段その地域である必然性は見出せない。どこでもよいということになる。これでは、地域デザインとしてのアートイベントとしての役割を果たさない。そこで求められるのが、アートゾーンのコンステレーションデザインである。

このコンステレーションとは、来訪者の心にエピソードを描いて、また来ようという気持ちを呼び起こさせ、人と地域を結び付けるものである。そして、アートが場所の物語を蘇らせるのならば、トポスデザインと同様にコンステレーションデザインもアートの力によって浮かび上がることになる。他方で、イベントには目指す目的やコンセプトがあり、さらにそこに参加するアーティストの個性や物語も大事な要素である。これらの要素を、いかに統合していくのかが、コンステレーションデザインのキーポイントになる。

かのザルツブルク音楽祭はモーツァルト生誕の地で行われているからこそコンステレーションが描かれるのであり、また大地の芸術祭（越後妻有アートトリエンナーレ）も里山をキャンバスとしてそれぞれのアーティストが地域の課題や歴史に向き合うからこそコンステレーションが描かれる。アニメイベントも、ファンの心象風景と実際の風景やその土地が持つ空気感が重なり合うからこそ、彼らは何度もその地を訪れてその地の人と触れ合うのである。他方で、由布院については後付けのコンセプトによる物語創造のように見えるが、やはり温泉という地域固有の資源があったからこそのクアオルトであることを忘れてはならない。

野田（2014）は、芸術祭の問題点の1つとして均質化をあげている。これは、まさに地域の固有性とイベントのコンセプト、アーティストの個性がアンマッチを起こしている結果であろう。参加するアーティストが地域の物語に関与することなく、自身の個性のみを押し出すことになれば、アートが持つ地域の固有性の発掘力は発揮されはしない。同様に、地域の固有性をアーティストに押し付けることは、逆にアーティストのよさをオミットすることにもなる。また、地域やアーティストの個性を無視したイベントコンセプト

も考えられない。アートイベントにおけるコンステレーションデザインの難しさは、実はここにあるだろう。

(4)「イベント系アートゾーン」のアクターズネットワークデザイン

野田（2014）は、文化の担い手には多様なアクターが存在するとしており、これには自治体はもとより、文化振興財団、アートNPO、さらには指定管理者制度をあげている。確かに、地域における文化行政はこのようなアクターの協働によって成り立っているのであろう。

しかし、もしもここで単なる文化行政ではなくイベントにおけるアクターズネットワークを考えるならば、より多様なアクターの存在を加えなければならない。まず、イベントを本来の興行として捉えるならば、全体の計画を立てて管理するプロデューサーの存在を忘れてはならないし、実際に多くのイベントには必ずや仕掛け人と目される有名なプロデューサーの存在が大事になる。また、莫大な費用をサポートするための企業スポンサーも必要になってくる。そして、ボランティアたちのサポートも忘れてはならない[9]。

このように、イベントには「主催者＝事業推進主体」として様々なアクターの協働が必要になっている。しかし、イベント系アートゾーンの展開においてより一層重要になるのは、地域住民と来訪者の関与と彼らとの共振である。多くのイベントにおいては、当初の地域住民の視線は冷たく、イベントはほとんど彼らの関与がない状態から始まるといっても過言ではないし、このような状態が続くと地域イベントとしての成功とはいいがたい。他方で、成功と見られるイベントにおいては、時間の経過とともに住民と主催者の接触が増えることで住民の理解が進み、次第に関与が始まることになる。大地の芸術祭における、学生たちサポーターの覚束ない作業を見かねた地域の人たちが手伝いに参加するようになるシーン（北川、2015）などは、実に象徴的である。

そして、イベントであるならば、来訪者が参加者になり、「彼らが盛り上がる＝積極的にイベントに関与する」ことが、成功の鍵を握っている。単に

来場者数や経済効果のみで効果を計るのであれば、一般のコンサートや美術展との違いがなくなってしまう。もしも地域デザインのためにアートイベントを開催しているのならば、来訪者自身がイベントの一部になり、地域に関与していくことが求められる。アニメの聖地巡礼の代表的な事例である「らき☆すた」と鷲宮の関係[10]は、まさにこのような関係であり、他のドラマロケ地の観光誘致とは異なる現象が現われている。

イベントにおけるアクターズネットワークデザインにおいては、板倉（2015）が指摘するようなウチとソトの融合が、すなわち住民（ウチ）が来訪者（ソト）を一部として捉えて、来訪者（ソト）が地域（ウチ）を自身の一部として捉えることが、より重要になってくる。これはまさに、地域と来訪者の共振が起こることがネットワークをより活性化させるということを示している。

おわりに〜 ZTCA デザインモデルの活用

本章では、アートによる地域価値創造戦略のデザインフレームとして3つの系である「大都市系」「地方系」「イベント系」を提示して、これらのZTCAデザインモデルからの考察を行った。それぞれにデザイン理論は異なるものの、ここで留意しておきたいのは、これら3つのデザインモデルの関係性についてである。例えば、東京は大都市系アートゾーンであるが、そうなると六本木や上野といった地域との関連をどう捉えるべきなのか、さらには六本木アートナイトのようなアートイベントとの関連はどうなるのか、というような課題がある。また、香川県直島を地方系アートゾーンとして捉えることもできるが、これは他方で瀬戸内国際芸術祭というイベント系アートゾーンの重要なトポスにもなっている。

まず、大都市系アートゾーンと六本木や上野といった地域との関係については、原田（2015）が提言している広域ゾーンと狭域ゾーンという概念で捉えることができる。そもそもZTCAデザインモデルにおいては、地域を固

定したものと捉えるのではなく、それぞれの相互関係によって柔軟に捉えるほうが戦略性が高まるという視点に基づいている。

　また、直島と瀬戸内国際芸術祭の関係については、同様に原田（2015）の編集域という概念を適用すると理解できる。これも地域の相互関係を視野においたゾーンデザインであるが、狭域ゾーンでも十分にアートゾーンとしての価値を発現しうる直島を、小豆島や豊島などとともに瀬戸内という広域のゾーンで編集することによって、より価値が高まる瀬戸内という編集域でデザインできることになった。

　このように、ここではとりあえず3つのアートゾーンのデザインフレームを提示したが、さらに広域ゾーン、狭域ゾーン、編集域という概念を援用しつつ、以下の後章では具体的な地域の読み解きを行っていきたい。なお、ここでの論述は1つのガイドラインであるが、筆者としては執筆者においてはこれをベースにした事例の考察を期待している。

（注）
1) これらの都市では、当時の時代での経済的な発展と同時に、都市国家として自主独立しながら様々な地域と交流しており、その結果様々な文化が混雑化していた。特に、当時の人文科学をはじめとする文化の最先端であったイスラム圏との交易が、経済においてもアートにおいては繁栄をもたらす基盤になった。
2) これは例えば、日本が国として初めて成立した平城京時代に、天皇が日本書紀と古事記という歴史書と万葉集という和歌集の編纂を命じたことから理解できる。
3) パリのルーブル美術館やロンドンの大英博物館とナショナルギャラリー、マドリードのプラド美術館などの美術館は、近代化の過程で国家がそれまでの絶対主義王政の臣民から国民国家の国民へと変化したことを、人々に知らせるという役割を果たした。
4) したがって、美術館に足を運ぶ人はそこに修学旅行生の一団や年配者のグループがそこに存在すると、「俗人」が乱入した不幸を嘆くことになる。
5) 美術館の数は2005年においては日本が5,614館であり、これはイギリスの

1,850館、フランスの1,173館と比べて圧倒的に多い（寺岡、2014、27-28頁）。
6) 美術館に焦点をあてて、観光地先行型、観光地化と美術館設置を並走する型、美術館が観光地化を牽引する型、都市圏を中心に複数美術館が連合体として展開する型、オープンな場としてイベントを中心に展開する型の5つをあげている。
7) 1970年代、由布院はヨーロッパの保養地であるクアオルトをモデルに由布院の再生を目指して、その一環として音楽祭や映画祭が始められた（松田、2004）。ただし、音楽祭は2009年をもっていったん打ち切りになっている。
8) いずれも、過疎化対策として里山、里海をベースに地域活性を目指して定期的に開かれているアートイベントである。詳細については、第18章を参照されたい。
9) 実際に、大地の芸術祭では「こへび隊」が、瀬戸内国際芸術祭では「こえび隊」というボランティア組織が欠かせなかった、と指摘されている（北川フラム、2015）。
10) 最初は「異郷」からの訪問者と住民という関係性であったが、次第に地域と来訪者の関係性ができることで来訪者が「自分の帰るべき場所」であると認識するようになっている（今井、2012）。

（参考文献）
板倉宏昭（2015）「旅行の歴史と未来―人が旅行に望むもの―」原田保・板倉宏昭・加藤文昭編著『旅行革新戦略』白桃書房、22-34頁。
今井信治（2012）「鷲宮神社―世界に発信されるアニメの聖地」星野英紀・山中弘・岡本亮輔編『聖地巡礼ツーリズム』弘文堂、146-149頁。
大澤真幸（2011）『〈世界史〉の哲学 中世篇』講談社。
北川フラム（2015）『ひらく美術―地域と人間のつながりを取り戻す』筑摩書房。
北沢憲昭（2000）『境界の美術史～「美術」形成史ノート』ブリュッケ。
熊倉純子（2014）『アートプロジェクト～芸術と共創する社会』水曜社。
桜井武（2015）「〈地域の核として〉～地域になくてはならない美術館となるために」福原義春編『ミュージアムが社会を変える～文化による新しいコミュニティ創り』現代企画室、122-128頁。
椹木野衣（2010）『反アート入門』幻冬舎。
菅原教夫（1994）『現代アートとは何か』丸善ライブラリー、150-151頁。
建畠晢（2015）「街づくりとアートプロジェクト―展望と課題 街づくりとアート

の効用」福原義春編『ミュージアムが社会を変える：文化による新しいコミュニティ創り』現代企画室、159-164頁。
寺岡寛（2014）『地域文化経済論〜ミュージアム化される地域』同文舘出版。
中東雅樹（2014）「大地の芸術祭が行われるまで」澤村明編著『アートは地域を変えたか〜越後妻有大地の芸術祭の十三年地域』慶応義塾大学出版会、11-30頁。
並木誠士・中川理（2006）『美術館の可能性』学芸出版社。
野田邦弘（2014）『文化政策の展開―アーツ・マネジメントと創造都市』学芸出版社。
原田保（2011）「ブランド価値の創造戦略」原田保・三浦俊彦編著『地域ブランドのコンテクストデザイン』同文舘出版、21-26頁。
原田保（2015）「「第3のゾーン」としての「リージョナルゾーン」に関する試論」『地域デザイン』No.5、地域デザイン学会、9-29頁。
松田忠徳（2004）『黒川と由布院』熊日出版。
宮本文宏（2015）「地域におけるB級グルメの取り組み〜地域ブランド創造の課題と今後の取り組み」地域デザイン学会編『地域デザイン学会誌 No.5 地域企業のイノベーション』地域デザイン学会、209-226頁。
山下柚実（2008）『客はアートでやって来る』東洋経済新報社、41-42頁。
Anderson, Benedict (1983), *Imagined Communities: Reflections on the Origin and Spread of Nationalism*, Verso.（白石隆・白石さや訳（2007）『定本　想像の共同体：ナショナリズムの起源と流行』書房工房早山）。
Florida, R. L. (2005), *The Flight of the Creative Class. The New Global Competition for Talent*, Harper Business, HarperCollins.（井口典夫訳（2007）『クリエイティブ・クラスの世紀』ダイヤモンド社）。
Moretti, Enrico (2012), *The New Geography of Jobs*, Houghton Mifflin Harcourt.（池村千秋訳（2014）『年収は「住むところ」で決まる：雇用とイノベーションの都市経済学』プレジデント社）。

第2部《事例編Ⅰ》

アートゾーンデザインによる大都市創造

第4章

「ヴェネツィア」のアートゾーンデザイン
—— 海の都市の歴史的コンテクスト ——

原田保・宮本文宏

はじめに～アドリア海の女王

　Venezia は、イタリア北東部の都市でありベネチアやヴェネツィアと表記され、英語では Venice になるためベニスともヴェニスとも表記される。本章ではイタリア語での表記をもとに、近年の多くの書籍で採用されている点を捉えて、ヴェネツィアと表記する。この都市の名前のもともとの語源はラテン語でのウェネティア（Venetia）であり、ウェネティ人の土地を意味する。もともとは5世紀にランゴバルト族が北イタリアへ侵略したことによって、ウェネティ人が湾に広がる潟へ逃れて、そこに移り住んだことが始まりである。

　この都市は、地理的には海に面しているというよりは、むしろ海のなかに浮かぶ都市といったほうがふさわしい。アドリア海の奥の湿地帯であるヴェネタ潟上の島々からなり、移動はもっぱら船が中心になる。ヴェネツィア本島は運河が縦横無尽に張り巡らされており、ゴンドラと呼ばれる手漕ぎボートが今でも運河を行き交っている。運河が交通路であるこの街では舟で出入りできるために、かつての貴族の建物の玄関が運河に面してつくられている。

　こうした光景からヴェネツィアは古くから水の都と呼ばれてきた。この都市は自然に存在した土地ではなく、アドリア海の干潟に杭を打ち干拓して人が長い時間をかけて築いてきた人工的な島である。そして、この都市はやがて地中海貿易の展開とともに海軍を持ち、東地中海最強の海軍国家として覇権を誇るまでの繁栄を見ることになった。最盛期には黒海から地中海一帯を掌握し、貿易により巨万の富を獲得して豪華な建物を築き、多くの芸術家を

輩出した。こうした歴史が、現在のヴェネツィアの都市の相貌を築いてきた。

現在ではイタリアの1都市としてヴェネト州の州都であるにとどまり、かつてのような政治的な影響力や軍事的な影響力は存在していない。それでも栄華の痕跡が現在も残る都市として、映画祭をはじめとする芸術イベントや仮装イベントで知られるカーニバル、そしてグラスに代表される工芸品などによって、ヴェネツィアはアートゾーンとしてのブランドを確立している（図表4-1）。

そこで本章では、アドリア海の女王と呼ばれた、歴史的芸術都市としてのヴェネツィアのブランドの源泉を探り、アートゾーンとしての展開を考察する。

図表4-1　ヴェネツィア本島全体

第1節　歴史芸術都市ヴェネツィア～栄華と退廃の海の都市

ヴェネツィアのアートゾーンとしてのブランド価値は、この都市が歩んできた歴史によって蓄積されてきた。この歴史については、実はヴェネツィアの地理的な環境にみる特異性に依拠している。そこで本節では、アートゾー

(1) ヴェネツィアの概観

　ヴェネツィアの特徴は何かと問われたときに、真っ先に思い浮かぶのは海に浮かぶ歴史都市であるという地理的な特異性であろう。島の上に都市が築かれている場所は世界に数多くあるが、都市として島が創られたかのように都市と島が一体化している場所は他には類を見出せない。例えば、東京湾上の海を埋め立てて新たに土地をつくり、そこに居住地などを築くことは、かつての江戸（現在の東京区部）の成り立ちをはじめとして現在では各国で普通に行われている。しかし、海上に島をつくり、その島が時代を重ねるにつれて発展していきついには大都市になり、一時代を築く強国となった場所は、ヴェネツィアをおいては他にはない。また、留意すべきは、ヴェネツィアが誕生したのは5世紀であり、日本では大和朝廷が国家として形成されていく時代であった、ということである。日本の記紀の時代にヴェネツィアは人の手によって海上に誕生した。

　この5世紀という時代は、ヨーロッパで大きな変動が起きた時代であった。当時、ゲルマニア地方といわれた現在のドイツやポーランドなどの北方に住んでいた複数の部族が次第に南下してきたことによって、ヨーロッパ全体が闘いと混乱に陥っていく[1]。イタリア半島においても、北からの侵入に多くの部族がそれまでの居住地を捨てることを余儀なくされて、それぞれ各地に逃れていった。そのときに隠れ住んだ先の1つの土地が、現在のヴェネツィアの地であった（図表4-2）。

　このヴェネツィアはイタリア半島の付け根であるアドリア海の最深部に位置しており、一面に干潟が広がる土地であった。当時は、葦の生い茂る海の沼地であり、人の住む土地ではなかった。しかし、人が住むには向かない沼地であることが、侵入者を防ぐ上では地の利として有利に機能した。やがて、侵略を逃れるために沼地に住みついた人々は、湿地を埋め立てることによっ

図表4-2　イタリア半島の諸都市

て潮の流れを変えてしまうなど、自然環境に働きかけながら次第にそこに島と都市を築いていった。やがて、これらの点在する無数の島々がつながり、ヴェネツィア共和国という都市国家が築かれることになった。

　ヴェネツィア共和国は海に生まれた海洋国家として発展していく。島であることは生きるために資源を獲得する上で貿易が活路になった。ヴェネツィアは他の地域とつながるために航海と造船技術を発展させていった。加えて、地勢上の特徴の西ヨーロッパの周縁に位置し東方との玄関口に位置していることから、これらの両者をつないで人やものや文化を交流させることになった。

　こうして、ヴェネツィアは地理上の必然性から他地域との交易を業にする商人の都市として発展していった。そして、地中海貿易の発展とともに、このヴェネツィアも発展して栄華をきわめる。

(2) ヴェネツィアの都市ブランドとしての基本特性

　さて、世界でもっとも美しい都市と形容される場所は世界中にいくつかあるが、ヴェネツィアもその1つである。このように讃えられる理由としては、歴史的な建物景観や地中海の穏やかな気候があげられるが、他の都市にはないヴェネツィア独自の魅力の源泉は海に浮かぶ海上都市という特徴に見出せる。

　そして、この特徴がヴェネツィアの発展を支えてきた。しかし、かつての貿易と軍事力を背景にした繁栄は現在のヴェネツィアには見出せない。地中海を舞台に強豪国と覇権争いを繰り広げた時代はすでに過ぎ去り、政治と経済の中心は他国に移り、ヴェネツィアは地中海の中都市として存在している。このような変化を踏まえて、現在のヴェネツィアでは過去の歴史の蓄積を資産とする観光が最大の産業になっている。現在、他に類のないこの海上都市には世界中から多くの人が訪れてくる。例えば、贅を尽くした商人や貴族たちの建物や、東方の異国情緒が漂うサン・マルコ寺院の回廊などが、訪れる人の目を楽しませ、街中にはりめぐらされた運河の水面に映る街並みは時とともに表情を変えていき、えもいわれぬ美しさを見せてくれる。

　貿易によって発展したヴェネツィアは、かつては様々な国や地域から異なる文化を背景にする多様な人が集まる都市であった。ヴェネツィアでは、西ヨーロッパをはじめとして、ビザンティン帝国や中東、そして南アフリカに至るまでの各地域の多くの人々が行き交い多様な文化が入り混じり、そのために他のキリスト教国にはない独特の空気が漂っていた。

　中世のキリスト教会が体現する禁欲に対して、西ヨーロッパの周辺に位置する国際貿易都市として発展してきたヴェネツィアは、開放的で祝祭的な空気に包まれる都市として存在していた。こうした空気を象徴するイベントが、ヴェネツィアの代名詞でもあるカーニバル（謝肉祭）である。このカーニバルにおいては、仮面を付けて仮装した老若男女が出自を隠して迷宮を彷徨いながら、放埓に身を委ね開放感に酔っている。

　このように、ヴェネツィアの美は様々な地域の文化を受け入れたことで生

まれてきた。海上都市という特殊な環境では、北方のゴシック文化と東方のビザンティン文化、さらにペルシャ・モンゴル・トルコの文化などが複合し合い、他のキリスト教国には見出せない独自の美術や建築、そして音楽や文学などの文化を育んでいった。そうして、世界でもっとも美しい場所であると讃えられる現在のヴェネツィアが生まれた（図表4-3）。

図表4-3　ヴェネツィアの大運河

(3) 歴史から捉えたヴェネツィアの特徴

　千年の都として長きにわたって繁栄の歴史を築いた都市は少ない。その数少ない都市のなかでも、長期間連続して同じ政治体制が続いた都市はさらに限られている。このヴェネツィアは共和制が千年以上にもわたり続いたきわめて稀な都市国家として存在してきた。

　もともと半島は、周囲からの侵入を受けやすいため統一した政権が続かず、覇権が短期で移り替わるという特徴をもっている[2]。イタリア半島もまた、ローマ帝国亡き後には周辺の他民族の侵略や内部の勢力争いが繰り返されていた。そのなかで、共和国という体制を維持しながら独立を保ち続けた唯一の国家が、ここヴェネツィアであった。このヴェネツィアでは、共和制

によって内部における権力集中を防ぐことによって、周囲の他の国々との地中海貿易の覇権争いを勝ち抜いていった。つまり、ヴェネツィアは地理的な位置を巧みに活用しながら情報ネットワークを駆使して、ローマ教皇庁やオスマントルコ、そしてビザンティン帝国といった東西の大国間のパワーバランスを巧みに捉えて独自の地位を保持してきた。

　周囲の国々との覇権争いのなかで、ヴェネツィアは宗教や思想のような理念よりも、むしろ現実を優先する現実主義を行動規範としての実利獲得を重視してきた。しかし、こうした姿勢がときには打算的であると捉えられることもあり、利己的で強欲なヴェネツィア商人というようなイメージを生んできた。これについては、幾度もの戦火に見舞われてきたイタリア半島の辺境に位置し、自給自足が成立しない島からなる都市国家が生き延びていくために限られた選択肢を採用せざるをえなかったことに起因している。

　海上都市としてのヴェネツィアは、アドリア海やエーゲ海から黒海沿岸までの東地中海沿岸を交易地にしており、塩や穀物やぶどう酒、オリーブや毛織物、そして武器や奴隷、さらには東方の香辛料や絹まで様々なものを流通させてきた。こうして、各都市間のネットワークが貿易としての経済活動を生み出すことになり、ヴェネツィアは、交易路である地中海を支配することで多大な繁栄を築いてきた。特に、1000年から1500年までの5世紀の間は、ヴェネツィアはまさに海の女王として地中海に君臨していた。

　しかし、このヴェネツィアの栄光は、繁栄をもたらした造船技術や航海術が新たな進化をとげると同時に後退していった。航海術の進化とともに船が大型化することで移動距離が拡大して、インド航路や新大陸の発見へと結実していった。この結果として、通商貿易の舞台は地中海から大西洋に移っていった。そして、コロンブスによるアメリカの発見とイベリア半島からのイスラム勢力の撤退によるレコンキスタの終了を機に、ヨーロッパ世界は外へ向けて拡大していった。なお、このことは同時に中世の終わりをも意味していた（大澤、2011）。

　近代を迎えるとともにヴェネツィア共和国は衰退していき、新時代の英雄

を象徴するナポレオン軍による侵略によって、都市国家としての命運はつきることになった。その後は、イタリアの一地域としてイタリア国家成立の歴史のなかに組み込まれていき、現在に至っている。

(4) ヨーロッパの歴史都市における比較優位性

政治や軍事、そして経済で栄光を築いた時代が去った後には、ヴェネツィアにはかつての栄華の記憶が遺産として残された。このヴェネツィアが地域としてのブランドにおいて他の歴史的遺産を保持する都市に対し圧倒的優位性を誇る理由は2つある。

その1つは、古くからヨーロッパ各地の富裕層の遊び場としてのブランドを形成してきたことである[3]。前述したように、ヴェネツィアは他の都市にない自由さから、背徳的な快楽や放埓さを許容する場所として知られてきた。こうした特徴は、退廃と倦怠の伝統がイメージとして後世に伝えられて現在にまで至っている。

もう1つは、ヴェネツィアが近代の発展から距離を保ってきたことである。ヨーロッパの多くの歴史的都市が近代化によってかつての伝統を失っていったのに対して、ヴェネツィアは時間の流れに抗うように都市の面影を留めてきた。これを可能にしたのは、海上都市であるために陸地から離れているという地理的障壁である。このことによって近代化が進展せず、ヴェネツィアはかつての都市の相貌を留め、歴史都市の魅力を残し続けられた。

この近代化とは産業化を意味しており、科学革命とそれに続く産業革命による政治的、かつ社会的な変化の様相を指す。これはすなわち、社会全体が工業化に向かい、効率と生産性の進展によるスピードと利便性を最大の価値とする社会である。また、工業化においては大規模な生産施設と大量の労働力を必要とし、各地域の住民を国民として統合することによって国民国家が誕生する。工業化により内燃機関が動力として用いられて乗り物のスピードが格段にアップすると同時に、大量の物資の輸送も可能になった。こうして、車や列車が交通の要になり、これに伴い移動のための交通路が整備されて

いった。

　こうした近代化の流れにおいて、ヴェネツィアは近代化には向かない土地であった。島という交通の便の悪さや狭く限られた土地は近代化に不向きなために、時代が変わってもかつての姿のままで後世にまで遺されていった。この結果として、ヴェネツィアにおいてはかつてこの地で爛熟した美が損なわれることなく現在まで変わらず伝えられてきた。

　現在でも、ヴェネツィアでは車は走っていない。昔ながらの舟と徒歩が交通手段であり、都市自体も未だに近代化以前の景観を留めている。この景観のなかに異邦の様々な文化が混在し、爛熟した美の姿を見ることができる。つまり、ヴェネツィアの最大の魅力は、近代化により他の多くの都市が失ったかつての美を、時間の流れを超え体感できることに見出せる。こう考えると、このヴェネツィアの魅力とは、都市空間の迷宮とともに時間の迷宮のなかにおいて、しばしかつての栄華の夢を見ることができることにある、と結論付けられる。

第２節　歴史的芸術都市としてのデザインコンテクスト

　本節では、アートゾーンとしてのヴェネツィアを地域デザインのフレームワークを活用して、そのデザイン要素を前章で紹介されたZTCAデザインモデルから抽出する。ゾーンは潟（ラグーナ、Laguna）上に展開する海上都市であり、トポスは広場と迷宮が描く祝祭性であり、そしてコンステレーションデザインは海の十字路としてのネットワークである。また、アクターズネットワークは異邦人としての芸術家たちの存在である。

(1) ヴェネツィアのゾーンデザイン

　前述のように、ヴェネツィアは行政上はイタリア北東部のヴェネト州の州都であり、イタリアの本土部分と無数の島からなる都市である。現在のヴェネツィア市は、本土側のメストレ（Mestre）も含んでおり[4]、純粋に島のみ

で成立している都市ではない。このようなヴェネツィアのゾーンとは、これらの島々と沿岸を含んだアドリア海の潟であるラグーナ（Laguna）上にある、ということになる。

　このラグーナは、北イタリアの山岳地帯から川により運ばれた土砂の堆積とアドリア海の相互作用によって、長い時間をかけて生まれた。遠浅の湿地帯に、異民族の侵入に追われ逃げてきた人が隠れ、島を埋め立て、水の流れを調整し、次第に高潮を防ぐ堤防を築くことによって、現在の姿に変えていったのがヴェネツィアである。このように、人の住まない海の土地を長い時間をかけて改良することによって生まれた都市が、ヴェネツィアという歴史都市である。

　ラグーナには、本島をはじめとして200を超える島が存在する[5]。現在では、本島は本土とは鉄道と道路で結ばれた陸続きになっており、陸路を通じて島に入る人が大半を占めている。しかし今でも、かつて築かれた島の玄関口は海へ向いている。ヴェネツィアが発展した時代には、多くの商船や軍艦はアドリア海からラグーナを航行してサン・マルコ港へ入港してきた。現在も、ヴェネツィアにおいては舟が主たる交通手段になっている。

　舟で結ばれるラグーナ上に点在する島々は、それぞれ独自の特徴を備えている。ムラーノ島はヴェネツィアグラスで有名であり、ブラーノ島はレース編みで有名である。トルチェッロ島はヴェネツィア発祥の地として知られており、かつてここには数万の人々が暮らしていた。しかし、マラリアの流行などによって時代とともに衰退してしまい、現在では聖母像のモザイク画で有名なサンタ・マリア・アッスンタ教会が残っているだけである。

　こうした聖母信仰と人々と海との結び付きを示すように海のなかにマリア像の祠が設けられており、漁や舟で行く人たちからの祈りを集めている。また、中世から続く祭りとしては海との結婚の祭りがある。この祭りでは、共和国の提督がアドリア海に漕ぎ出して金の指輪を海に投げ入れてヴェネツィアと海との結婚を宣言する。

　このような儀式や信仰は、ヴェネツィアが過去から現在に至るまで海と深

く結び付いてきたことを表わしている。ヴェネツィアはアドリア海の最深部のラグーナの島々から成り立ち、海とともに生まれて海とともにあり続けてきた都市である。

(2) ヴェネツィアのトポスデザイン

　西欧の多くの都市は、キリスト教の聖人を都市の守護聖人として持っている。これらの都市は聖遺物と呼ばれる聖人の遺体や関連する遺物を祀り、これを象徴として都市の凝集力と連帯を強めて外部から巡礼者を引き寄せてきた（大澤、2011）。ヴェネツィアの場合には、9世紀に2人の商人がイスラム支配下にあったアレクサンドリアから聖マルコの遺骸を盗み出してヴェネツィアに持ち込んだ時以来、聖マルコが守護聖人としてヴェネツィアを象徴する存在になっている[6]。

　この聖マルコの遺骸を納め祀った場所が聖マルコ聖堂である。内装はビザンティン式のモザイクで飾られており、地中海貿易で栄えたこの都市の特徴を示している。この聖堂や共和国の統治機構を担ってきたドッカーレ宮殿に取り囲まれて、聖マルコ広場が広がっている。世界で最も美しい広場と称されるこの広場はヴェネツィアの中心地であり、また海からの玄関口でもある。ここには海の都市の正面玄関にふさわしく2本の円柱が立ち並んでおり、海から見て右側の円柱の上には聖マルコを示す翼のある獅子が載っているが、その視線はアドリア海のほうを睨んでいる[7]。

　この聖マルコ広場は、ヴェネツィアのトポスである劇場性を色濃く示している。ここでは都市自体が洋上の舞台であり、迷路のような路地、運河に架かる400にも及ぶ橋、そしていくつもの広場が、ドラマのための装置として劇場性を高めている。実際に、かつては年間を通じて様々な祭りがこの都市で開催され[8]、華やかな祝祭的な空気が街全体を覆っていた。そのなかでも聖マルコ広場を中心に、多くの仮面と仮装で装った様々な人々で埋まるカーニバル（謝肉祭）では、祝祭と退廃が入り混じり男女や貴賎の境界を超えて街中が開放感に酔ったという。このように、ヴェネツィアは劇場性をトポス

にする祝祭都市である(図表4-4)。

図表4-4　聖マルコ寺院と広場

(3) ヴェネツィアのコンステレーションデザイン

　ヴェネツィアのコアトポスの聖マルコ広場には柱廊が建ち並んでいるが、ここは西欧の都市の広場としては珍しい回廊式広場になっている。これについては、中東や北アフリカなどのイスラム都市の影響を受けていることを示している。また、聖マルコ寺院は東方のビザンティン建築様式の聖堂になっている。

　このように、ヴェネツィアは歴史的に異国の様々な文化を取り入れてきた。それゆえ、ヴェネツィアはモノと人と情報が集まり交わる場所になった。そのために、ヴェネツィアは、西欧社会でキリスト教が社会規範として浸透してカトリック教会が絶大な権力を握っていた時代において、総本山であるバチカンと同様にイタリアにありながらも、異教の東方正教会やイスラム文化を受け入れてきた。ここは各地の宗教や民族が都市の中に分布し存在する場所であり、ユダヤ人の居住区であるゲットーが最初に生まれた場所でもあった。

　また、ヴェネツィアは、戦乱や政権による弾圧によって故郷を追われた人

の避難所でもあった。つまり、最初に築かれたときからヴェネツィアは逃れ者のための場所であった。都市として発展してからは、国際貿易のために様々な国の商人が訪れるようになり人種と文化のるつぼになっていった。特に、コンスタンティノープルから多数のギリシア人学者を亡命者として受け入れることによって、ギリシアの古典知識が集積されていった。

こうして、ヴェネツィアは様々な文化を受け入れ、商業だけでなく、ある種の知識センターとして繁栄していった。文化的メトロポリスとしてのヴェネツィアを示すように東方から持ち込まれた印刷技術が発展して出版文化を展開していき、これによって出版物を各地に伝播していった。

また、絵画におけるヴェネツィア様式は、ビザンティンのモザイク絵画の鮮やかな色彩の影響を受けている。ヴェネツィアの絵画は流動的で詩的な表現を特徴にしており、この流れのなかでジュルジョーネやティツィアーノ、そしてティントレットやヴェロネーゼなどの天才画家たちを生み出してきた。さらに、ヴェネツィアではフランドル地方で発達した油絵の技法をより洗練させ、取引可能なカンヴァス上の絵画にしたことによって、美術市場を生み出していった。その当時、ヴェネツィアの絵画は重要な輸出品としてヨーロッパやイスラム各地に輸出されていった。

このようにヴェネツィアは地理上の文化の交差点にあり、そのために貿易を通して様々な文化を取り込んでいきながら、これらの文化を相互に結び付けていった。つまり、このヴェネツィアのコンステレーションは、異文化の融合にあると考えられる。以上のように、西欧の辺境であり東方の玄関口に位置することによって、そして海洋都市国家としての自由な空気の存在によって、ヴェネツィアには各地の文化が流入しこれが受容されていった。こうした多様な文化の融合によって、ヴェネツィアの美は輝き、これが現在に残るアートゾーンを形成していった。

(4) ヴェネツィアのアクターズネットワークデザイン

15世紀の大西洋航路の発見とともにヴェネツィアは緩やかな衰退に向

かっていった。次第に各国との覇権争いが激化していき、これに伴い経済的に疲弊し活力が削がれていった。また、長年にわたるトルコとの戦争や黒死病（ペスト）の流行や三十年戦争の影響によって、貿易は次第に衰退し、ヴェネツィアは国際色を失っていった。やがて、オランダやイギリスの台頭とともに、ヴェネツィアはたんなる1つの地方国家という存在になっていった。

こうした政治的、経済的な主導権を失ったヴェネツィアがとった戦略が、観光事業への注力であった。16世紀から17世紀にかけて、ヴェネツィアは文化的な成熟を達成して、ヨーロッパの富裕層の主たる旅の目的地になっていった。特に、18世紀に流行したグランドツアーは裕福な貴族の子弟をこの都市に引き寄せていった。歴史と文化に加えて開放感と退廃感の入り混じったヴェネツィア独自の空気は、多くの人にとって大きな魅力であった。

特に、芸術家たちにとっては、ヴェネツィアは想像を刺激する都市であり続けてきた。例えば、モーツァルトはカーニバルの時期にここを訪れ、ゲーテはサン・マルコ広場の鐘搭からの眺望の素晴らしさをイタリア紀行に記している。スタンダールはヴェネツィアに滞在してこの都市を賛美した。トーマス・マンは『ベニスに死す』において黄昏ゆくヴェネツィアを舞台に選んでいる（Mann, 1912）。また、ヘンリー・ジェイムスは『鳩の翼』においてヴェネツィアと旧世界を重ね、新大陸アメリカの若々しさと対比的に描いている（James, 1902）。

このように、ヴェネツィアを訪れた芸術家たちが作品として描くことによって、次第に都市のイメージが膨らんでいき、これらの作品がヴェネツィアのブランドを高めていった。ヴェネツィアのアクターズネットワークとは、このようなヴェネツィアを訪れた芸術家たちと、その作品によるネットワークである、ということになる。文学や音楽、絵画というそれぞれの芸術分野において、芸術家たちが創造力を発揮しながら作品のなかで描いたヴェネツィアの姿は世界中に広がり、これらの作品に刺激された人々がヴェネツィアへと呼び寄せられている。

第3節　ヴェネツィアの未来に向けてのデザイン構想

　ここでは、かつて黄金期を築いたヴェネツィアのこれからについて、1つの地域デザイン構想を描いていく。現在のヴェネツィアは政治や経済面における対外的影響力はまったく失っているが、過去の文化的遺産を活用した強固なブランドを確立している。これからのヴェネツィアが向かう方向性は、このブランドを活かしアートゾーンとして新たな展開を創造していくことである。

(1) ヴェネツィアが抱える固有の課題の超克

　さて、現在ヴェネツィアが直面している課題は人口減少と環境問題である。世界的な知名度を保持するヴェネツィアは、年間を通して世界中から多数の観光客を集めている。しかし、島の人口はかつての共和国時代の最盛期に比べると3分の1以下になっており、さらに観光客の増加による物価高や島での生活の不便さから、島を離れる人が増えている。また、環境問題としては、島そのものが水没の危機に瀕していることがある。

　海のなかに位置するヴェネツィアは海の影響を直接受ける。地球温暖化に伴う海面水位の上昇に対して、冬場にアドリア海の東南から吹く風であるシロッコと低気圧と大潮の時期が重なったときに、アックア・アルタと呼ばれる高潮がヴェネツィアを襲う。高潮は運河の水を溢れさせ岸辺を覆いつくし、かのサン・マルコ広場は水没し、街中はもはや海と何ら変わらなくなってしまう（図表4-5）。

　現在、こうした危機を防ぐために、本土の工業地帯での地下水汲みあげを制限するとともに、最新の土木建設技術を用いて堤防を築きながら、島を水没から護る計画が進んでいる。

　しかし、こうした努力がどれほど実を結ぶか、は未知数である。ヴェネツィアは海から生まれたのだから、いつの日にか再び海に還るときが来るのかもしれない。そうであっても、その日が来るまでは先人たちが行ったように自

図表4−5　ヴェネツィアのアックア・アルタ

引用：http://www.imart.co.jp/igravia_pnew5-old26.11.10.html（2016.1.30 アクセス）

然と対峙する人間の努力は続くであろう。かつて海のなかに人の手で築かれ繁栄を謳歌した当時の姿を現在も留める奇跡の都市を未来に残すべく、多くの叡智を集めながらの対応が模索されている。

(2) ヴェネツィアの進化のための基本方向

　近代化とともに、西欧の多くの歴史的都市はこれまでの伝統を失いながら変化していった。こうした近代化の波のなかで歴史的な風景を変えずに維持してきた数少ない都市の1つが、ここで取りあげたヴェネツィアなのである。
　このヴェネツィアは、地理的な制約から近代化へ向かわなかった結果、アートゾーンとしてのポジションを守って美の都としてあり続けることができた。千年以上の歴史を生き抜いてきたこの都市の方向性を描くならば、アートを起点に世界の多様性を受け入れる都市であり続けていくことである。
　これまで、この街は様々な外部の文化を取り入れながら独自に新たな文化を築いてきた。こうした伝統が、現在でもこの地を国際的な芸術と文化の都

市にしている。ここでは毎年、世界的な映画祭[9]や国際建築展[10]などのアートに関する様々なコンベンションや学会が開催されており、世界の各地から多くの関係者が集まってくる。特に、映画祭は世界中の注目を集めており、ヴェネツィアの象徴でもある翼のある獅子を型どったトロフィーが、最高賞（Leone d'Oro）受賞作品に授与されることは、世界中の関心事になっている。

このヴェネツィア映画祭も含んだ世界的に有名なイベントが、ヴェネツィア・ビエンナーレ（Biennale di Venezia）である。演劇、建築、舞踏、音楽、美術、映画の各部門において世界中から選ばれた作品が出品されて、これらの演技や演奏が競われる。これには、各国から芸術家とともに、マスコミやキュレーターやディレクターなどが多数訪れる。開催期間には各国のパビリオンが設けられることになり、劇場では音楽祭が開催されるなど、島中が祝祭の空気に包まれる。

なお、瀬戸内海の直島を中心に開催される瀬戸内芸術祭や新潟の越後妻有トリエンナーレはこの世界的なアートイベントにヒントをえたものだが、規模の大きさや伝統の厚みではかなわない。

このように、現在もヴェネツィアは世界の文化を集めて、これらをつなぐ文化的メトロポリスであり続けている。このヴェネツィアの基本戦略とは、時代が変わっても変わることなく多様な文化が交差するアートゾーンとしてあり続けることである。

(3) ヴェネツィアの地域ブランディングの新機軸

このような可能性を保持するヴェネツィアでは、都市は海と不可分の関係にある。ここは、天体の運行が引き起こす海の満ち引きやアドリア海の季節や天候の影響を直接受ける。季節や時間の変化とともに海はめまぐるしく表情を変えていき、この変化がヴェネツィアの陰影を生み出している。つまり、ヴェネツィアのアート性は刻々と変化するアドリア海のラグーナの美から生み出されている。

同時に、このヴェネツィアは自然と相反した人工的な美を構築してきてい

る。不安定な地盤の上に豪勢な建築物を建てて、水路で水を引き込んで潮の流れを変えてきた。前述のように、現在の島はもとは人が住むには不適切なラグーナの土地を長年にわたる改良を積み重ねた結果から生まれた島である。

このように、自然との調和と自然に対する造形という相反する2つの要素がヴェネツィアを成立させている。筆者は、アートとは自然を捉えた美であり、また人の生み出す創造でもある、と考える。こう考えると、ヴェネツィアの魅力は自然との共生と人工的な造形という相反する2つのベクトルのバランスによって生み出されていると言える。つまり、他の都市にないヴェネツィアの魅力は自然の美と同時に、人工的な造形美が長い時間をかけて磨きあげられて独自のアートゾーンを形成している点に見出せる。

これはすなわち、ヴェネツィアのアート性は、建築物や絵画や彫刻といった歴史的な名品のコンテンツの数々にあるのでなく、海の上に築かれた都市空間と地域全体の魅力により生まれている、ということである。ヴェネツィア劇場という劇場の舞台上にあってこそ、すべてのコンテンツは輝きを増す。たとえどのような貴重な絵画や彫刻であっても、ヴェネツィアから引き剥がして別の場所の美術館や博物館に収蔵した途端に、それらは芸術作品というたんなるモノになってしまい、その魅力を失ってしまう。

このように、ヴェネツィアは自然と人工の造形が一体化しながら都市空間を生み出しており、これによってアートゾーンを形成している。このようなヴェネツィアのブランドを維持していくことは、日々アート性を捉え直しながらアートを捉えたブランディングをしていくことである。

(4) ヴェネツィアの地域価値の再定義

ヴェネツィアのアート性は水に象徴されている。この都市は海に生まれて、水によって外敵から守られてきた。他方で、水は時に猛威をふるいすべてを押し流して破壊してしまう。人工的に海上に築かれた都市として、いつか海に還るという滅びの予感とともにこの都市はあり続けている。この予感からか、島を囲む周囲の外敵から侵略と破壊を受けて火に包まれて炎上し

て、これを水が浄化するというような、いわば黙示録的なビジョンを、多くの画家や作家たちは描いてきた[11]。また、水はうつろいや流れを想起させるために時間と重ね合わせることができる。かつて栄華を誇ったヴェネツィアの現在の姿に対して、多くの芸術家たちは時のはかなさを感じてヴェネツィアの衰退と滅びを作品として結実させてきた。

アートの美とは、永遠を追い求めながらも泡のように瞬時に消えていく生のはかなさが見る一瞬の夢であり、衰退や滅亡は水のように流転するこの世の様を示している[12]。つまり、アートは、人の生そのものであると同時に、生を超え永遠を得ようとする試みでもある。

こうしたヴェネツィアのアートゾーンとしての魅力は、エンタテイメント性やわかりやすさには求められない。多くの観光地が、景観やものを中心にアピールして不特定多数の人を集めようとするのに対して、そのような観光地化やテーマパーク化と一線を画すことによってヴェネツィアはブランドを維持してきた。大事なのは、アートは誰でも無条件に感応できるものではなく、万人のための娯楽ではない（椹木、2010）、ということである。

アートゾーンとしてのブランドは、アートと同様にときには反時代的であるし、また反大衆性を示すものである。このような観点からヴェネツィアの地域価値であるアート性を考えるならば、例えば水のように流れ消えていく、時のはかなさがその根底にある、と捉えられる。

おわりに～ベニスに死す

ヴェネツィアを舞台にした数多くの芸術作品のなかでも、特に印象的な作品としてイタリア出身の映画監督のルキノ・ヴィスコンティによるトーマス・マン原作の『ベニスに死す』の映画がある。この映画では、老作曲家を主人公にして、かつて高名を得ながら自らの老醜に直面し滅びていくその姿が、ヴェネツィアを舞台にヨーロッパの貴族的な伝統文化が衰退していく姿と重ねて描かれている。

貴族の系譜につながるイタリア人映画監督が描いたこの映画の白眉のシーンは、主人公が舟でゆられながらヴェネツィア本島に渡るシーンである。黄昏の運河を舟で行く場面にマーラーのアダージョが重なり、波にたゆたう感覚を観る人に伝える。この場面の波間に漂う舟のように、ヴェネツィアも時代の流れのなかに漂ってきた。アドリア海のラグーナに築かれたこの都市は繁栄と衰退を経験して、現在は近代化の波を逃れてまさに時のなかに漂っている。

　ヴェネツィアのアートゾーンとしてのブランドは、地理的や歴史的な偶然によって都市独自のものとして築き上げられてきた。これと反対に、時代の流れを追い求めコンテンツを整備して観光地としてメディアを通じてアピールすることは、ブランドを壊すことになってしまう。そのために、アートゾーンとしてのブランディングを展開するには、アートの特性を理解してそれに合った展開をする必要が生じてくる。ヴェネツィアはアートゾーンの事例としてこのことを教えてくれる（図表4-6）。

図表4-6　ヴェネツィアの遠景

(注)
1) 歴史上では、ゲルマン民族の移動と言われる。
2) バルカン半島やクリミア半島、朝鮮半島やインドシナ半島など、現在も世界の火種になっている場所が半島には多い。
3) 貿易の要所ということもあり各地から人が集まり、ヨーロッパ中でもっとも娼婦の数が多い都市であった。
4) 人口数や産業（工業地帯）の大きさや発展状態を考えるならば、島よりも陸地のほうがより経済性を有している。そのため、島の分離を主張する声もある。
5) 本島自体もジュデッカ島、サン・ジョルジョ・マッジョーレ島、サン・ミケーレ島からなり、大運河（カナル・グランデ Canal Grande）によって2つの島に分かれている。
6) 聖マルコの遺骸がもたらされる前までは、ヴェネツィアの守護聖人は聖テオドロスであったが、聖マルコがこれに取って代わり、現在に至っている。
7) このように、ヴェネツィアは、聖マルコを示す有翼の黄金のライオンによって護られてきた。
8) 海との結婚の祭りをはじめとして、運河でのレガッタ大会などの様々な祭りが行われてきた。
9) ヴェネツィア音楽祭では、優勝者にはヴェネツィアの守護聖人である聖マルコを象徴する金獅子のトロフィーが授与される。
10) ヴェネツィア・ビエンナーレ国際建築展のことである。
11) 例えば、ジュリアン・グラックの小説「シルトの岸辺」では架空の国オルセンナの湾岸の地を舞台に、海を隔てた向こう岸から戦渦が迫り、やがてオルセンナの地が炎上し滅亡する予感を描いている。かつては商業で栄えたが、今はその栄光も、停滞から衰退に向かいつつあるオルセンナの国の姿は、ヴェネツィアの姿に重ねることができる（Gracq, 1951）。
12) 日本の伝統的な美である、うつろいやあはれの感覚とはこうした美を本質とする。源氏物語や平家物語に見られる衰退や滅亡の美は、流転するこの世の様を示している。

（参考文献）
大澤真幸（2011）『〈世界史〉の哲学　中世篇』講談社。
河名木ひろし（2007）『ヴェネツィア〜愛しのラグーナ』幻冬舎。
椹木野衣（2010）『反アート入門』幻冬舎。

塩野七生（1980）『海の都の物語〜ヴェネツィア共和国の一千年』中央公論社。
塩野七生・宮下規久朗（2012）『ヴェネツィア物語』新潮社。
陣内秀信（1992）『ヴェネツィア〜水上の迷宮都市』講談社。
陣内秀信（2004）『迷宮都市ヴェネツィアを歩く』角川書店。
山下史路（2005）『ヴェネーツィアと芸術家たち』文藝春秋社。
Gracq, Julien (1951), *Le Rivage des Syrtes*, José Corti.（安藤元雄（2003）『シルトの岸辺』筑摩書房）。
James, Henry (1902), *The Wings of the Dove*, Archibald Constable & Co..（青木次生（1997）『鳩の翼』講談社）。
Mann, Paul Thomas (1912), *Der Tod in Venedig*, Neue Rundschau.（高橋義孝（1967）『ヴェニスに死す』新潮社）。
McNeill, W. H (1974), *Venice The Hinge of Europe 1081-1797*, The University of Chicago.（清水廣一郎（2013）『ヴェネツィア〜東西ヨーロッパのかなめ1081-1797』講談社）。

第5章

「フィレンツェ」のアートゾーンデザイン
―― ルネサンス都市の歴史的コンテクスト ――

原田保・宮本文宏

はじめに～美神の誕生

　西洋美術史においては、ここで取り上げるフィレンツェはもっとも重要な都市に位置付けられる。それは二重の意味においてである。その1つには美術史上、13世紀から17世紀にかけて多くの芸術家を輩出し[1]、盛期ルネサンスの中心地であった点である。

　もう1つは、美術史という分野そのものの誕生の場所としてである。これは、美術の誕生と深く関わっている。現在我々が自明のものと認識している美術（art）が成立したのは、18世紀以降である。それ以前の、例えば有史前の洞窟の壁画や動物の骨や角などを用いた造形を、作品や表現という概念と結び付けて美術と捉える視点は、近代以降の西欧からもたらされた。

　美術史という捉え方も、美術が概念として成立したことから生まれてきた。この美術史においては、絵画や彫刻などの描写の形式に注目し様式表徴を抽出して、その特徴の変化の過程を時代別に分類する。そこには明確な方法論が存在しており、視覚により美術作品を捉えることを前提にする（例えばWolfflin, 1991）[2]。この美術史が生まれたのは、実はルネサンス期のフィレンツェにおいてである[3]。

　この美術史の方法論を最初に用いたのが、フィレンツェの画家ヴァザーリである。彼の著書である『画家・彫刻家・建築家列伝』（1550）で、彫刻や絵画を美術作品として捉えて、ルネサンスの価値観をもとにして時代区分に分けて捉えた。これは、近代へつながる美術史的なアプローチである、と言える。

このように、フィレンツェにおいてルネサンスが華開くことになり、次第に現在我々が捉える美術や美術史の基礎が形成されていった。美の誕生と言えば、現在、ウフィツィ美術館に飾られたボッティチェリの「ヴィーナスの誕生」では、ギリシア神話の美の女神が海の泡から誕生した姿が描かれている。その均整のとれた姿は、ルネサンス芸術を体現し、また美の女神という存在は国際都市であり、文化芸術の中心地としてのフィレンツェそのものを象徴していると言える。

それでは、なぜフィレンツェにおいてルネサンス文化が発展し、栄華をきわめたのか。本章では、アートデザインの観点からフィレンツェを取りあげて、これらの問いを探り、地域と都市のアートデザインについて考察する。

第1節　フィレンツェの特徴〜ルネサンスの栄華を示す都市

ルネサンスを扱う際にはフィレンツェに触れずに語ることは不可能である。それほどにまで、フィレンツェとルネサンスは一体化している。これが、他の都市と比較した際のフィレンツェの特徴であり、また優位性にもなる。そこでここでは、フィレンツェの歴史的発展の推移についてルネサンスの展開を読み解くことによって考察する。

(1) フィレンツェの概要〜花の都

フィレンツェの都市の紋章は百合をかたどったものである。これは聖母の純潔の徴であり、この名前はフロレンティア（Florentia）、すなわち花の女神フローラの町を意味する。この名の起源は、紀元前のユリウス・カエサルの時代に入植地としてコロニーを建設した際に、花の祭典の祭日に犠牲式を行ったことに由来している。農業都市として出発したフィレンツェは、ローマ帝国亡き後に、中世に毛織物と金融業によって発展して西ヨーロッパ有数の自治都市国家になっていった。

こうした自治都市体制の基になっているのは、コムーネという形態であっ

た。このコムーネでは、職人などから構成される共同組織（ギルド）が代表者を選出して市政を行っていた[4]。このイタリアの各都市で成立した共和体制は、近隣の各地が、王（ナポリ）や公爵（ミラノ）による統治に変わっていくなかで[5]、フィレンツェのみが維持し続けていた体制であった。

　もっともコムーネを基本としてはいても、フィレンツェの統治体制は一口でいえるほど簡単な共和制ではなく、複雑でその実体はわかりにくいものであった。それは、古い制度に新たな制度を継ぎ足していき、表面上は変えずにその内実のみを変えていったためである。フィレンツェでは目に見えるほど専制的な統治者は存在しなかったが、その代わりに水面下の激しい権力争いを勝ち抜いた実権者が表舞台に立たずに僭主として実権を固めていった。

　こうした権力者のなかで歴史上もっとも有名なのが、メディチ家である。このメディチ家こそがルネサンスの発展を支えていった。かつてフィレンツェは、メディチ家を筆頭に経済力をもつ大銀行家や商人が存在していた。彼らは多くの芸術家たちを支援して、教会などの都市のインフラづくりを行った。このような対応は、混沌とした政治状況下において、都市の美化を通じて市民の支持を集めるためでもあった。

　このように、ルネサンスの美は安定的に統治された平和な都市国家では発展せずに、フィレンツェの激しい政治的抗争のなかで発展していった。これを若桑（1994、51頁）は、フィレンツェの都市の紋章を比喩にして、「百合の大輪は豊穣な泥沼に咲いた」と表現している。

(2) フィレンツェの全体像～コンテクストの抽出

　このフィレンツェは、地勢から捉えるならばイタリア半島の中央の内陸部の丘陵地帯に位置している。この周辺一帯はトスカーナ地方として知られており、同じ地方にある都市としてはピサやシエナといった名高い歴史都市がある[6]。

　現在のフィレンツェを支える産業としては、世界遺産を中心にする観光業を中心にして、農業や世界的ブランドになっている繊維産業や革製品が主な

ものとしてあげられる。ここトスカーナ地方は、古くからオリーブや小麦などの農業が栄えた土地であり、特にコレクターには垂涎の的である名醸ワインの世界的な産地である。また、フィレンツェには、その歴史から手工業による職人技術の伝統が残っており、現在でも最高級の革製品やデザイン性の高い繊維衣料が有名である。さらに、美食の町としても有名であり、ここの郷土料理であるビステッカ・アッラ・フィオレンティーナという骨付きのTボーンステーキは世界的に知られている。

このフィレンツェは、アルノ川を挟んで町が築かれている。そして、この中心は3つの都市によって構成される。この1つは古代ローマ時代に造られた植民都市であり、2つ目は12世紀初期に都市を囲む城壁がつくられた小さな中世都市であり、3つ目には13世紀に都市の発達とともにつくられた最終城壁に囲まれた中世都市である（石鍋、2013）。

こうした構造は、フィレンツェが13世紀に目覚ましい発展を遂げた証である。1200年頃は5万人だった人口が1300年には10万人にも達したことが示すように、当時のフィレンツェは経済的な繁栄のさなかにあった。こうした繁栄によって、サン・マルコやサン・ロレンツォ教会の大規模な改修などが行われていった。なお、現在のフィレンツェの都市の風景の大部分がこの時代に築かれたものである。

やがて、ヨーロッパ全土を襲ったペストの流行によってフィレンツェは莫大な死者を出したが[7]、その後にはルネサンス黄金期と呼ばれる美の時代を生み出した。

このフィレンツェを象徴する存在が、サンタ・マーリア・デル・フィオーレの大円蓋（クーポラ）とミケランジェロによるダビデ像である。これらは、まさにルネサンスという運動を如実に表わしている。そこで続いて、これらを中心にしてフィレンツェルネサンス期の姿を見ていきたい。

(3) フィレンツェの歴史解釈～クーポラとダビデ像

フィレンツェの風景と言えば、赤褐色の大円蓋と鐘塔に代表される。その

聖堂の北にはメディチ宮、そして南には市庁舎パラッツィオ・ヴェッキョがある。このように、都市の放射状の中心に大円蓋を戴くサンタ・マーリア・デル・フィオーレが位置している（図表5-1）。

図表5-1　サンタ・マーリア・デル・フィオーレ大聖堂

　この大聖堂はもともと古い聖堂があった場所に、1296年に「花の聖母マリア聖堂」という名称に改められて新たに建造された。これが建築家のブルネレスキによって8つの帆型の面から構成された円蓋が完成したのは、1436年であった。
　この大円蓋がフィレンツェを代表する存在になった理由は、この地理的な場所やその花の蕾を思わせる意匠のみによるものではない。それは、この大円蓋がルネサンスの精神でもある古典復興を代表しているためである。
　この大円蓋のモデルは、ローマのパンテオンである。現在もローマに遺るパンテオンは、128年にローマ皇帝ハドリアヌス帝によってローマ神を祀る神殿として建造された。これは円堂と半球形のドームであり、またこの頂上部には開口部があって、天井から光がドーム内に差し込む構造になっている。
　この構造を取り入れながらデザインされて新しくつくられたのが、この大

円蓋である。しかし、これはローマ建築を模倣して再現したものではなく、かつての古代ローマ文化に対する新たな解釈を示すものであった。パンテオンとの違いとしては、ここの頂上部は大理石の頂塔で閉じており、銅製の円球を戴く姿に大円蓋はつくられている。

もう1つのフィレンツェを象徴するダビデ像にも、古代ギリシア・ローマの精神は息づいている。この旧約聖書の英雄を題材にしてミケランジェロが創った彫像は、巨人ゴリアテとの戦いに挑もうとする間際の姿を示している。この今にも動き出しそうな躍動感のある姿と均整のとれた見事な身体の造形は、それまでの中世の表現とは大きく異なっている。人間の肉体の美が肯定されており、理想的な比例（プロポーション）が美の理想とされている。これに見出される美学は、それまでのキリスト教の影響下の宗教的抽象性や装飾性にはない、まさにギリシア・ローマ時代の明晰さと調和による均整がある。

こうした建築や彫像に見られるように、ルネサンスの勃興から繁栄までの様々な時代的な推移の痕跡が、現在のフィレンツェに残されている。このような姿からは、フィレンツェの町は歴史的な記憶の標本であるとも言える。こうした文化と美の生きた標本が、今日のフィレンツェの地域ブランドにおける最大の価値になっている。

(4) フィレンツェの比較優位性〜独自性

それでは、こうしたフィレンツェのブランド価値を現出させるルネサンス（Renaissance）とは何だったのか、またそれはなぜフィレンツェに生まれ発展したのか、を見ていく。

まず、このルネサンスという言葉は15世紀当時から使われていた訳ではない。また、これが定着したのは19世紀後半以降である。これは1855年にフランスの歴史家であるミシュレが「フランス史」の著書のなかで、16世紀の変化の特徴として用いたのが最初であった[8]（Michelet, 1855）。これを受けて、文化史学者ブルックハルトが、14世紀から16世紀のイタリアにお

ける古典文化の復興をルネサンスと捉え定着させた (Burckhardt, 1860)。今日我々がイメージするルネサンス像はここからきている。つまり抑圧的な中世を打破すべく現われた人間中心の運動の興隆をルネサンスと捉える見方である。

　しかしその後に、中世とルネサンスを連続的なものと捉える歴史観が提示された[9]。そもそも、この中世 (Middle Age) という表現は、14世紀のイタリアの人文学者によって名づけられた表現であり、これは古代と来るべき未来に挟まれた時代という否定的な意味が込められたものであった。彼らが理想としたのは古代であり、ルネサンスは新たな復興としての未来であった。他方で、こうした彼らの思いと別に、時代の変化として様式の違いなどがいつ頃にルネサンスとして結実したかについては、区分しがたい。そのために、中世の過程のなかのダイナミックな動きとして、ルネサンスを捉える見方が今日の一般的な理解になっている（大澤、2011）。それでは、このルネサンスの様式の特徴はどこに見出せるか。

　ルネサンスの最大の特徴は、建築における空間の扱い方に見出せる。これは、人体の比例をもとにした整数比による幾何学的構造の探求を示している[10]。これはフィレンツェのサンタ・マリア・デル・フィオーレの聖堂や、パッツィ家礼拝堂等に見ることができる。これらの空間は明るく開放的である。これは、それまでの重厚な石壁と小さな窓や天を見上げるように天井を高く設けた建築とは対照をなしている[11]（図表5-2）。

　それは、天の神を中心にした世界に、比率と調和に基づく古代ギリシア・ローマの世界観が持ち込まれたためであった。表現においては、幾何学的作図法で表現する遠近法がルネサンス期に建築や2次元の平面図上に展開されていった (Panofsky, 1964)。こうした空間の特徴が、フィレンツェの歴史的建築物の内部が訪れる人に圧迫感を感じさせない理由である（図表5-2）。

　このように、ルネサンスとは古代ギリシア・ローマにおける美を新たに捉え直した運動なのである。それでは、なぜフィレンツェがルネサンスを代表する都市と言われるのか。次に、その点を探求することで現在のフィレン

図表5-2 サンタ・マーリア・デル・フィオーレ大聖堂内部

ツェのブランド価値の源泉を明らかにしていく。

第2節　フィレンツェのデザインコンテクスト

　ここではルネサンスがなぜフィレンツェで生まれたのかを、地域デザインのフレームワークを用いてそのデザイン要素が抽出される。つまりこれはフィレンツェとルネサンスの関わりを様々な視点から立体的に描くことでもある。

(1) ゾーンデザイン～京都とフィレンツェ

　フィレンツェは、その歴史の長さや現在も多くの歴史的建造物が遺っている点から、日本の京都にたとえられることがある。それは、両都市が世界的な古都であり、職人文化や美食の文化が発達した点において共通しているからである[12]。しかし、宗教や文化風習が異なるために両都市の古都としての意味合いは大きく異なっている。こうした違いがあっても、実際にフィレンツェの街に立った際に感じられるのは、フィレンツェの空気や情景からなの

か、確かに京都を訪れたときと似ている、という感覚である。

　こうした印象をもたらすのは、第1に両者の地形の相似性に起因する。フィレンツェも京都もともに周囲を山に囲まれた盆地であり、市内の中心地には坂が見出せない。つまり、街を囲むように山があり、また町の真んなかを川が流れている。フィレンツェでアルノ川から見る山の連なる風景が京都の鴨川沿いの風景と重なって見えるのは、こうした両都市の地形の相似性のためである（図表5-3）。

　これに加えて、もう1つの類似点は両都市の歴史にある。これは具体的には、両都市は周囲を強国に囲まれると同時に、交通の中継地にあり政治的にも重要な場所に位置していたために、常に占領の危機があったにもかかわらずパワーバランスによって独自の位置を保ってきた、という類似性である。

　このような類似性を見せながら、現在までフィレンツェと京都はともに歴史と伝統の都市として残っている[13]。特に、半島の中央に位置するフィレンツェは、近隣のミラノやピサ、ジェノバなどが権力闘争を繰り返したり、中世後には周囲の絶対主義各国からの度重なる侵略にイタリア全土が晒される

図表5-3　アルノ川とフィレンツェ

なかにおいても、外部からの略奪を一度も受けることなく現在にまで至っている。これこそがルネサンス文化をこの山間の地で花開かせて、現在まで保持してきた所以である[14]。

(2) トポスデザイン～職人と商人の精神性

　フィレンツェでルネサンスが発展した理由には、地理的・歴史的なゾーンの存在と同時に、ここで培われた精神性の影響があげられる。それは強烈な批判精神であり、これがフィレンツェのトポスになっている。このようなトポスが数多くの遺跡が残るローマでなくフィレンツェに古代復興をもたらすことになった。その理由は、芸術の誕生において重要な点は直接的には創作者の創造によるものだが、しかしそれのみではないからである。創作者の創造に加えて、依頼主やこれらの作品を評価し批判する優れた受け手が必要とされる。こうした風土があってこそ、芸術は生まれ発展していく。芸術のムーブメントが起きるのは、こうした土壌のある時代や場所においてである。

　こうした環境が、14世紀から16世紀初頭にかけてのフィレンツェに存在していた。レオナルド・ダ・ヴィンチやミケランジェロ、そしてボッティチェリなどの様々な芸術家がこの時期にフィレンツェで活躍したのは、制作を依頼する依頼主の存在と、無数の「批評の目や批評の耳、あるいは批評の口」（田中、2010、79頁）があったからである。この風土こそが各地から芸術家をフィレンツェに向かわせて、古代復興のための美の運動を生んでいった。

　それでは、このフィレンツェのトポスである批判精神はどこから生まれたか。その理由はフィレンツェが職人と商人の町であったためである。職人や商人の町であることは、新たな変化を受け入れて違う形にして次の世代へ伝えていく姿勢を生んでいった。また、数多くの職人の工房においてはそれぞれが競い合い自らの技術を磨くという伝統をもち続けられてきた。この工房を中心にした創作方法が、ルネサンスにおける理想とされたかの万能人を生み出した（図表5-4）。

　このようにして、伝統的な批判精神がフィレンツェの地において古典復興

図表5−4 フィレンツェの革工房

引用：http://firenzeintasca.com/corso/pelle.html（2016/3/13 アクセス）

からルネサンスの美を結実させて、この美を現在にまで護り通してきたといえる。

(3) コンステレーションデザイン〜都市と東方とのネットワーク

　フィレンツェで古典の復興が起きて文化が繁栄したのは、古典を捉え直す契機があったからである。それでは、その契機とは何であったのか。

　ここにおいて古典として捉えられるのは古代ギリシアやローマの思想や文化、技術である。これらは西ローマ帝国の崩壊によって失われた。これらが再び注目されて復興したのは、農村社会であった西ヨーロッパ社会が経済的な発展を遂げたことによる。これに伴って都市国家が成立し、有力な都市間のネットワークが生まれていった。そして、ここに十字軍遠征が起きてこれが古典復興の最大の契機となった。

　この十字軍とはローマ教皇の掛け声で始まったエルサレム奪回を目指す西ヨーロッパの宗教運動である。これは、西暦1071年に始まって、13世紀まで断続的に行われた[15]。なお、これはイスラーム世界側にとっては西ヨー

ロッパによる侵略であったが、ヨーロッパ側にとっては交易路を拡げることになり、当時の世界の先端にあったイスラーム文化に触れる契機となった。当時、イスラーム世界においては、古代ギリシアの文化を受け継いだローマ帝国崩壊後にギリシア＝ローマ文化が保持され発展していった。ヨーロッパ人は中世の十字軍遠征によってこのようなイスラム文化に触れたことによって古代のプラトンやアリストテレス、キケロやセネカなどの哲学や論理学、そして自然科学を再発見して、先進的なアラビアの高度な数学や科学、そして天文学の知識を得ていった。そして、これらが後のヨーロッパにおける科学革命につながっていくことになった。

こうして、十字軍遠征がヨーロッパ圏外から知を流入させることになり、古典復興をもたらした。そして、こうした動きは最前線基地であったイタリアの貿易港の都市からヨーロッパ各地に拡がった。これらの都市をつなぐ貿易によって発展していったのがこのフィレンツェであった。当時のフィレンツェの商人たちは東方の物品を扱うことで富を築いていった[16]。

このように、フィレンツェは東方との関係をもとにして経済的繁栄を実現すると同時に、古典の文化がもたらされたことによってルネサンスを代表する都市になった。このようなフィレンツェなどの各都市と東方とのネットワークによる関係性こそが、フィレンツェの歴史的なコンステレーションデザインとしてフィレンツェを美の都にした。

(4) アクターズネットワークデザイン～歴史上最大のメセナ

フィレンツェに経済的な発展をもたらせたこれら各地域との貿易と金融業によって勢力を伸ばしたのが、前述したメディチ家であった。歴史上もっとも知名度が高いパトロンといえるこのメディチ家の興隆がフィレンツェの興隆につながり、これがルネサンスの発展を牽引していった。つまり、メディチ家こそがフィレンツェ最大のアクターとして文化の繁栄を築き、現在の都市を創りあげた主たる存在である[17]。

しかし、このメディチ家はもともとは有力な家系ではなかった。メディチ

家はフィレンツェの名門同士の激しい権力争いの間を縫いながら、銀行業と毛織物業で築いた経済力をもとにして政治的力を獲得していった。こうした「王朝」を築いた始祖がジョバンニ・ディ・ビッチであり、この息子が後に祖国の父と呼ばれるコジモ・デ・メディチである。その間、一貫してメディチ家は表面的には一市民の身分にとどまり、民衆の友として権威ある地位には就かなかった。しかし、裏から政敵を排除し、これによって権力の基盤を固めて僭主としてフィレンツェの政治を影から支配していった（図表5-5）。

図表5-5　ロレンツォ・デ・メディチ（豪華王）

Lorenzo by Giorgio Vasari Galleria degli Uffizi

　このメディチ家のフィレンツェへの貢献は、サン・ロレンツォ聖堂の改修をブルネルスキへ委託したことをはじめとして、注文主として同時代の数多くの建築家、画家、そして彫刻家を庇護したことに見出せる。この当時においては、パトロンは、芸術家とともに美の価値の担い手という自負をもち、芸術家との親密な関係を維持していた（池上、2000）。

やがてコジモが亡くなり、息子のピエロを経てロレンツォが家長になりメディチ家の繁栄は頂点をきわめた。この時期がまさにフィレンツェの黄金期でもあった。この時代を象徴する絵画が、当時描かれたボッティチェリの「プリマヴェーラ（春）」である。この絵画のなかのギリシア神話の神や精霊たちは、パトロンであるロレンツォゆかりの人物をモデルに描かれている。

メディチ家はまた、その繁栄の時代を通じて芸術家の庇護とともに、それぞれの時代のヨーロッパ絵画の名作を収集していった。そして、これらがウフィツィ美術館のコレクションの基礎になった。このように、メディチ家はその莫大な富を芸術のために使うことを義務にする伝統と一級の鑑定眼をもっていた。これが質の高さで比肩するものがない歴史上最大の収集を後世に遺すことになった。さらに、メディチ家直系の最後の1人が亡くなるとき[18]、その遺言でメディチ家の収集による芸術品すべてが永遠にトスカーナ国に寄贈されることになった。この遺言の条件は、「何物も、このフィレンツェから持ち出してはならない」というものであった。

こうして、メディチ家が家業ともいえるほどに情熱を傾け、収集したヨーロッパ芸術の結晶はフィレンツェに残された。それゆえ、この都市の一部は確実にメディチ家の遺産である、といえるのである。このようにして、メディチ家は最大のメセナとしてその名前を歴史に刻むことになった。

第3節　フィレンツェの未来に向けてのデザイン構築

フィレンツェにおいてルネサンスの発展を築いたデザイン要素を捉えて、ここではこれらをもとに現在と今後のフィレンツェの展開を考察する。それはアートを中心とした都市のデザイン像である。

(1) フィレンツェの現在と今後の課題

現在、我々がイメージするフィレンツェとはレオナルド・ダ・ヴィンチやミケランジェロが闊歩したルネサンスの都であろう。しかし、こうしたルネ

サンスの黄金時代は終焉してメディチ家も直系が途絶えた。その後のフィレンツェはどのように展開していったのか。これ以後のフィレンツェを点描すると、その政治的なゾーンがめまぐるしく変わっていったことがわかる。

ルネサンスの後に、西ヨーロッパ世界は科学革命を経て啓蒙主義の時代になる。やがて、フランス革命を経た後にナポレオン戦争の嵐がヨーロッパ中に吹き荒れる。このなかで、フィレンツェはトスカーナ大公国の首都として歴史の渦に巻き込まれていく。イタリア半島はフランスへの併合やオーストリアの属国化などの変転を経てから、サルデーニャ王国によるイタリア統一運動によってイタリア王国が成立する。その際に、フィレンツェは一時は王国の首都になるが、ローマ併合とともにその座を譲ることになる。その後に、イタリアは第1次世界大戦を経て、ムッソリーニによるファシズムの時代とその後の連合国による解放によって、現在のイタリア共和国になる[19]。

このように、ルネサンス期において西ヨーロッパ世界の中心都市として栄えた後には、フィレンツェは各国の争いのなかで歴史の表舞台から姿を消していった。しかし、政治的、経済的な繁栄は失われたが、ルネサンス芸術の遺産によって現在のフィレンツェは世界的な芸術都市というブランドを獲得している。今では美の都として世界中に名を知られており、数多くの人がここに足を運ぶ。この姿はかつての国際都市を彷彿させるようにも見える。

それでは、こうしたフィレンツェの未来の姿はどう描かれるべきなのか。また、現在のブランドを維持していくために、どのようなデザインが必要なのか。

(2) フィレンツェの進化方向

ルネサンスの繁栄を築いたフィレンツェのトポスは、職人と商人の町であることによる強烈な批判精神であった。これは形を変えて現在にも残っている。フィレンツェの狭い路地を歩くと、その路地の片隅に職人の工房を見つけることができる。この工房を中心にして職人たちは、革製品や服装や装飾品の分野で高度な技術を磨いてきた。この伝統のなかから世界的な高級ブラ

ンドが生まれ[20]、今でもフィレンツェはファッションの町であり続けている。

　かつて、この高度な技術を学ぶためにヨーロッパ中から数多くの職人見習いがフィレンツェの工房に集まった。現在もフィレンツェには、伝統に裏打ちされた技術を身につけるために、弟子入り志願者が世界中から集まってくる[21]。また、ルネサンス文化を求めて、美術史や歴史や、彫刻や絵画を本格的に学ぶ専門家たちが研究のために世界中から訪れる。

　職人の卵たちは工房に住み込み、研究者は何度も繰り返しこの街に足を運ぶ。彼らは、こうした長い時間を過ごすことからフィレンツェを新しく発見して、その美の奥深さを体感する。なぜならば、フィレンツェの伝統や美は、簡単に誰でもいつでも感じとれるものではないからである。この街のかつての歴史的栄華を知らなければ、サンタ・マーリア・デル・フィオーレのクーポラは壮麗な屋根であり、ダビデ像はリアルな肉体を写した彫像というような、見た目の理解以上のものは得られない。これらに対峙するには背景や歴史に関する知識だけでなく、経験による感応性をもつことが必要である。

　したがって、短時間で有名な場所を駆け足で巡る観光ツアーでは、この町の美は体感できない。いくらウフィツィ美術館で名品といわれるメディチ家が残した世界最大のコレクションを見ても、その前を通り過ぎるだけでは本来の美しさや美の本質には触れられない。

　このように、フィレンツェの魅力は京都と同じように、いわゆる一見さんには味わえないものなのである。このように、この町は、簡単には町の魅力を示してくれない。長期間滞在するか繰り返し何度も足を運ぶことによって、その魅力の一端を垣間見せてくれる。つまり、フィレンツェの地域ブランドを維持して展開するということは、こうした美に魅せられたエバンジェリスト（伝道師）を増やすことであり、決してツアー客の数を増やすことではない。

(3) フィレンツェの地域価値増大

　こうしたことから導かれるフィレンツェの価値を高めていく戦略とは何な

第 5 章 「フィレンツェ」のアートゾーンデザイン　123

のか。その戦略とは、フィレンツェの魅力を知るエバンジェリストを増やすことである。

　かつて、19世紀にロマン主義が流行してルネサンス美術に美が求められるようになると、その歴史的佇まいからフィレンツェはヨーロッパ各国の貴族や富裕層が憧れるリゾート地になった。特に、イギリスの貴族たちは、近郊の古いヴィラを求めて別荘としてここに移り住んだ。この当時のフィレンツェの外国人社会の様子を描いた作品としては、フォースターの「眺めのいい部屋」(1908) がある[22]。映画にもなったこの作品が示すように、フィレンツェの歴史や伝統とともに、温暖な気候と町を囲む丘陵地の風景や美食が人々をひきつけた。こうしたことから、フィレンツェの価値を高めていく戦略としては、長期滞在を前提にしてトスカーナの気候風土と自然とフィレンツェの歴史と伝統と美を掛け合わせながらその相乗効果によりブランドを高めることが考えられる。

　これは、傑出した芸術家とそのパトロンたちによって生み出された美の結晶の数々を体感することであり、その美を育んだトスカーナとフィレンツェの風土に触れることでもある。また、これはヨーロッパ文化の源流としてのルネサンスに触れ、現在の社会システムが置き忘れたものを改めて捉え直すことでもある。

　時代は、ルネサンス文化から科学革命へ、そして産業革命へというように近代化は進んだが、丘陵地のなかに佇むフィレンツェの相貌を感じるときに、近代から現在に至る流れと違うヴィジョンを思い描くことができる。それは、この土地の陽射しであり空気である。そして、これこそが訪れる人を土地の魅力で捕らえて、この地から離れられなくする。

(4) フィレンツェの地域ブランディング

　こうしたフィレンツェの美の繁栄に貢献した主体が、メディチ家を代表とするパトロンである。ただし、現在までその美を支えてきた担い手はフィレンツェに暮らす人々であった。こうした人たちによって、この町は現在に至

るまで守られてきた。

　前述のように、19世紀半ばまではイタリアという国家は存在していなかった。特に文化の側面では、今日でもイタリアという括りではその特徴は捉えられない。今でもトスカーナ人やピエモンテ人、ヴェネツィア人であるというようにお互いにいい合うように、それぞれの地域の文化が存在していることが特徴になっている（若桑、1990）。

　当然ながら、フィレンツェもまたこうした独自の文化を維持してきた。このような文化は過去のものとしてではなく現在も日常のなかに生きている。今でも中世と同じように毎年様々な聖人の祭りが催されており、町の住人がこれらの祭りを祝う。これは観光のためのイベントではなく町に暮らす人たちの祝祭のためのものである。

　このように、フィレンツェにおける最大のアクターはそこで暮らす人たちである。特にフィレンツェは、今まで一度も大きな破壊に会うことなく、歴史的な建築物をそのまま保持してきた。このような歴史文化を護り抜いてきたという自負をフィレンツェで暮らす人たちはもっている。

　フィレンツェは共和制の伝統を長く維持しており、周囲の近代的な大国の間でも自治都市国家という理念を手放そうとはしなかった。これによって、専制を嫌い、自由と独立を愛する人々がフィレンツェ人として伝統を築いてきた。この伝統が都市の建築物や絵画や彫刻などの奥底に潜んでいる。そして、これが都市の文化であり過去に暮らした人々の歴史の蓄積でもある。

おわりに～片隅に輝く都市国家の姿

　歴史的に見れば、フィレンツェの最盛期は15世紀であった。しかし、中世の終焉とともにその地位を次第に失っていく。それは、地中海地域が、コロンブスによる新大陸発見を機にして主役の座を失ったからである。地中海に代わって次第に大西洋やインド洋が覇権を争う舞台になっていく。こうした時代の転換とともに、イタリア半島のフィレンツェやヴェネツィアという

都市国家は世界史の片隅に追いやられて、スペインやフランスなどの絶対主義の統一国家が歴史の主役になっていく。

これらの歴史的変遷とともに、美術史的には17世紀以降には、古典復興の様式はその後のバロックやロココなどの様式に受け継がれていく。古典復興の美はフィレンツェに遺されて、現在のフィレンツェの最大の魅力になっている。

しかし、これは美術館に収蔵品として遺されたものにあるのではない。美術館に陳列された絵画や彫刻は、これらの生まれた時代的背景から元の場所からも切り離された存在である。美術館に陳列された途端に、美術品がもっていたアウラは奪われ、その魅力は消されてしまう。美術館というありよう自体が、近代以降に生まれた特殊なものであり、これはコンテンツを並べただけで美とは無関係な博物館としての場所である。

フィレンツェが他の都市と違う希有な存在であるのは、かつて描かれた絵画や彫刻、そして装飾品の数々が未だにその本来の場所に生きている点である。美術館という人工的場所ではなく、街自体を通してその当時の美を体感できることが、フィレンツェの最大の魅力になっている。

確かに、かつてのフィレンツェの黄金時代は失われている。しかし、その時代の相貌は生きた形で後世に伝えられてきた。これが芸術都市としてのフィレンツェの魅力であり、これからもこのフィレンツェは世界の遺産としてあり続けていくであろう。

本章では、アートデザインの観点からフィレンツェという都市の歴史と展開を取りあげて、そこから今後の地域と都市におけるアートデザインの戦略を見てきた。フィレンツェの置かれた位置を他の都市が真似することはできないが、地域の歴史的な文化を大切に護ってきた住人たちの姿は地域ブランド化に対する大きなヒントになっている（図表5-6）。

図表5-6　フィレンツェの遠景

(注)
1) フィレンツェ派として知られる。
2) 美術史で用いられる様式概念には、時代様式、民族様式、そして個人様式がある。
3) それは、それまでの中世の間は神の領域に属しており、霊的なものの象徴として崇拝の対象であった聖像が画布上の作品になっていったことを起点にする。
4) ここでは、行政組織としてコンソーレ（長老）と呼ばれる最高統括者と、1年任期のポステタ（司法官）による評議会が設置される。なお、コムーネはやがてフランスに移植されてコミューンの名で知られる。
5) 実際に、今日では君主制と共和制で大きな違いはないとの考え方も示される。
6) これらの都市は中世においては、ピサは海運都市国家として貿易によって発展して、エルサレム奪回を目指す十字軍が東方に向かう港町として栄えた。また、同じ金融業で発展したシエナとは勢力争いによる抗争を繰り広げた。
7) ヨーロッパ全土を襲った黒死病によって各都市では多大な死者を出すことになるが、特にフィレンツェでは被害が甚大であった。1348年の大流行時にはペストにより30％から40％の人が死亡した、と言われる。
8) 再生を意味する言葉としては、フランス語のルネサンス（Renaissance）が

用いられ、現在定着しているのは、歴史家ミシュレが『フランス史』でフランスの16世紀に文化の再生を見出して、この用語を使ったのが最初であり、これがその後に定着したからである。
 9) 例えば、大澤によれば（2011）、「中世にはダイナミックな過程で、そのなかにいくつものルネサンスを含んでいる」（2011、21頁）と捉えられ、中世のカロリング朝ルネサンスや12世紀ルネサンスを含み、狭義のルネサンスはこれらの他のいくつものルネサンスの1つでありその最後の波だった、と捉えている。
10) このように構成された建築の空間は、簡潔さと広がりを示し、訪れる人に明るさと開放感を感じさせる。これがルネサンスの思想と運動を示しており、これが中世の建築にはなかった古代ローマ建築の研究からもたらされた特徴である。
11) これは、薄暗く重厚さを感じる空間で崇高なる神へ祈りを捧げる道具立てでもあった。
12) 実際に、両市は姉妹都市になっている。
13) フィレンツェは、半島の中央に位置する北方のフランスと南方のナポリを中継する拠点であった。近隣のミラノやピサ、ジェノバなどが勢力争いを繰り返して、中世後には周囲の絶対主義各国の侵略にイタリア全土が晒されていた。
14) このように、京都とフィレンツェが印象として重なるのは、これらの地理的な環境と、歴史的な位置取りが似通っているからである。両都市とも、日本とイタリアという輸送力として海運が力をもつ国のなかでは、海から離れた山に囲まれた場所に位置している。しかし、近隣に海洋に面した海運で栄えた都市があり（大阪、ピサ）、交易が発達して周囲の各都市とのモノと情報を獲得してきた。
15) この十字軍遠征は、西暦1071年にセルジューク朝トルコにビザンツ帝国が敗れて皇帝が捕虜になり、エルサレムが占領されたことに対して、西ヨーロッパ各国が援軍を派遣したことを開始とする。
16) 特に東方とのつながりは深く、1439年にビザンツ帝国のギリシア正教とローマカソリック教会との統一公会議はフィレンツェで開催された。
17) もっともフィレンツェでは、メディチ家に限らず数多くのパトロネージュ（庇護者）が存在した。そのなかでも、三百年にわたってフィレンツェの実質的支配者として都市と運命をともにしたのがメディチ家であった。
18) Anna Maria Luisa de' Medici（1667-1743）のことである。

19) 第2次世界大戦時に、フィレンツェはドイツ軍による占領と連合国の空爆を受け、ドイツ軍によってアルノ川に架かる5つの橋すべてが爆破される。やがて、それらの橋は再建されて現在のフィレンツェの姿を見せている。
20) フィレンツェに本店のある世界的ブランドとしては、グッチ、フェラガモ、エミリオ・プッチなどがある。
21) 例えば、フィレンツェの有名な靴職人の工房にはドイツ出身の女性が弟子入りしており、彼女たちが技を磨きフィレンツェで独立して店を営んでいる事例も多い（平澤、2013）。
22) 映画にもなったこの作品は、フィレンツェを舞台にストーリーが展開している。タイトルの眺めのいい部屋とはアルノ川を見渡せる部屋のことであり、映画ではサンタ・マーリア・デル・フィオーレの大円蓋が印象的に使われている。

（参考文献）

池上俊一（2000）『万能人とメディチ家の世紀』講談社。
石鍋真澄（2013）『フィレンツェの世紀』平凡社。
大澤真幸（2011）『〈世界史〉の哲学　中世篇』講談社。
塩野七生（2001）『ルネサンスとは何であったのか』新潮社。
田中英道（2010）「芸術の視点から見た魅力」樺山紘一他著『芸術都市の誕生』PHP研究所、60-79 頁。
中嶋浩郎（2008）『図説フィレンツェ』河出書房新社。
平澤まりこ（2013）『イタリアでのこと～旅で出会った、マンマとヴィーノとパッシオーネ』集英社。
若桑みどり（1994）『フィレンツェ』文芸春秋、51 頁。
若桑みどり（1990）「都市のイコノロジー～人間の空間」『ルネサンスの理想的空間論』青土社、221-249 頁。
Burckhardt, Jacob (1860), *Die Kultur der Renaissance in Italien.*（新井靖一（2007）『イタリア・ルネサンスの文化』筑摩書房）。
Forster, Edward Morgan (1908), *A Room with a View*, Edward Arnold.（西崎憲、中島朋子（2001）『眺めのいい部屋』ちくま文庫）。
Grousset, René (1948), *Les Croisades.*（樋口倫介（1954）『十字軍』白水社）。
Michelet, J. (1855), *Histoire de France.*（大野一道・監修（2010）『フランス史Ⅲ　16世紀ルネサンス』藤原書店）。
Panofsky, Erwin (1924), *Die Perspektive als "symbolische Form"*, Vortäge der Bib-

liothek Warburg.（木田元・監訳（2009）『〈象徴（シンボル）形式〉としての遠近法』筑摩書房）。

Vasari, Giorgio (1550), *Le vite de' piu eccelenti pittori, scultori e architettori*.（平川祐弘、小谷年司（2011）『美術家列伝』白水社）。

第6章

「ラスベガス」のアートゾーンデザイン
―― カジノとエンタテイメントのコンテクスト ――

原田保・宮本文宏

はじめに～カジノとエンタテイメントの都におけるアート

　ラスベガスはカジノで知られている。ただし、たんにカジノという賭博の都市のみならず、エンタテイメントと結び付いたアミューズメントの都としてブランドを築いている。他にもカジノのある都市は数多くあるが、ラスベガスのブランドは知名度では他を圧倒している。

　こうした知名度をラスベガスはいかにして築いてきたのか。また、現在も世界中から観光客を集めるラスベガスの成功の秘密とは何なのか。

　現在ラスベガスのある地域は、かつて荒涼たる砂漠のなかの小さなオアシスであった。先住民の言い伝えや伝統も歴史もない土地は、やがて西部開拓時代に小さな町になり、この町が20世紀にかけて全世界に知られる巨大な街へと変貌していった。

　まさに一夜にして億万長者になる夢の物語を求めて、人はラスベガスに訪れる。ラスベガスは日常を超えた夢の舞台として訪問者を迎えて歓待する。毎夜様々なショーが開催されて、街には豪華で巨大なホテル群が建ち並んでいる。ここでは、有名な噴水ショーをはじめ様々なアトラクションが行われる。一晩中ずっと煌びやかな光にあふれているため、ラスベガスは眠らない街と呼ばれてきた。

　しかし、世界中に知られた都市でありながらも、ここラスベガスはヨーロッパや東海岸の各都市と比べて、どちらかというと大衆向けで俗悪な都市として見られてきた。これまではアートゾーンの観点からラスベガスを捉える視点は皆無であり、むしろアートとは無縁の街として捉えられてきた。し

かし、ラスベガスが現在のブランドを維持して発展させていくためには、ラスベガスのアート的な側面に着目する必要がある。

本章では、ラスベガスが現在の知名度を築いてきた歴史を辿り、地域デザインの視点からこのブランド力の源泉を探ると同時に、アートゾーンとしてのラスベガスを新たに捉え直すことが試みられる。この過程は、同時に大衆文化とアートとの関係についての考察でもある（図表6-1）。

図表6-1 ラスベガスの風景①

出典：http://blogs.yahoo.co.jp/tada627/31141213.html（2016/3/13 アクセス）

第1節　ラスベガスの芸術文化都市としての魅力

　ラスベガスはアメリカの大衆文化そのものを体現する都市である。ここでは、歴史的な蓄積がなく伝統に乏しいとされるラスベガスの現在に至る歴史を捉えて、現在のカジノのための都であり、ショービジネスの本場として知られるブランドを獲得してきた背景が論述される。

(1) ラスベガスの概観

　ラスベガスはアメリカ合衆国西部に位置するネバダ州の州都であり、州内最大の面積と人口を抱える都市である（図表6-2）。最大の産業は観光であり、それもカジノによる収入が大部分を占めている。ネバダ州は海に面していない内陸地であり、農業に向かない乾燥地帯でもある。州内の全域には荒涼とした砂漠が広がっている。

　もともと、ラスベガスは砂漠のなかの小さなオアシスであり、東から西へ向かう途中の中継地であった。西部開拓時代のカリフォルニアでのゴールドラッシュ以降、ここには鉄道が敷かれて町として発展していった。

　現在のラスベガスの姿を決定づけた要因は賭博の合法化である。賭博の合法化は、ゴールドラッシュのブームが去った後に、産業のないラスベガスで税収を確保するためにつくられた施策であった。この合法化の直後に、近郊でコロラド川にフーバーダムの建設が着工されたことによって、ラスベガスは多くの労働者の流入とダム完成後の安価で豊富な電力と水資源を入手して、これによって大きく発展していく。

　このラスベガスの発展に目をつけてカジノの街へと変貌させたのが、マフィアたちであった。禁酒法の時代にマフィアは資金源としてラスベガスにカジノホテルを築いていった。しかし、その後には表舞台からマフィアは去

図表6-2　ラスベガスの位置

り、実業家によるホテルビジネス主体としてラスベガスは家族連れでも安心して訪れることができる娯楽の都市へと変貌していった。現在では、観光で訪れた人を満足させるサービスをふんだんに提供する都市として知られるようになっている。

　ここのホテルでは、連夜のショーが開催され華やかに街を彩っている。ここでは、ボクシングの世界的なタイトルマッチ、有名なスターやミュージシャンによるステージショー、そして大規模な航空ショーやモータースポーツ大会が行われており、街は刺激にあふれている。また、巨大なショッピングセンターや噴水ショーをはじめ、ホテルのアトラクションも、ここに来る人を飽きさせない。こうして、ラスベガスは現実を忘れさせて夢の世界へ人を誘う。このラスベガスが夜毎光に彩られ不夜城のように輝くのは、この場所が20世紀における最大の夢の場所であるからである。

(2) ラスベガスの都市ブランドとしての基本特性

　ラスベガスを訪れる人が求めるのは、夢の時間であり非日常的な刺激である。ここではスロットマシンやバカラやポーカーなどのゲームを通して日常の世界から離れて、運命と対峙して運命を支配する、いわば全能感を一瞬だけ味わえる。カジノのゲームは、一瞬にして天国と地獄のいずれかに人を誘ってしまう。結果がわからないからこそ、偶然のチャンスを信じて人はスロットマシンの前に立つことになる。

　ラスベガスでは、こうした夢の時間を演出するために、様々な装置や舞台が設けられている。数々のアトラクションが派手でスケールが大きいのは、街を訪れる人を夢の世界の主人公にするためである。人はエンタテイメント性を追求するため、それこそ万人が楽しめるように感覚的な刺激と娯楽を提供する。消費することは善であり金が力になるというメッセージが、この街の基本原則である。

　ここラスベガスでは、誰もが王侯貴族のように振る舞うことができる。生まれや階級に関係なく、自らが運命の支配者であるという夢が見られる。し

かし、夢を見るには金が条件になる。ラスベガスでは、人の価値はどれだけ金を所有し消費できるかで決まってしまう。

これらの価値観は、アメリカの20世紀の資本主義と大衆消費文化そのものであると言える。このようなラスベガスのブランドは20世紀に発達したが、これは世界的な覇権を獲得したアメリカという国そのものを体現している。

(3) 歴史から捉えたラスベガスの特徴

ラスベガスの特徴の1つは、この街がヨーロッパやアメリカ東海岸の各都市のような伝統が希薄なことにある。ラスベガスと伝統とはつながりにくい。伝統が示す重厚さや正統性はラスベガスのブランドには合わない。むしろ、何もなかった砂漠の真ん中にできた町が[1]まさに一瞬の夢のようにして巨大な都市に生まれ変わったという物語こそがラスベガスの最大のブランドになる。

この物語は、第1の西部開拓時代、第2の資本主義の興隆期、第3のギャングにより支配を受けた時代、という3つの時代によって構成される。

第1の物語は西部開拓時代に遡る町の誕生である。ゴールドラッシュに一攫千金の夢を重ね、カリフォルニアを目指す有象無象の人たちが道中に立ち寄る場所として町は生まれた。荒くれ者たちは夜毎に持ち金を賭けてカードゲームに興じて、この町にはアルコールとセックスと暴力が渦巻いていた。このように、ラスベガスはその始まりから金とギャンブルと密接に関わっていた。

第2の物語は、資本主義の発展と同期したラスベガスの発展史である。アメリカにおける資本主義の発展は鉄道の発展とともにもたらされた[2]。鉄道が各地をつないで、輸送力によりモノと人を運び、資本主義の枠組みを形成していった。1905年にはユニオンパシフィック鉄道が開通して、ラスベガスに駅ができたことで多くの人がこの町を訪れるようになり、町は急速に大きくなっていった。さらに、資本主義の発展に不可欠な産業用電力と水の確

保のためにフーバーダムが建設されて、砂漠の町であるラスベガスに莫大な水と電力が供給されるようになった。こうして、アメリカにおける資本主義の発展がラスベガスを大きく発展させた。

第3の物語はギャングが暗躍した禁酒法時代の物語である。賭博がラスベガスの産業になったのは、産業のないネバダ州で財源を確保するために、非合法であった賭博を合法化したことがきっかけであった。巨額な金と利権が動くところにはギャングが登場する。こうしたギャングのなかからラスベガスを築いた象徴とされる人物が生まれて、ラスベガスは砂漠のなかのハリウッドとして華やかなショービジネスの世界と結び付いていった。

現在の華やかなラスベガスの世界を築いてきたのは、これら3つに代表される物語によってである。

(4) ラスベガスの芸術文化都市における比較優位性

現在、ラスベガスは世界的なカジノとショーの華やかな都市として知られている（図表6-3）。カジノ自体はラスベガス以外にも全米の各地にもあり、ヨーロッパ各国やアジア、そしてアフリカやオーストラリアにも存在する[3]。こうしたカジノのなかで国家レベルの規模で運営されている知名度が高いカジノとしては、ラスベガスの他にはシンガポールやマカオやモナコなどがある。

しかし、これらの都市とラスベガスは一線を画している。この一線とは、知名度の高さや成立するまでのエピソードの違い以上に、ラスベガスがカジノを中心にしながらも、カジノのみでなく大型のエンタテイメントを武器にアミューズメント都市というブランドを築いている点にある。

他のカジノ都市と異なり、ラスベガスを訪れる顧客は、カジノのみではなく全米でも屈指の大型のショッピングモールでの買い物やホテルでの様々なアトラクションや連夜開催されるショーやイベントを楽しむことを大きな目的にしている。ラスベガスの他の都市との差別化要素は、有名なスターたちのショーや巨大で豪華でありながらも紛い物じみた俗っぽいホテルが立ち並

ぶ都市の景観が織り成す、この都市特有の魅力に見出せる。

　こうしたラスベガスの魅力はいかに築かれたか。もともとは砂漠の町がゴールドラッシュや鉄道の駅の開設、そしてカジノ解禁によって地方のカジノタウンとして近隣に名前を知られるようになったことが、ラスベガスの初期の姿であった。それが世界的な知名度を獲得するまでに変貌したのは、ラスベガスに持ち込まれたあるコンセプトのためであった。そのコンセプトとは、実は砂漠の真ん中にハリウッドをつくることであった。

　特に、華やかで社交的で豪華な夢の工場と呼ばれていた黄金期のハリウッドとカジノを結び付けることによって、ラスベガスはアメリカの大衆文化を象徴する都市になり、他の都市にない魅力とブランドを創り出してきた。無尽蔵の資金を投入して外観から内装までヨーロッパの都市に似せたホテル等の設備をつくり、刺激的なショーやアトラクションを充実させる手法は、ハリウッドの映画製作手法と同じである。また、これは豪華な見せかけとは裏腹に、どこか陳腐であり紛い物的なチープさを漂わせている点でも共通している。これらの点がヨーロッパの伝統からは芸術と見なされない理由である。しかし、圧倒的な資本力により創り出された都市の空間や連夜の大規模

図表6-3　ラスベガスのカジノ

なショーの数々は、この都市が大衆のためのリゾート地であることを示しており、これがアートゾーンと呼ぶにふさわしい魅力を持っている（図表6-3）。

第2節　芸術文化都市としてのデザインコンテクスト

　ここでは、アートゾーンとしてのラスベガスのデザイン要素を ZTCA デザインモデルによって抽出する。ゾーンは砂漠のなかの都市としてのラスベガスであり、トポスはカジノであり、コンステレーションデザインは金と資本である。また、アクターズネットワークは、大衆文化の担い手としての大衆である。

(1) ラスベガスのゾーンデザイン

　ラスベガスのゾーンを捉える際には、ラスベガスがネバダ州最大の都市であることと、この州が北アメリカ大陸の内陸部に位置する広大なネバダ砂漠から成ることが重要な要素になる。

　ここの気候は砂漠と同じであり、夏は日中の温度が40度を超えるまでの高温になる。湿気はほとんどなく乾燥した空気に覆われ、年間を通して雨がほとんど降らない。また、冬は夜間に氷点下まで下がることもある。湿気のない分だけ夏でも不快感は少ないが、人や動物にとって生存に適した気候とは言えない。農業には向かない土地であり荒涼たる砂漠が広がっている。

　こうした気候のなかに存在するラスベガスは、必然的に人工的な都市になる。砂漠という過酷な環境のなかで人が暮らしていくためには、遠方から必要な水を引いて電気を敷設して、食料を外から調達する必要が生じる。これらを手に入れるためには資金が必要になるが、砂漠のなかに遺跡や観光地は存在しない[4]。つまり、ラスベガスでは都市自体が人を呼ぶ最大の資源であり、サービス業によって都市は成り立っている。

　20世紀に生まれたラスベガスは、都市自体をリゾート地にすることで一世紀の間に急激に発展していった。5,000を超える客室をもつ巨大なホテル

群が建ち並び、それぞれのホテルでは夜毎に世界的なショービジネスやスポーツイベントなどのエンタテイメントが繰り広げられる。

　これらのメガホテルの1つひとつがそれぞれに独立した都市としての空間をもっている。ホテル自体がショッピングからレストラン、アトラクションやショーまでのすべての機能をもって、これらを顧客に提供している。つまり、宿泊客にとってはホテルのプールサイド以外には炎熱下の外に出る必要性はない。このように、ラスベガスは、無数のホテルが各々1個の都市として機能して、これらが寄せ集まることで1つの集合体としての都市ゾーンを形成している（図表6-4）。

図表6-4　ラスベガスの風景②

(2) ラスベガスのトポスデザイン

　ホテルを中心に形成される都市であることから、ラスベガスには他の伝統的な都市と違い都市を代表する著名な美術館や博物館は存在しない[5]。多くの国や都市が美術館を設置する目的は、文化的な共通性を物語として共有化するためである。歴史を創造し、同一性を確保してつながりによる共同体を意識させることが、近代以降に生まれた文化的装置としての美術館に期待さ

れる役割である。ルーブルやプラドやエルミタージュ、ナショナルギャラリーなどの各都市の著名な美術館がもつ機能は、国家としての歴史や伝統といった共通性を示すことである。

ラスベガスにはこの都市が国民国家としての伝統をもつという物語の機能を必要としてはいない。もともと、歴史の存在しない場所に創られた都市であるために歴史や伝統を基にしたつながりを求められることはなく、同じ都市に住む人同士の同一性を確保することも重視されない。重要なのは、各ホテルがいかにして外部から顧客を呼ぶか、ということである。ラスベガスの各ホテルは、外から呼んだ観光客ができるだけ多くの金を落としていくことによって成り立っている。

つまり、ここでは顧客サービスが最大の資産であり、観光客が収入源であるために、各ホテルは生き残りを賭けて、手を変え品を変えながら顧客を引き寄せるように工夫を凝らしている。この工夫の1つが、各ホテルが独自に設置するミュージアムである。クラシックカーやスタートレックなど熱狂的ファンが多いコンテンツに関するミュージアムや、マダムタッソーの蝋人形館などのような、世界的に知名度が高く誰でも気軽に立ち寄れるアミューズメント施設としての博物館が設置されて、期間限定のイベントが各ホテルにおいて開催される。このように、ラスベガスではミュージアム自体が訪れる人に向けてのサービスの一環として位置づけられている。

各ホテルのサービスは施設の外観や内装にまで反映されている。顧客を魅了して呼び込むために、ラスベガスの各ホテルは世界中の著名な観光地や建築物を模してつくられている。イタリアのヴェネツィアを模したゴンドラが行くベネチアンホテルや、エッフェル搭の立つパリスホテル、ニューヨークマンハッタンの摩天楼を模したニューヨーク・ニューヨーク、ピカピカのスフィンクスとピラミッドが並ぶルクソールホテルなど、多くの人が憧れる世界中の遺産や都市が、同じ空間に立ち並んでいる（図表6-5）。

これらのホテルの姿には芸術的な美意識はなく、そこでは多くの人が豪華さや非日常感を感じられるか、がデザインの基準になっている。つまり、主

図表6-5　ラスベガスのホテル

眼はいかに顧客を魅了して集められるか、が焦点になる。それゆえ、本物かどうかは関係なく、人がイメージする姿に近いかが重視されることになる。

　こうした姿から捉えられるアートゾーンとしてのラスベガスのトポスはキッチュさ（Kitsch）である。このキッチュとはアメリカの美術評論家のグリーンバーグ（Greenberg）が提唱した概念であり、消費社会によって引き起こされた文化の大衆化（dumbing down）を示している（Greenberg, 1939）。グリーンバーグは芸術をアバンギャルド（前衛）とキッチュに二分化して、後者のキッチュを俗悪な紛い物であると定義した。

　ラスベガスの各ホテルが本物を指向するのではなく、人がイメージする本物らしさを重視して成金趣味ともとれるような豪華さを演出するのは、まさにこのキッチュさの定義にあてはまる。このキッチュさこそがラスベガスのトポスの特徴になっている。

(3) ラスベガスのコンステレーションデザイン
　このキッチュさが示すように、ラスベガスでは大多数が描く豪華さのイ

メージを実現化することによって、訪れる人の感覚に訴えかけることが重視されている。それは、日常を超えた夢の世界に浸れるようにするためである。ラスベガスのホテルが模しているのは、多くの人がテレビや映画で見たことがあり、頭に描くことのできるベニスやエジプト、そしてニューヨークである。この都市を訪れる人は、これらの有名な都市を模したホテルに宿泊して、有名スターの豪華なショーを観てカジノを楽しむことになる。

　これらの様々な仕掛けによって満足感を得ることで観光客は多額のお金をホテルにつぎ込んでいく。サービスの対価として金が支払われて、そのことで都市の経済が循環して維持される。ラスベガスでは、顧客であれば国籍や身分や階級による違いは関係なく、いかに多額の金額を消費するかによってその人の価値が測られる。この都市では無尽蔵の消費行為が賞賛され、いかなる人であろうとも金を使う限りでは上客として遇される。

　つまり、ラスベガスにおけるコンステレーションは都市を流れる金である。この金は都市を活かすために流れる血液になる。そして、ラスベガスを訪れる顧客は血液を外からもたらす重要な存在である。この都市のショーやアトラクションは、人を集めて彼らにカジノで金を使ってもらうための道具

図表6-6　ラスベガスの風景③

であり舞台装置である。つまり、ここラスベガスが20世紀の資本主義社会を体現するという意味は、金がもっとも重要な価値であると見なされ、金により成立することを体現している都市だからである(図表6-6)。

(4) ラスベガスのアクターズネットワークデザイン

　ラスベガスには、20世紀を代表する様々な著名人がアクターとして関わっている。ハリウッドをカジノと融合させた豪華な大型ホテルを最初につくったバグジーことベンジャミン・シーゲルや、大富豪であって変人として知られるハワード・ヒューズ、ホテル王と呼ばれたスティーヴ・ウィンなど、本や映画に取りあげられる名前を知られた、多くの人物が地域の発展に深く関わってきた。

　最初にバグジー(虫けら)と呼ばれたベンジャミン・シーゲルがラスベガスにもたらした貢献は、ハリウッドとカジノを結び付けたことである。ギャングとして名を馳せたシーゲルはニューヨークからハリウッドに拠点を移したときに[6]、当時はまだ地方のカジノタウンであったラスベガスに目をつけてホテルを買収して最初の巨大ホテルを建設した。ハリウッドの社交場をイメージしたホテルには当初の予算を遥かに超える建設資金がつぎ込まれて、豪華絢爛な内装や派手さでオープンする。しかしホテルは期待を裏切り、客を集められず、わずか2カ月で休業してしまった。このホテルの失敗もあり1947年にシーゲルはマフィアから粛正されるが、この末路も含めてバグジーはラスベガスの伝説的な人物になった[7]。

　ラスベガスの第2の伝説的人物はハワード・ヒューズである。このヒューズは実業家であり映画製作者であり、スピード狂の飛行機愛好家としても知られている20世紀のアメリカを代表する大富豪でもある。彼はラスベガスのカジノホテルを次々に買収して、それまでマフィアに独占されていたカジノに大企業が参入するきっかけをつくった。

　第3の伝説的人物はヒューズの後を継ぎ、ラスベガスの帝王と呼ばれたスティーヴ・ウィンである。ウィンは、カジノホテルとテーマパークの都にラ

スベガスを変貌させて現在の姿を築いた。ウィンは1989年から1990年代にかけて相次いでアトラクションを組み込んだホテルをオープンさせた[8]。海賊船や噴水のショーのアトラクションが開催されるホテルの姿を生み出したのはこのウィンであった。ウィンは、カジノのみならず、スポーツや音楽などのすべてが渾然一体になった総合アミューズメント施設にラスベガスを変えていった。

こうして、かつてバグジーが抱いた夢をヒューズが受け継いで、さらにウィンが開花させることで街全体を総合アミューズメント化させることによって、ラスベガスは20世紀の夢の街というブランドを築いていった。各時代を代表するこの3名は、ラスベガスでは王様とか帝王と現在でも呼ばれている。今では、このラスベガス誕生の物語は語り伝えられることでブランドにまでなっている。しかし、ラスベガスで真の王様は、実はこの都市を訪れる観光客である。この金を携えてくる観光客こそがラスベガスでは物語の主人公として遇される。結局、ラスベガスにおけるメインのアクターは、外から訪れ、金をもたらす顧客である。

第3節　ラスベガスの未来に向けてのデザイン構想

　ラスベガスの最大の課題は、20世紀の大衆にとっての夢の街であったラスベガスを、21世紀にいかなる都としていくか、である。この課題に対するラスベガスのデザインは、ラスベガスというゾーン全体を20世紀のエンタテイメントを体現するアートゾーンとして捉え直すことである。同時に、これからの時代の人々の新たなエンタテイメントを創造していくことが未来に向けたラスベガスのデザインには欠かせない。

(1) ラスベガスが抱える固有の課題の超克

　ラスベガスでは、美術館や博物館はホテルが顧客を呼ぶためのアミューズメント施設の手段である。こうしたラスベガスで公的な施設として存在する

特別な国立博物館が、マフィアをテーマにしたモブ博物館である。これの正式名称は National Museum of Organized Crime and Law Enforcement であり、モブとは暴力団やマフィアのことを示す通称である。National という冠は付いているが、そのほぼ大部分の資金がラスベガス市から拠出されており、この博物館の設置自体がラスベガス市長の発案によるものである。なお、ここの展示内容はマフィアに関する写真や品物の数々である[9]。

この博物館が示すように、ラスベガスはバグジーをはじめとしマフィアや暴力と密接に関わってきた。いつの時代にも賭博と演芸は金とアルコールとセックスが付いて回り、暴力を業とするギャングなどのアンダーグラウンドの集団と結び付く。それゆえ、モブ博物館はこの都市が誕生から長い間にわたって抱えてきた歴史の暗部を示している。

このような暗部でもあったマフィアに関する博物館の設置は物議を醸したが、この博物館の設置はマフィアの存在すらエンタテイメント化してしまうほどのラスベガスのしたたかさを示している。現在では関係が清算され安全にカジノが運営されていることを外に向けてアピールする狙いが見出せる。

かつての労働者たちがギャンブルと酒と女を求めて訪れ、暴力が渦巻いていた時代は、今ではまったく様変わりしている。開拓時代の砂漠の小さな町は全米で有数の巨大な都市へと変貌して、登場人物もマフィアからビジネスパーソンへと変化した。マフィアたちギャングの後退も時代の必然であると言える[10]。むしろ現在から未来に向けてのラスベガスの最大の課題は時代の変化である。この変化の流れは不可避であり決してとどまることがない。それゆえ、これからの時代にどのように適応して変化していくのかが、ラスベガスの直面する課題である。

(2) ラスベガスの進化のための基本方向

ラスベガスは 20 世紀という時代を体現するアミューズメント都市であった。時代が変わるなかで、現在のありようをこれからも維持していくのか、あるいは立ち位置を変えていくか、というラスベガスが向かう方向性が今や

問われている。

　これまでラスベガスがマカオやモナコ、シンガポールなどのカジノ都市に対してブランドを維持してきたのは、有名スターのショーや数々のアトラクションを提供する都市の魅力によってであった。大型のエンタテイメントを武器にしたアミューズメント都市であることが、ラスベガスの差別化要素であり特殊性となってきた。

　しかし、エンタテイメントも時代とともに変化している。かつては、有名スターといえば、フランク・シナトラやサミー・ディビス・Jrなどの舞台の上でスポットライトを浴びて、大衆が仰ぎ見るショービジネスを体現する存在を指してきた。彼らのように、スターとは、第1次世界大戦後から第2次世界大戦を挟んで戦後にかけてハリウッドを中心にしたショービジネスが生み出した大衆のためのある種のアイコンであった。当時は映画やラジオによって大衆の夢見る憧れの存在としてのスターがつくられていった。

　このようにハリウッドは20世紀を代表する夢の工房であった。ラスベガスは砂漠にこのハリウッドのコンセプトを持ち込み大きく発展してきた。20世紀のアメリカ資本主義と大衆文化の興隆が大衆の娯楽の街としてのラスベガスの発展と重なり合ってきた。

　しかし、時代とともにアメリカの軍事、政治、経済における覇権は揺らぎ、消費社会が高度化するとともに20世紀の大衆文化は変化してきた。現在では、エンタテイメントという言葉自体がすでに陳腐化している。かつては多くの人が憧れるスターが存在したのは、映画が娯楽の王様といわれた時代であり、娯楽と情報が限られていたためである。当時のようにマスメディアが情報を独占していた時代から、現在ではインターネットが世界中をつなぎ個人が情報を発信する時代へと変化している。このように、個人の趣味は多様化し、大衆の娯楽についても映画からテレビへ、さらにはゲームやWeb上へと広がっている。

　このような状況のなかで、これからのラスベガスがアミューズメント都市としてのブランドを維持していくためには、こうした時代の変化に応じてい

かなる娯楽を人々に対して提供していくのか、という問いに向き合っていくことが必要になる。

(3) ラスベガスの地域ブランディングの新機軸

　現在のラスベガスは、世界的なコンベンションが年間を通じて数多く開催される都市でもある。大規模なコンベンションがラスベガスで開催される理由は、宿泊施設が整い娯楽が多いことで知られているため、多くの参加者を集めるには最適だからである。ショッピングやグルメやショーやカジノなどによって、訪れる人のそれぞれに娯楽を提供する場所としてラスベガスは支持を集めている。

　砂漠のなかにある都市にとっては観光が唯一の資源である。ラスベガスの各ホテルが工夫を凝らしたサービスを提供するのは、観光客を魅了しリピーター客を増やすことが生き残る途だからである。現在、高速鉄道によってラスベガスとロサンゼルスを結ぶ計画が検討されているのも、陸路で西海岸とつなぐことで来客を増やすためである。このように過去から現在までラスベガスとは外部に向け魅力をアピールして、外から人を集めることで成立する都市である。

　しかし、個人の趣味や関心が多様化している現代では、かつてと娯楽のありようも変化している。ラスベガスがこれまでのブランドを維持していくためには、新しい価値観や魅力を取り込み、展開していく必要がある。これまでは、ラスベガスは20世紀のアメリカの繁栄の時代を体現してきた。そこで過去に築いてきた資産を活かしながら、さらに世界に目を向けて新たなエンタテイメントを世界中から発掘して、ビジネスチャンスを広げていくことが、ラスベガスには求められている。

(4) ラスベガスの地域価値の再定義

　現在のラスベガスの最大の資産とは何かと問えば、20世紀のアメリカ大衆文化を象徴するアミューズメント施設やエンタテイメントの数々である。

これらの大衆文化をアートと捉えられるか、については様々な議論がある。ギリシア・ローマの美術を源流とする欧米のアートの概念から見れば、万人に向けての大衆文化は娯楽であってアートとは異なる。大衆文化はキッチュさの象徴であり、いわば見せかけのものとして低く見られてきた。

　このように、一般的にはアカデミックな芸術をハイアート（高級芸術）として、それに対する傍流のものをサブカルチャー（補完文化）とする捉え方が主流である（椹木、2015）。しかし、公的な美術館に保存されている近現代美術が今後も優れた芸術として評価されていく保証などない。アートの境界は時代とともに変化しており、かつてはサブカルチャーとされた領域のものに価値を見出され評価されることも十分にありうる。そのことを示すように、当初グリーンバーグによって否定的に用いられたキッチュという概念も（Greenberg, 1939）、陳腐であっても、むしろその陳腐さゆえに独自の存在感を示すものとして肯定的に捉えて評価する概念へと変わってきている。

　このような観点に立てば、ラスベガスが指向してきた万人のための娯楽としてのキッチュさにも、アートとしての価値を見出しうる。巨大なホテル群はもともと、消費の快楽や物質的豊かさを追求することで生まれてきた。しかし、その巨大さと見かけの豪華さと、そしてこれらがアトラクションやテーマパークと一体化した異質さが、消費文化の時代を象徴し、これらが美的価値をもつとも捉えられる。

　つまり、ラスベガスは20世紀のアメリカ資本主義の躁的な空気を体現しているアートゾーンとして捉える見方が成り立つ。顧客のために、顧客のイメージを形にしてサービスとして提供してきた結果、生み出された様々な形や大規模なショーやアトラクションの数々はラスベガス特有の地域価値になっている。常に斬新な企画によって顧客の期待に応えようとしてきたラスベガスは、決して洗練されることなくキッチュさを維持して、また新たな娯楽を提供することによって都市としてあり続けていくであろう。なぜならば、そのような大衆の欲望の追求の姿勢こそがラスベガスの発展の原動力であるからである。

おわりに〜アメリカの価値観の象徴

　ラスベガスの語源はスペイン語では「牧草地」を意味する。しかし、この荒涼たる砂漠の真ん中の小さなオアシスには豊かな牧草など存在せずに、もともとはネイティブ・アメリカンの部族が水汲み場として活用していた土地であった。モルモン教徒たちが布教のために訪れたが[11]、それもやがて放置されたところに金鉱掘りが入植したことが町としての始まりである。やがて、ゴールドラッシュとともに西海岸への中継地として労働者たちが集まり、ひとときの慰めに酒とギャンブルを楽しむ町として発展していった。

　これが巨大なカジノに変貌して、現在は、20世紀の大衆文化を象徴する都市として世界的な知名度を獲得している。ポップ音楽やジャズ、ボクシングやモーターカーなどのスポーツ、そしてミュージカルからグルメまで、ラスベガスはエンタテイメントを提供するアミューズメント都市として発展してきた[12]。

　しかし、ラスベガスは世界中に知られていても、そこにはアートとしての価値は認められてこなかった。大げさでけばけばしく金ぴかで陳腐であって、俗悪な複製品ということがラスベガスに対する評価である。ピラミッドやエッフェル塔、摩天楼やヴェネツィアを模した巨大なホテルが並び、模型の火山の噴火や音楽に合わせて水柱が踊る人工の湖畔などは、まさに伝統的なアート観からはアートとは捉えがたい。もともとは、いずれも顧客を呼ぶためのわかりやすい豪華さの提供がこれらの狙いであって、最初からアートを目指したものではない。

　しかし、俗悪さも徹底してキッチュであればアートとして捉えられる。20世紀の大量消費時代が生んだラスベガスのエンタテイメントは、まさにアメリカの覇権の時代と大衆の夢を示している。これらはまぎれもなくアートゾーンを形成している。こうした視点から、本論においては地域デザインのフレームワークでラスベガスのアートゾーンを捉え直した。このように、アートゾーンとしてラスベガスを捉えることは、これからの時代においてラ

スベガスがブランド戦略を展開するための有効な鍵になる（図表6-7）。

図表6-7　ラスベガスの風景④

（注）
1) ラスベガス市の誕生は1905年である。
2) ヨーロッパに遅れて資本主義が発達したアメリカでは、広い国土における輸送力の向上が産業化の鍵であった。19世紀末から20世紀初頭にかけて、全土で鉄道網が設置されたことによって、アメリカの産業は大きく発展する基盤を築いた。また、鉄道会社はそれまでに存在しなかった大企業であり、経営や組織としての基礎をつくり出していった。
3) 世界で残された大きな市場として日本に注目が集まっており、カジノ解禁が国会で議論されている。
4) 自然観光資産としては、近隣のアリゾナ州にグランドキャニオンがあるが、陸路では5時間もかかる。
5) 例外的に存在するモブ博物館については後述する。
6) ウクライナ出身のユダヤ系の移民の子としてニューヨークのブルックリンに生まれたシーゲルは、少年時代からストリートギャングとして名を馳せて、禁

酒法時代に酒の密売や窃盗、強盗殺人を繰り返しながら裏社会で地位を確立していく。同時に抗争から対立する組織や警察機構に追われ、シーゲルはニューヨークを逃れ、ハリウッドを新たな拠点としていた。
7) 実際には、ラスベガスを牛耳り、支配し、展開させたのはユダヤ系ロシア移民のギャング、マイヤー・ランスキであり、バグジーことシーゲルは象徴でしかないという捉え方もある（谷岡、1999）。
8) 1989年、ホテルの前で火山を噴火させる奇抜なミラージュホテルをオープンさせて、ホワイトタイガーを使ったイリュージョンショー、ジークフリード＆ロイの専属契約を結んだ。その後も、1993年には海賊をテーマにしたトレジャー・アイランドホテルをオープンさせて、エジプトをテーマにしたピラミッド型のルクソールホテルを続いてオープンさせた。
9) バグジーが銃弾を浴びて倒れた姿の写真などが展示されている。
10) 現在は犯罪の少ない全米一安全な都市としてクリーンさをPRしている。
11) その後の歴史を考えると皮肉にも思えるが、モルモン教徒は厳格な戒律で知られ酒もギャンブルも禁じている。
12) 日常ではない夢の世界というコンセプト自体はディズニーランドと大きな違いはない。もしも違いがあるとすれば、それぞれが滞在し人が泊まるための場所であり、カジノが設置されている点である。

（参考文献）

長野慶太（2004）『ラスベガス黄金の集客力〜砂漠の真ん中に3500万人呼び込む8つの秘訣』ダイヤモンド社。

椹木野衣（2010）『反アート入門』幻冬舎。

椹木野衣（2015）『アウトサイダーアート入門』幻冬舎。

谷岡一郎（1999）『ラスヴェガス物語』PHP研究所。

Smith, John L. (2001), *Running Scared*, Lyle Stuart.（小幡照雄（2002）『裸のラスベガス王』柏書房）。

Greenberg, Clement (1939), *Avant-Gard and Kitsch*, Partisan Review, pp.2-25.（高藤武充訳（2005）「アヴァンギャルドとキッチュ」『グリーンバーグ批評選集』藤枝晃雄編訳、勁草書房）。

第 7 章

「バルセロナ」のアートゾーンデザイン
── モデルニスモ建築が彩る街並み ──

板倉宏昭

はじめに～独自の文化をもつカタルーニャの都

　スペインは地方毎に「国」があるとも言われるが、バルセロナは、カタルーニャ（Catalonia）州の州都である。また、このバルセロナは、芸術文化の都市であるとともにスペイン最大の工業都市である。人口は160万人であり、都市圏人口は421万人、EU ではパリ、ロンドン、マドリードに次ぐ第 4 位である。

　スペインは、地方色、食文化が豊富な文化大国である。ユネスコの世界文化遺産の登録数はイタリアに次いで世界第 2 位と、多くの歴史的遺産を有する。なかでもバルセロナは、サグラダ・ファミリアに代表されるアントニ・ガウディ、リュイス・ドメネク・イ・ムンタネーといったモデルニスモ（Modernismo）建築家とパブロ・ピカソ、サルバドール・ダリ、ジョアン・ミロなど現代に大きな足跡を残した芸術家を輩出している（在バルセロナ日本領事館、2016）。

第 1 節　バルセロナ～文化的運動の中心都市

　バルセロナの本質は、自主独立なカタルーニャ気質にある。バルセロナの人々は、異文化を受け入れ、新たな組み合わせにより、独創的で斬新なデザインを生み出してきた。

(1) バルセロナの概観

　カタルーニャ州はイベリア半島の東北部に位置する三角地帯で、東から南にかけては地中海に臨み、北はピレネー山脈、西側は山がちなアラゴン州に囲まれている（在バルセロナ日本領事館、2016）。
　フランスとスペインにまたがるイベリア半島の付け根のピレネー山脈から160kmの距離にある。ただし、ピレネー山脈の両端は交通を妨げるほどのものではなかった。カタルーニャ語やバスク語の言語領域は、ピレネー山脈を挟んで大きく広がっている。地中海と大西洋に通じた外来者との交流が多く、マヨルカ島などバレアレス諸島が中継地として機能した（立石、2000、4頁）（図表7-1）。

図表7-1　バルセロナの位置

　スペインは、民族だけではなく気候も多様である。バルセロナの気候は地中海性気候（Cs）にあたるが、カタルーニャ州の北部には西岸海洋性気候（Cfb）の地域が帯状に東西に広がっている。年間降水量808ミリメートル

と東京の半分程度であるが、アンダルシア地方などに比べれば、降水量は多い。夏季の雨量がやや少なく、冬の雨量がやや多い。マドリードあるいは東京に比べて年較差が小さい1年中温暖な気候であり、年間を通して散策がしやすい。

19世紀末のカタルーニャ地方は、産業の発展とともに人口が増加して活気にあふれていた。経済力を背景にカタルーニャ文化の再生を目指すカタルーニャ・ルネサンスが起こる（図表7-2）。

図表7-2　サグラダ・ファミリア（外部）

フランス語のアール・ヌーヴォー（Art Nouveau）と広く呼ばれる19世紀末から20世紀初頭の芸術は、イギリスでは、モダンスタイル、ドイツやオーストリアではユーゲント・シュティール（Jugendstil）など国によって呼ばれ方は違っており、スペインでは、モデルニスモと呼ばれた。

アール・ヌーヴォーと共通しているのは、花や植物などの自然を表現し、

直線を排除した曲線の組み合わせによる装飾、鉄やガラスやレンガといった19世紀末における「新素材」が特徴である。有機的曲線は、手作りであり、大量生産できずコスト高であった。主に当時のブルジョア階級を対象としており、一般庶民を対象としたものは少ない。装飾美術であり、器具や建造物など実用品を装飾するものであり、芸術というよりデザインという要素が大きい。

バルセロナの文化的基層になっている「ガウディの作品群」7つと「ムンタネーのカタルーニャ音楽堂とサン・パウ病院」の9つは、ユネスコの世界遺産に登録されている。

(2) バルセロナの都市ブランドとしての基本特性

アール・ヌーヴォーの時代は、長くは続かない。装飾を否定する低コストのモダンデザインが普及するようになると、1910年代からアール・デコへの移行が起き、アール・ヌーヴォーは世紀末のデザインだとして顧みられなくなった。短期間で終わったことで、バルセロナならではの希少な独創的デザインが脚光を浴びることになる。

バルセロナでは1888年と1929年の2度、万国博覧会が開催された。また1992年に第25回夏季オリンピックが開催された。2004年には、世界文化フォーラムが開催されるなど、経済や文化を総括する一大コンベンションセンターとなっている。

ヨーロッパのビジネスマンが「最も生活環境の良い都市」としてあげているのがバルセロナである。また、世界で最も撮影された都市ランキングでバルセロナは、1位ニューヨーク、2位ローマに次いで、世界第3位である（在バルセロナ日本領事館、2016）。

(3) 歴史から捉えたバルセロナの特徴

バルセロナは415年から西ゴート王国の支配下となっていたが711年にイスラム勢力のウマイヤ朝が征服した。801年、カール大帝のフランク王国に

よってスペイン辺境領に組み込まれた。985年に、アル・マンスール・ビッ・ラーヒの指揮する後ウマイヤ朝軍による占領を受けるが、フランク王国の支援なしに撃退したことからフランク王国から987年に独立し、バルセロナ伯領を中心とするカタルーニャ君主国を確立させた。

1137年には、バルセロナは、アラゴン＝カタルーニャ連合王国を構成して、バルセロナからイタリア、アテネに至る地中海を支配するまでになった。

しかし、その後、カスティーリャ王女イサベルとアラゴン王子フェルナンドの結婚により、カスティーリャ王国とアラゴン王国の2国が統合されてスペイン（イスパニア）王国が成立すると政治的な中心はマドリードへ移った（木下他、2015）。1492年にスペイン王国がイスラム勢力のナスル王朝の首都グラダナを陥落させて800年間のイベリア半島のイスラム支配に終止符が打たれて、レコンキスタ（国土回復運動）が完成した。

レコンキスタ後は、積極的に海外進出を行って、1492年にはスペイン女王イサベルがコロンブスをインドへ派遣するなどアジアやアメリカ大陸への航海に乗り出す15世紀から17世紀にかけての大航海時代が始まった。大航海時代により世界の一体化が進んでいく（木下他、2015）。

19世紀前半のバルセロナは、スペインでは唯一といわれる産業革命を通じて、経済が発展した。カタルーニャのマンチェスターと呼ばれたほど繊維工業を中心とする産業革命が進展した。

19世紀末には、カタルーニャ主義が発展した。自治を求める運動のなかでモデルニスモという芸術運動となり、ガウディやムンタネーらの建築家が活躍した。

しかし、スペイン内戦後の1939年からのフランシスコ・フランコ（Francisco Franco）政権下にはカタルーニャ主義が弾圧され、イスパニダー（イスパニア精神）が前面に押し出され、「スペイン人なら帝国の言葉を話せ」をスローガンにカタルーニャ語の使用も禁止された。

1975年11月21日フランシスコ・フランコの死去で独裁国家が終わると、再び自治制度が機能する。1977年にバルセロナ、ジロナ、リェイダ、タラ

ゴナの4県から成るカタルーニャ自治州が認められ、バルセロナはその州都となった。1978年の憲法によって、少数言語地域は、固有の言語をもつ権利が保障された。カタルーニャ語が公用語となり、標識でもカタルーニャ語が上にスペイン語は下に書かれている。

1992年には、バルセロナオリンピックが開催され、一層知名度が上がり、観光客が急増している[1]。

(4) ヨーロッパの歴史都市における比較優位性

「ピレネーの向こうはアフリカである」という言葉は、ピレネー以北のヨーロッパ人がイベリア半島に抱いてきたエキゾティシズムを表わしている。スペインは、もっとも狭い地域で14キロメートルのジブラルタル海峡を挟んでアフリカ大陸と隣接している（立石、2000）。

イベリア半島は、有史以前からアフリカからの影響を受けてきただけでなく、地中海と大西洋との四辻である。言うまでもなく、鉄道も自動車もない時代の交通は、海路が中心であり、海こそ国際交流の中心であった。バルセ

図表7-3　カタルーニャ音楽堂

ロナは、港湾都市であり、アフリカとヨーロッパ、地中海と大西洋の間に位置する出会いの場であった。

バルセロナのモデルニスモ建築は、実際に利用できるのも特徴である。カタルーニャ音楽堂は、スペイン、バルセロナにあるコンサートホールとして現在も利用されている。1997年、サン・パウ病院とともにユネスコの世界遺産に登録された。そこでは、世界遺産のコンサートホールで決して高くない価格で音楽を楽しめる（図表7-3）。

モデルニスモだけではなく、現代美術を市民や観光客が楽しんでいる。パブロ・ピカソは、スペインのアンダルシア州マラガに生まれ、フランスで制作活動をした画家、素描家、彫刻家であり、キュビスムの創始者として知られる。生涯におよそ1万3,500点の油絵と素描、10万点の版画、3万4,000点の挿絵、300点の彫刻と陶器を制作し、最も多作なアーティストである。

第2節　歴史的芸術都市としてのデザインコンテクスト

本節では、アートゾーンとしてのバルセロナをZTCAなど地域デザインのフレームワーク（浅野・原田・庄司、2014）を活用して述べたい。

ゾーンは、カタルーニャ自治州政府の州都としてのバルセロナであり、トポスは、グランシア通りを中心とするアシャンプラ地区の広場と建築が立ち並ぶモニュメントであり、そしてコンステレーションデザインは、自主的で独創的な文化を新たなコンビネーション、クレオール化（Creolization）することにより生んでいることである。また、アクターズネットワークは、自立心が強いモデルニスモの芸術家たちとその経済的支援者の存在である。

(1) バルセロナのゾーンデザイン

バルセロナ市は、三方を丘陵に囲まれ、半円状に広がっている。空港・港・市街地が半径5km圏に集中し、高度な都市機能が誘導されたコンパクトシティで、1990年代以降、欧州で最も高い経済成長を遂げた都市の1つである。

「カタルーニャはスペインではない」が合言葉となっているカタルーニャであるが、2014年には、スペイン政府の反対を押し切って、住民投票が行われ、スペインからの独立を支持する意見が8割を超えた。カタルーニャはスペイン全体の国内総生産（GDP）の2割を生み出すが、税収の24％は中央に徴収され、戻ってくるのは9％余りである（日本経済新聞、2014）。スペイン経済を担っているのに、交付金が少なく、ユーロ危機を通じて、不満が高まっていることが、カタルーニャ人の特にブルジョア層に独立気運が高い要因となっている。

また、自治州の固有言語かつ公用語であるカタルーニャ語と、スペインの国家公用語であるカスティーリャ語が競合する社会でもある（福田、2013）。

(2) バルセロナのトポスデザイン

拡張地区という意味のアシャンプラ地区は、19世紀以降に行われた都市改造で区画整理された地域であり、ガウディやムンタネーらのモデルニスモ

図表7-4 サグラダ・ファミリア（内部）

建築が点在している。モデルニスモの担い手が関わっていたため、地区全体がモデルニスモの一大モニュメントになっている。

　ガウディのカサ・ミラやカサ・バトリョやサグラダ・ファミリアもアシャンプラ地区にあり、19世紀は工場が多く、労働者が多い地域であった（図表7-4）。

　アシャンプラ地区のなかで、カタルーニャ広場から北西に伸びるのがバルセロナのシャンゼリゼといわれるグラシア通りであり、モデルニスモ建築や高級ブランド店が立ち並ぶ通りのムンタネーによって改装されたカサ・リュオ・モレラには、スペインの皮革ブランドのロエベがある。グラシア通りの北端に建つカサ・フステルは、1908年建造でホテルとして2004年にオープンした。モデルニスモの建築家ムンタネーの最後の作品である（図表7-5）。

図表7-5　カサ・フステル

(3) バルセロナのコンステレーションデザイン

　サグラダ・ファミリアはアルハンブラ宮殿やマドリッドのプラド美術館を抜いてスペインで最も観光客を集める観光施設となっている。サグラダ・

ファミリアは、世界的に有名な教会であるが、もとは書店を営むバルセロナ人ジュゼップ・マリア・ボカベーリャが聖家族に捧げる教会を建てるという夢から始まった。教養高く信心深いボカベーリャは、聖ヨセフ信徒協会の会長を務めていた。信者からの寄進による財源で教会を建設しようとした (Giordano & Palmisano, 2007)。

サグラダ・ファミリアはその建築費のすべてを個人の喜捨で賄っている。初代建築家フランシスコ・ビリャールが民間カトリック団体「サン・ホセ協会」から無償で設計を引き受けたものの辞任し、二代目の建築家アントニ・ガウディが亡くなる1926年まで、設計・建築に取り組んだが未完に終わっている。

なお、2007年には、1885年以降の設計変更について教会が市の許可を得ていなかったことが報道された。当局が120年以上にわたって無許可建築を黙認していたことが明らかになった（朝日新聞、2007）。

2010年11月7日、ローマ法王が出席した献堂式が行われた。工事は今後も続くが、教会は1882年の起工式から128年後に、ようやく正式な教会となったのである。

ITの発達で生産性が向上し、300年かかるといわれていた工期が半減されており、ガウディの没後100年にあたる2026年の完成を目指している。外尾悦郎が主任彫刻家として活躍しており、ユネスコの世界遺産に登録されている生誕のファサードを2000年に完成させた[2]。

(4) バルセロナのアクターズネットワークデザイン

19世紀の末のバルセロナでは、繊維工業など産業革命を通じた強い経済力を背景に、カタルーニャ独自の文化を創ろうという運動が起こった。これが世紀末芸術としてフランスのアール・ヌーヴォーと並ぶモデルニスモ（近代主義）である。

産業革命を通じて資本家が芸術家の支援者となった。例えば、銀行を経営したパウ・ジルの遺言に添い、「芸術には人を癒す力がある」と考えたムン

タネーによって建てられた総合病院がサン・パウ病院である。14万5,000平方メートルという広大な敷地に、48棟の建物が並ぶ。イスラムとキリスト教建築様式が融合したムデハル様式を採用し、至るところにモザイクタイルやステンドグラスを施すなど、病院全体が装飾的要素で満たされている。

　実業家エウセビ・グエルは、グエル邸やグエル公園などの建築をガウディに依頼し、スポンサー役を務めることになる。ベンチなどにタイルを用いた装飾が見られる。宅地造成計画であったが、グエル家とガウディ以外には1戸しか売れず失敗に終わったため、グエル公園は公共公園として人々に愛されている。

　グラシア通りのカサ・ミラは、1906年から1910年に建築された。カサ・ミラのテーマは、山であり、屋上にイスラム建築を想起させる煙突や換気塔が峰々を表現している。繊維会社を経営し国会議員でもあったミラ家の依頼であり、曲線のみで直線が排除されている（図表7-6）。

図表7-6　カサ・ミラ

　同じくグラシア通りのカサ・バトリョは、1904年から1906年に増改築さ

れた。繊維業界のブルジョアであったバトリョ家の依頼で増改築をガウディに依頼した。テーマは、海である。

第3節　バルセロナの未来に向けてのデザイン構想

　都市に芸術作品を設置する文化をもっているバルセロナの今後について述べることとする。現在のバルセロナは、芸術創造都市として、成功した都市である。オリンピック開催を通じて、経済的にも成長著しい都市となっている。創造的エネルギーや潜在力といった文化的基層と戦略について触れることとする。

(1) バルセロナが抱える固有の課題の超克

　スペインが抱える当面の課題は、経済であるが、2015年通年のスペイン経済成長率GDPは、前年度と比べて3.3％になり、リーマンショックの影響で経済低迷した2009年、スペイン経済危機といわれた2012年から回復してきている。

　欧州連合は、母語プラス2言語を話す市民の養成とできる限り早期からの言語教育を訴えた2002年のバルセロナ宣言以降、様々な施策を通じて多言語主義に基づく言語教育を振興してきたが（堀・西山、2013）、カタルーニャ自治州では、新移住者と呼ばれる移住者の大量流入が様々な問題を提起している（福田、2013）。バルセロナは、自治州の固有言語および公用語であるカタルーニャ語と、スペインの国家公用語であるカスティーリャ語が競合する社会である。移住者の増加によりカタルーニャ語の影響力の低下が懸念されている（福田、2013）。

　スペインの外国人観光客数は年間5,200万人でフランスに次ぐ世界第2位、国際観光収入は年間約4兆円で、アメリカに次ぐ世界第2位である。バルセロナは、観光客数2,700万人であり、ここ10年で観光客数を4倍に伸ばした。観光収入は同市経済の14％を占める。現在では人口1人当たりの観光客数

でパリを凌ぎ、世界的に注目度の高い都市である。

　観光客急増の負の側面もある。バルセロナには現在、600棟のホテル（7万4,000室）と観光客用宿泊施設として登録されているアパートが9,600棟あるが不足しており、宿泊予約サイト「エアビーアンドビー（Airbnb）」などインターネットを通じて貸し出されている未認可の宿泊施設の数が増加している。部屋を短期間借りて住む観光客が爆発的に増え騒いだことなどから、観光に反対する草の根の抗議運動まで起きた。

　2011年12月のラホイ首相就任後は、議会の絶対過半数を背景に、財政健全化と構造改革を行っている一方で、海外に活路を求める経済外交を推進し、中南米に対して政治的関係の再構築を目指すとともに、巨大市場としてのアジアの重要性にも大きな関心を示している。

(2) バルセロナの進化のための基本方向

　サグラダ・ファミリアをはじめ、グエル公園などモデルニスモ建築群がバルセロナに立ち並び、他に見られないバルセロナという地域ならではの雰囲気を創造している。

　さらに、カタルーニャ州の州都バルセロナは、現代芸術を市民が楽しめる公共空間がある。パブロ・ピカソ、サルバドール・ダリ、ジョアン・ミロといった巨匠が活躍しただけではなく、3人の個人美術館をはじめ46の美術館・博物館がある。

　アートは産業振興にもつながっている。ビジュアル関係の制作などの産業が立地し、バルセロナのGDPの7％、雇用の8.5％が文化関連活動から生み出されている（阿部、2009、32頁）。

　バルセロナは、中世のゴシック建築とガウディ作品などの近代の文化遺産と現代的なビジネス施設が共存している。

　バルセロナの近代都市計画は、パリのオスマン計画やウィーンのリング・プランと並び欧州三大都市計画と呼ばれる（阿部、2009、25頁）。バルセロナは、都市全体が公共空間との考えに基づき、公共空間をできるだけ広げる

方針をとった（阿部、2009、20頁）。

　グエル公園は、バルセロナの街が一望できる。1984年にユネスコの世界遺産に登録された。アントニ・ガウディの作品群の1つである（図表7-7）。

図表7-7　グエル公園

(3) バルセロナの地域ブランディングの新機軸

　アーティストのパブリックアートを配置して、生活の質を高めて、都市を再編成したバルセロナは、1999年に王立英国建築家協会（Royal Institute of British Architects：RIBA）からロイヤル・ゴールド・メダル（Royal Gold Medal）を受賞した。建築家ではなく都市がロイヤル・ゴールド・メダルを受賞したのは、現在までのところ、バルセロナだけである。

　150年以上の市場が8年間の再生プロジェクトを経て2005年にリニューアルしたのがサンタ・カタリーナ市場である（図表7-8）。「現代のガウディ」と呼ばれた建築家エンリク・ミラーレスが手がけた建物である。工事中に、遺跡が見つかり開店が遅れたが遺跡が建物の内部に保存されている。波打つような曲線の屋根は、30万枚のセラミックタイルが張られ、野菜や果物を

モチーフとしてカラフルである。サンタ・カタリーナ市場には、スペインが世界一の生産量を誇るオリーブオイル専門店「OLISOLIVA（オリスオリーバ）」など地域の農産物や魚介類を扱う店、使ったレストランやバルが入っており、EUからの観光客を含め多くの人々でにぎわっている。

図表7－8　サンタ・カタリーナ市場

(4) バルセロナの地域価値の再定義

　Reputation Instituteが毎年100都市の経済、環境、都市管理、教育などを含む13項目を評価した「City Rep Track」の2015年のレポートによると、バルセロナ市は世界で評価が6番目に高い都市に選ばれ、「国際的都市」「長期的な戦略都市計画を実施している都市」として評価されている。バルセロナ市は2012年以来、毎年順位を上げており、環境、インフラ、美観の改善が示唆されており、観光業の増加、外国からの投資数、外国からの優秀な人材の増加が顕著である。

　また、英国の欧州のビジネスマンを対象とした調査で、バルセロナは、1996年から連続して『ビジネスマンにとって欧州で最も生活環境の良い都

市』に選ばれてきた。またビジネス立地ランキングでも、ロンドン、パリ、フランクフルトに次ぎ、欧州第4位である。

　自由な発想や異文化を受け入れる風土がガウディやムンタネーらの建築家を生み、ピカソ、ミロ、ダリといった芸術家を育てた。そうしたカタルーニャの文化と経済を両立させた生き方に共鳴して移住する人々は少なくない。

　バルセロナでは、物流のハブとして、空港や港の拡張を中心とした再開発計画が進んでいる。温暖な地中海性気候、整備された生活インフラ、外部力（ヨソモノ）を受け入れる気風、豊かな文化遺産などの環境を活かして、ビジネス拠点としての魅力を増している。

おわりに〜クレオールシティの試み

　バルセロナは、建築をはじめとするモデルニスモと都市政策で、都市の経済と文化が一体となった価値創造作用が組み込まれている。世界的な中心性をもつことに成功してきた。バルセロナは過去の遺産に頼っているだけではない。アシャンプラ（拡張）地区に見たように、バルセロナはダイナミックにリノベーションを繰り返している。

　創造都市の要件として寛容性が指摘されている（Florida, 2002）が、バルセロナは、寛容性を超越しており、文化の異種交配・混交によるクレオールシティの試みがなされている（志賀野、2011）。711年からアフリカから地中海を越えてやってきたムーア人とキリスト文化のコンビネーションである。

　カフェの屋外テラスに座ると、修復された歴史的建造物が目に入ってくる。アートを含めた文化施設や広場を市街地に埋め込み、公共空間を拡大することでバルセロナは「都市生活の舞台」を内外にアピールしている。多くの観光客と人の流れを地域に呼び込んでいる。

(注)
1) 日本とスペインの関係は友好的といってよい。日本とバルセロナの交流は、スペイン人宣教師等の影響を受けて改宗した伊達政宗の家臣であった支倉常長が、1613年に現在の石巻市を出港して、1615年のスペイン国王への謁見の道中にバルセロナ市やモンサラート修道院を訪れたことに遡る。伊達政宗は、当時南北アメリカに広大な領土を有していたスペインと同盟し、その経済力・軍事力を利用しようと考えていたとする説がある。2013年6月、日本とスペインとの国交400年を記念して、日本の皇太子がスペインのアンダルシア州セビリア郊外のコリア・デル・リオを訪問し、植樹式を行った。
2) 外尾悦郎は、内閣府から「世界で活躍し『日本』を発信する日本人」の1人に選ばれた（内閣府、2012）。

（参考文献）

浅野清彦・原田保・庄司真人（2014）「世界遺産の統合地域戦略デザイン」原田保・浅野清彦・庄司真人『世界遺産の地域価値創造戦略地域デザインのコンテクストデザイン』芙蓉書房出版、23-43頁。

朝日新聞（2007）「サグラダ・ファミリア崩落の危険？地下に鉄道トンネル」『朝日新聞』2007年6月30日。

阿部大輔（2009）『バルセロナ旧市街の再生戦略─公共空間の創出による界隈の回復─』学芸出版社。

木下康彦・吉田寅・木村靖二（2015）『詳説世界史研究』山川出版社。

在バルセロナ日本国総領事館（2016）「バルセロナの概要」『在バルセロナ日本国総領事館ホームページ』http://www.barcelona.es.emb-japan.go.jp/japones/kankou_barcelona.htm（2016.3.17アクセス）。

志賀野桂一（2011）「スペイン・バルセロナ調査報告─文化の異種交配・混交によるクレオールシティの試み」『総合政策論集』10(2)、東北文化学園大学総合政策学部、141-169頁。

立石博高（2000）『新版世界各国史16　スペイン・ポルトガル史』山川出版社。

内閣府（2012）『世界で活躍し「日本」を発信する日本人プロジェクト』http://www.cas.go.jp/jp/seisaku/npu/policy09/pdf/20120918/20120918.pdf（2016.3.16アクセス）。

日本経済新聞（2014）「カタルーニャ、独立支持8割超　政府と対立、道筋険し」2014年11月11日。

福田牧子（2013）「多言語社会における日本人の言語使用：スペイン・カタルーニャ自治州在住の日本人のケース」『社会言語科学』15(2)、社会言語科学会、15-32頁。

堀晋也・西山教行（2013）「ヨーロッパに多言語主義は浸透しているか：ユーロバロメーター2001、2005、2012からの考察」、*Revue japonaise de didactique du français*, 8(2), 33-50頁。

Giordano, Carlos and Palmisano, Nicolás (2007), *Basilica of the Sagrada Familia: The masterpiece of Antoni Gaudí*, Dos de Arte Ediciones.

Florida, Richard (2002), *The Rise of the Creative Class – How It's Transforming Work, Leisure, Community and Everyday Life –*, Basic Books.（井口典夫訳（2008）『クリエイティブ資本論―新たな経済階級の台頭』ダイヤモンド社）。

第8章

「東京」のアートゾーンデザイン
── 空とカオスからアート都市 TOKYO のコンテクスト ──

鈴木敦詞・原田保

はじめに〜都市のアートゾーンとしての東京

　本章では大都市におけるアートゾーンの事例として「東京」を取り上げる。東京は他に比類なきメガロポリスであり、日本での政治、経済、文化の中心であることに異論はないだろう。同時に、東京は様々なアート活動が行われることで多くのコンテンツと接することができる都市であり、さらにはアート作品のなかで表現される魅力をもった都市でもある。しかし一方で、アートゾーンとして東京を捉えるときに、そこがいかなる特徴をもった場なのかと考えると明確な姿が浮かばない。この曖昧さこそが典型的な芸術文化都市である東京の特徴でもあり、歴史に裏打ちされた芸術景観都市であるヴェネツィアや京都との違いでもあろう。

　そこで、芸術文化都市におけるアートゾーンとしての価値発現に向けての参考にすべく、東京のアートゾーンデザインについての考察を試みる。具体的には、第1が東京自体の解釈を通じた特徴の抽出、第2が現状についてのZTCAデザインモデルからの読み解き、そして第3がアートゾーンとしての価値を高めるための未来展望の提言である。

第1節　東京の戦略的解釈と特徴の抽出

　東京はどのような都市なのか。実のところ、この問いに対する統一的で明確な答えを見出すことができない。ある意味、"空"や"カオス"こそが東京の特徴だとも言える。それは、東京が歴史を経ることで様々なものを受け

入れながら、その姿を多様に変化させ、またそれぞれに特徴をもった多極的な構造を抱えているからである。そこで本節では東京を戦略的に解釈することで、東京とは何かを考察していく。具体的には、第1が東京の基本的な概要、第2が東京の歴史的変遷を踏まえた現状解釈、そして第3が東京の戦略的な比較優位性についての整理である。

(1) 東京の概要

　東京が首都であり日本の中心地であることは、今さらいうまでもない事実であろう（図表8-1）。23区だけで一千万近い人口を抱えており、政治的、経済的、文化的な活動の多くが東京に集中している。さらに、多様なエリアがそれぞれの特徴をもちながら集合し、総体としての東京という姿を示すことで、「東京」と一言で表現するのが難しい多極的な構造となっている。このことが、東京とは何かという問いへ答えることの難しさにもつながっているだろう。

　アートについて、狭い解釈にはなるが博物館施設を指標として検討すると、東京は単純な館数で比較するならば長野、北海道に次ぐ3番目の数になる[1]。しかし面積を基準にするならば、狭い地域にアート施設が集中して存在しているといえる。また、東京では各アート領域における代表的なイベン

図表8-1　東京の概要（カッコ内は23区の数値）

面　積	2191平方キロメートル〈627平方キロメートル〉（2014年）
人　口	13,507,347人〈9,256,625人〉（2016年1月）
主要エリア	新宿、渋谷、池袋、上野、浅草、秋葉原、銀座・丸の内、六本木、臨海エリアなど
博物館数	286館（2013年）〈総合、科学、歴史、美術、野外の各博物館の合計〉
主要美術館	国立西洋美術館、東京国立博物館、東京都現代美術館、国立新美術館、森美術館、原美術館など多数
主要イベント	東京ガールズコレクション（ファッション）、ラ・フォル・ジュルネ・オ・ジャポン（音楽）、コミックマーケット（アニメ）など

トも行われており、アートにおける東京の重要性は論をまたない。ただし、これらの東京に遍在する施設やイベントが、「東京を表現しているもの」なのか「日本を表現しているもの」なのかという課題は残る。東京のアートゾーンデザインを考えるときに、この「首都東京」の位置付けが、問題を難しくしている側面があるともいえるだろう。

(2) 東京の歴史的変遷から見る現状解釈

　もちろん、東京には江戸時代より前からの長い歴史はあるが、今に至る東京の原型は1590年に徳川家康が江戸へ入り、この地の整備を始めたことに求められる。利根川を遷移し、神田山を削り日比谷入江を埋立て、さらには濠を巡らし、街並を整え、日本の中心地として江戸幕府を開き発展させたことが、現在の東京につながっている。

　しかし、東京はその後も様々な事由により、その姿を変えてきた（図表8-2）。大きな流れで見ると、徳川家によって作られた江戸の町とそこに花開いた庶民文化が、明治維新により欧州を範として急速に近代化することになる。そして、関東大震災や太平洋戦争時の大空襲により東京全体が新たに作り変えられ、戦後はアメリカ文化の浸透が進む。さらには東京オリンピックやバブル期の再開発と、東京はまさに作り変えの繰り返しであり、時代によってその表層を大きく変えてきた。そればかりでなく今も2020年の東京オリンピック開催へ向けて、新宿や渋谷、品川、湾岸地域などで新たな再開発が行われている最中である。

　このような変遷のなかで、東京の中心も移り変わる。日本政治の中心である永田町はそのままであるが、東京の中心である都庁は1991年に丸の内から新宿へと移っている。また、盛り場の変遷を研究した吉見（2008、初出1987）によると、戦前は1910年代の浅草から1920年代の銀座へ、戦後は1960年代の新宿から1970年代の渋谷へと中心が移ったとし、さらに吉見（2005）はポスト80年代としての六本木を言及している。このように東京の中心が移動することで、現在の東京は多極的な顔を見せることになる。図表

図表 8-2　東京の略年表

年	アート系の出来事	主要な出来事
		江戸幕府（1603〜1868）
1877	第1回内国勧業博覧会（上野）	明治（1868〜1912）
1881	上野博物館開館（〜89：帝国博物館）	・東京遷都（1869）
1889	東京美術学校開校（上野）	
1907	東京勧業博覧会（上野、府主催）	
1919	資生堂アートギャラリー（銀座）	大正（1912〜1926）
1926	東京府美術館（上野）	・関東大震災（1923）
	聖徳記念絵画館（神宮外苑）	
1941	根津美術館（青山）	昭和（1926〜1989）
1947	国立博物館として新発足（上野）	・太平洋戦争（1941〜1945）
1952	第1回日本国際美術展（通称：東京ビエンナーレ〜1990）	
	ブリヂストン美術館（日本橋）	
	国立近代美術館（京橋〜69：北の丸）	
1959	国立西洋美術館（上野）	
1960	五島美術館（上野毛）	
1961	サントリー美術館（丸の内〜07：六本木）	・都人口1000万人突破（1962）
1975	西武美術館（池袋）	・東京オリンピック（1964）
	第1回コミックマーケット	
1976	安田火災東郷青児美術館（新宿）	
1979	初の区立美術館（板橋）	
	原美術館（品川）	
	伊勢丹美術館（新宿）	
1985	第1回東京国際映画祭	
1991	三越美術館（新宿）	平成（1989〜）
1993	江戸東京博物館（両国）	・バブル崩壊（1990）
1995	東京都現代美術館（木場）	・東京都新都庁（1991）
1996	東京国際フォーラム（有楽町）	
1998	第1回文化庁メディア芸術祭	
1999	セゾン美術館、新宿三越美術館閉館	・丸ビル（2000）
2002	伊勢丹美術館閉館	
	第1回東京国際アニメフェア	・六本木ヒルズ（2003）
2003	森美術館	
2005	第1回東京ガールズコレクション	
	第1回ラ・フォル・ジュルネ・オ・ジャポン	
2007	国立新美術館（六本木）	
		・2020年東京オリンピック

参考：東京美術倶楽部編（2014）他。

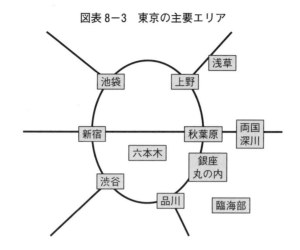

図表8-3　東京の主要エリア

8-3には代表的なエリアを示しているが、東京には他にも特徴をもったエリアがいくつもある。

そして、最近の社会学的見地からの東京に関する言説のいくつかを見ると、東京の意味どころか、個々のエリアの特徴さえも稀薄化しているのではないかと思われる。例えば、東・北田（2007）では「ジャスコ化」といい、三浦（2014）では「箱化」という。いずれも、今の東京が過去の歴史や文化、特徴を消しさり、均一化していることを意味した言葉として使っている。

このように、その歴史的な変遷から東京は一からの作り直しを繰り返し、時代によって様々な文化を受け入れ、表層に見える風景を変化させてきた。さらに、中心が移動することにより、多極的にエリアが存在し、これらの総体として東京がある。つまり、空であり、カオスであり、総体的な意味性が希薄な地域であるというのが、現代の東京である。そしてこのことは、地域デザインを考える上での大きな課題となる。

(3) 東京の他地域に対する比較優位性

前項で見てきたような東京の特徴は、一方で東京の優位性ともなる。特に、歴史的な積み重ねに価値を見出すことができる芸術景観都市との対比におい

て、現在の東京の特徴には積極的な価値を見出すことができるだろう。例えば、京都や奈良といった都市を考えてもらいたい。これらの都市では、ベースに歴史的遺産があり歴史的景観があり、これらを抜きにして地域としてのアイデンティティを主張することは難しい。これらを主要なコンテンツとしてデザインすることこそが、地域デザインの骨格となるのは自明であり、これら歴史的なコンテンツを活かそうとすると、新しい文化と共存させることが難しい課題であることもまた、意見の一致するところであろう。

　他方で東京は、これまでも様々な文化や価値観を受け入れてきた。確かに、このことによって東京の意味性を確立することができなかったかもしれないが、視点を変えると様々な文化や価値観が存在できたともいえる。そしてそこから、さらに新たなアートが生まれてもきた。東京には、西洋文化、東洋文化、日本文化、さらにはサブカルチャーと呼ばれるものまで、様々な文化が集合している。時代も古典から現代美術までカバーしている。そして、美術に限らず、音楽、演劇、ファッション、アニメなどその領域も多様である。千住（2014）が指摘するように、芸術家が集まる街は世界経済の中心であり、だからこそ情報と人が集まるのである。東京における、まさに価値の曼荼羅とでもいえるような状況は、一時代を成した東京の経済力や資本力があってこそ、もたらされたものであろう。

　長年にわたる歴史的な積み重ねが希薄であるからこそ、新たな価値観や文化を吸収することができる。そして、日本の中心である東京だからこそ得られた経済力と資本力がある。これらが相まって、現在の東京におけるアートの多様性が築き上げられ、今後への可能性ともなるのである。さらに、多様性はアートのジャンルや領域にとどまらない。東京に存在する個々のエリアもまた、多様である。それぞれのエリアには、歴史の積み重ねによって蓄積された固有の特徴を見出すこともできる。まさに、星座を構成する1つひとつの星として輝くことができる個性を持っている。これもまた、アートゾーンデザインを考える上での東京の比較優位性であるといえる。

第 2 節　芸術文化都市としての東京のデザインコンテクスト

　本節では東京を ZTCA デザインモデルで読み取り、地域デザインの特徴を考察する。このことにより、芸術文化都市としての現在の東京が、どのようなデザインコンテクストにより成り立っているのかを明らかにしながら、さらには次節で論ずる未来構想へとつながる課題抽出も行う。以下では、第 1 に東京のゾーンデザイン、第 2 に東京のトポスデザイン、第 3 に東京のコンステレーションデザイン、第 4 に東京のアクターズネットワークデザインについて論述する。

(1) 東京のゾーンデザイン

　東京をどう捉えるか、これがまさにゾーンデザインの問いとなるのであるが、これまで本論でも何度も繰り返してきたように、この問いへの答えは単純ではない。簡単に、東京都、あるいは 23 区であるとしてしまえば、それはそれで 1 つの答えとなるが、そこには意味性がない。そこで、以下では原田（2015a）の「編集域」という考え方に基づいて、東京のゾーンデザインを考えていく。

　原田（2015a）によれば、編集域とはオンリーワン的な強烈な輝きをもつ特異解として現出する中間域であるとしている。言い換えるなら、編集域とは単位としての地域を切り取ったり、追加したりして形成される単純な中間域とは異なり、新たな価値を創造するために編み上げることによって現われるゾーンのことである。例えば、中国地方は単に行政単位として積み上げられた中間域であるが、地中海的な風光明媚な景観という意味性を捉えて形成される瀬戸内という地域は編集域となるのである。

　さて、このような視点に立って東京を見ると、地方公共団体としての東京都でも、東京のなかの東京であり"The 東京"とも捉えられる 23 区でもなく、何らかの意味を捉えて編集される東京こそが、東京のゾーニングとなると考えたほうがよいだろう。いみじくも、実際には千葉に立地するのに「東京ディ

ズニーランド」とし、かつて成田空港が「新東京国際空港」と名付けられたのも、このような意味合いでの東京が冠せられた事例であるといえる。また、例えば地方や海外から「東京」へ行くという場合も、厳密に東京都ばかりを指すのでもないことも経験的に感じていることであろう。

　ここで、では東京の意味性は何か、と問われれば、日本を象徴する記号でもあり、多様性を踏まえた文化が存在するエリアでもあり、あるいは日本経済の中心地であるとも言える。このように、今、厳密に東京を定義することは難しい。しかし、東京は「編集域＝ゾーン」であるという構造を、とりあえず理解しておくことが必要である（図表8-4）。

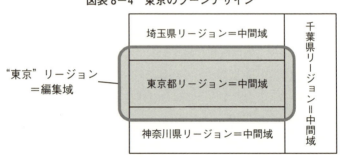

図表8-4　東京のゾーンデザイン

(2)　東京のトポスデザイン

　現状において、東京のトポスといえるのは、各々の美術館や博物館、コンサートホール、劇場、イベント会場などとすることが妥当であろうし、東京には代表的な施設が多数存在する（図表8-5）。例えば、その展示内容や規模でいえば東京国立博物館（図表8-6①）であろうし、特徴のある企画展ということであれば国立新美術館（図表8-6②）や森美術館、東京都現代美術館などが思い浮かぶ。クラシックといえばNHKホールやサントリーホールであり、伝統芸能が披露される歌舞伎座も該当する。さらには、世界的な音楽祭であるラ・フォル・ジュルネ・オ・ジャポンが開催される東京国際フォーラム、回を重ね世界的な注目も集める"コミケ（コミックマーケッ

第8章 「東京」のアートゾーンデザイン　179

図表8-5　東京の代表的なトポス

美術館	東京国立博物館、国立西洋美術館、東京都美術館（上野） 国立新美術館、森美術館、サントリー美術館（六本木） 東京国立近代美術館、三菱一号館美術館（丸の内） 東京都現代美術館（清澄白河） 原美術館（品川）、三鷹の森ジブリ美術館（三鷹）など
コンサート会場	NHKホール、サントリーホール、オーチャードホール、 東京芸術劇場、東京オペラシティなど
劇　場	国立劇場、国立演芸場、帝国劇場、歌舞伎座など
イベント会場	東京国際フォーラム（ラ・フォル・ジュルネ・オ・ジャポン） 東京ビッグサイト（コミックマーケット） 代々木第一体育館（東京ガールズコレクション）など

図表8-6　①東京国立博物館

②国立新美術館

ト)"が開催される東京ビッグサイトなども挙げられる。

　確かに、これらの施設は様々な展示会やイベントを重ねることで、ある意味性や聖地性を得ることもあり、その意味ではまさにトポスということもできる。しかし、中華文明の集大成ともいえる故宮博物院や、王室や貴族、教会が所有していた美術品を市民革命により接収し、さらにナポレオンの遠征を経て文化の中心がパリであることを示すことになったルーブル美術館（宮津、2014）など、世界の著名美術館ほどのトポス性がないこともまた、確認しておかなければならない[2]。いわば、東京に数多ある施設は、トポスまで昇華されているものは乏しく、未だコンテンツとして存在しているものが少なくないといえるだろう。

(3) 東京のコンステレーションデザイン

　東京のコンステレーションを考察するにあたり、映画で描かれる東京を通じて東京とは何かを考えてみたい。コンステレーションとは、人々の心に描かれる記憶でありリテンションだとするならば、映画に描かれる東京は1つのヒントになると思うからである。

　東京を舞台に、あるいはメタファーとして使用した映画としては、『惑星ソラリス（1972）』『ブレードランナー（1982）』『AKIRA（1988）』『キル・ビル（2003）』『ロスト・イン・トランスレーション（2003）』などが取り上げられることが多い。いずれも、近未来性や無国籍感、あるいは混沌とした世界観が特徴となる映像であるといえないだろうか。なぜ東京の映像がこれらの作品のなかで使われたかといえば、東京における意味性の希薄さや、いろいろなものを受け入れてきた歴史、そしてだからこそ表出してくる過去と切り離された近未来的な風景こそが必要だったからだと思える。

　そして、今現在の、2016年の東京とは何か。東京都現代美術館で行われた『"TOKYO"―見えない都市を見せる（2015.11.7 〜 2016.2.14 開催）』では、東京について「もはや一つの概念で東京をまとめる（キュレーション）ことはできず、複数の視点を通してしかこの都市を浮かび上がらせることはでき

ません」(東京都現代美術館、2015、14頁)としている。さらに、チーフ・キュレーターである長谷川は、今の東京について以下のように表現している。

「それはいろいろな要素を持ちながら、突出した特徴のないフラットランドであり、洗練されているがゆえに冷たい氷河のようにも見える。何かが透けて見えているが、本質・実体にたどり着くことができないもどかしさが伴う氷の表面」(長谷川、2015、130頁)

東京の意味性は何か。東京の歴史と現代の意味性でも確認したように、それは"空"であり、"カオス"であり、総体的な意味性が希薄な地域であるといえるだろう。しかし、だからこそ、多くの人や価値観を受け入れることができているともいえる。総体的なコンステレーションがないことが、東京のコンステレーションデザインとなっているのかもしれない。

(4) 東京のアクターズネットワークデザイン

東京のアートを形成しているアクターは、いったい誰だろうか。地方でのアート活動を検討すると、そこにはカリスマ的なプロデューサーやメンターが存在することが少なくない。彼らを軸にして、地域を巻き込みながらアクターズネットワークが形成されている姿が見て取れる。しかし、再三繰り返すように、これほど焦点が定まらない東京において、それを特定することは難しい。アクターは多様であり、重層的にならざるをえない。

まずは東京都の活動を見ると、各施設には指定管理者制度を敷き、主に公益財団法人東京都歴史文化財団が担当している。ここでは、「ぐるっとパス」で都内の主要78館の美術館を巡る仕組みも整えている。しかし、このような体制は単館施設の運営を効率的・効果的に行うための基本となる取り組みに過ぎず、パスも送客のための取り組みに留まる。野田(2014)が指摘するように「文化は本来市民自らが創造、享受するものであり、自治体は環境整備などその後方支援をすべきであって、自ら文化創造などに乗り出すべきではない(97頁)」のである。

それでは、個別のアートプロジェクトなどはどのような仕組みで運営され

ているのか。過去における東京での代表的なアートフェスティバルとして、東京ビエンナーレ（正式名称は日本国際美術展）が挙げられる。1952（昭和27）年に始まった美術展であるが、実質的に毎日新聞社の単独開催であり、第10回（1970年）をピークに年々規模を縮小し1990（平成2）年に終了している（宮津、2014）。東京開催ではないが横浜トリエンナーレについても、組織委員会の中心であった国際交流基金が撤退したことや横浜市の担当者が毎回交代するなどの課題があることが指摘されている（野田、2014）。

東京という巨大都市にいて東京を象徴するアートフェスティバルの開催は難しく、ましてや単独の人や企業、あるいは自治体のみでの運営には限界があることは明らかであろう。それぞれの地域や団体が、強力なプロデューサーのもとに様々な企業や団体の協賛を得て、特徴あるアートイベントを仕掛けていくことが現実的な選択となる。

第3節　東京の未来に向けてのデザイン構想

ここまで、アートという視点で東京の現状を分析してきたが、そこにはいくつもの課題が見出される。そこで、これらの課題を克服し、未来に向かって東京をアートゾーンとして成立させていくための方向性を探ることとしたい。以下では、第1に東京が抱える課題の整理、第2に進化のための基本方向、第3に地域ブランディングの新機軸、第4に東京の地域価値の再定義について論述する。

(1) 東京が抱える固有課題

前節で現在の東京のアートデザインについてZTCA理論で整理を行ったが、そこで明らかになったのは東京におけるデザイン概念の欠如である。具体的には、東京の意味性を明らかにすることができないことによりゾーンデザインが不明確であること、多彩で強力なコンテンツが多く存在するもののトポスとしての価値が弱いこと、結果として来訪者がコンステレーションを

描くことができないこと、アクターも個々に活動している状態でありネットワーク性が見られないこと、などが指摘できる。

このようなデザイン概念の欠如の背景として、3つのポイントが挙げられるだろう。1つは、これまでの東京が様々な要因により歴史的な積み重ねをできなかったこと、あるいは敢えて歴史の積み重ねを拒否し無意味化してきたことにある。2つ目は、実は東京にはトポス性のあるエリアがいくつも存在するという多極性をもっているため、総体としての東京の意味がどうしても希薄にならざるをえないことである。そして3つ目として、東京が日本の首都であるため、東京で開催されるイベントは東京を意味するものなのか、あるいは日本を意味するものなのかが曖昧になることである。

結局、東京とは何か、という問題に行き着く。この課題を超克しない限り、東京におけるアートゾーンデザインは成立しない（図表8-7）。

図表8-7　東京の抱える固有課題

・歴史の積み重ねの放棄
・固有性のあるエリアを複数抱える多極構造
・東京と日本の意味性の重なり
→"東京"の無意味化

東京のアートゾーンデザインの欠如
・ゾーンデザインが不明確
・トポス性に乏しいコンテンツ
・描けないコンステレーション
・アクターのネットワーク性の欠如

(2) 東京の進化のための基本方向

東京には意味がない、ということをこれまで繰り返し述べてきたが、実は東京の意味性についての研究は少なくない。特に、1980年代は東京論がブーム的な様相を呈した。このことについて、陣内（1992）は文庫版あとがきのなかで「東京という都市空間のなかの、〈歴史・生活・文化〉の価値を再発

見する作業が各分野で深まり、それがこの時点で一気に形となって現れた感がある（317頁）」としている。

　例えば、石塚・成田（1986）では東京の形成史を様々な視点から描き出し、陣内（1992、初出1985）では文化人類学の視点から東京をテクストとして読み解く試みが行われ、槇他（1980）では地形をベースに都市構造の視点から東京を分析している。カルチュラル・スタディーズという方法論を用い、東京の盛り場の変遷を分析した吉見（2008、初出1987）も、この系譜に入る。さらに少し時代は下るが、中沢（2005）も縄文地図をもちながら東京を散策することで東京の各エリアの意味を抽出している。もちろん、この他にも様々な東京論があるのだが、共通しているのは時間的な蓄積を読み解くことによって、現在の東京を意味づけすることにあるだろう。

　そして今、再び東京の時間的な流れや土地に内在化された意味に注目する流れがある。テレビや雑誌では散歩をテーマとした番組や記事が多く制作され人気となっている。東・北田（2007）によって「ジャスコ化」と表現された大元であるイオンをはじめとする中央集権的な流通業は苦戦を強いられ、地域分権的な方向へと舵を切った。また2015年に話題となった国立競技場デザイン問題によって、神宮外苑という土地の持つ意味性が注目されたりもした。他にも、谷根千[3)]、人形町、神楽坂などに注目が集まっているのも、このような流れに位置づけられるだろう。

　原田（2015b）は、ゾーンデザインは地理的な空間コンテクストと歴史的な時間コンテクストを統合した文化的視角から模索されるべきである、としている。東京のアートゾーンデザインを考えるベースとして、東京の空間と時間を統合することで、まさに文化を軸としたゾーンデザインを考えていくことが必要となる。東京を多極的に構成する各エリアに注目し、それぞれのエリアがもつ歴史を掘り起こすことで、各エリアを1つの星として輝かせ、東京という時空のなかで星座（コンステレーション）を描き出すのである。

(3) 東京の地域ブランディングの新機軸

　東京の地域ブランディングの新機軸となるのは、最初から東京という総体のデザインを志向するのではなく、東京を構成する各エリアをブランディングし、それを面として連動させることにより、様々なコンステレーションを描き出すことにある。つまり、個々のエリアのブランディングを行うことにより、広域としての東京のブランディングにつなげるのである。この過程において、はじめて東京は「アートシティ東京」としての意味性を帯びることになる。

　このように考える要因としては、大きく2つのポイントがあげられる。まず、東京の各エリアがそれぞれに個性を持った地域だということである。そして、そこを訪れる人は様々な価値を持ち、それぞれの趣向や価値観により部族化している時代だということである。このような東京がもつ特性と、受容者の特性を鑑みると、単一のコンセプトで東京という巨大な地域をブランディングすることは困難となる。

　例えば、上野を東京におけるアートのトポスとして再構築する。明治維新後、初めて博覧会を開いた土地であり、芸術大学が開校した土地であり、今では著名な博物館や美術館が居並ぶ地域である（図表8-8）。また六本木であれば、国立新美術館、森美術館、サントリー美術館などによる新たなアートの聖地としてのトポスを構築することが可能であろうし、六本木アートナイトという試みも、このような意図を持ったものと推察される。他にも、森川（2008）により「趣都」として解読された秋葉原、1919（大正8）年に資生堂アートギャラリーが作られ、そのことにより多くのアーティストやデザイナーが集まりモダンを代表するエリアとなった銀座（山本、2015）、闇市から歌舞伎町という歴史を経て戦後に銀座から盛り場の地位を奪取しサブカルチャーを生み出した新宿（吉見、2008）など、東京のエリアはそれぞれに個性的な文化を背景としているのである。

　そして、これらの特徴をもったエリアにおいては、そこを訪れる人々がそれぞれのコンステレーションを描くことは、さほど困難なことではないだろ

図表 8-8　上野の風景

う。なぜなら、彼らは、その地が背景に抱える文化、さらにいえばトポス性に魅かれてそこを訪れているからである。また、このようにエリアの特徴を顕在化することによって、それぞれのエリアの特徴を抽出した形でのエリアの連携、面としての展開という可能性も考えられる。

　さらに、そのエリアに存在する美術館や博物館でも、キュレーションやアクターズネットワークの構築次第で、自館以外の施設との連携により、それぞれが持つコンテンツを統合することで、新たな価値やトポス性を創造することも可能になるだろう。2010 年には、国立新美術館で「影と陰」をテーマとして、東京国立近代美術館、京都国立近代美術館、国立西洋美術館、国立国際美術館、国立新美術館が協力して、それぞれが持つ作品からピックアップした展示が実現している（宮津、2014）。

　このように、これからはそれぞれのエリアや施設が、文化的なコンテクストによる意味性を明確にし、それぞれの価値を高めトポスとして存在し、コンステレーションをデザインしていくことが必要となる。さらに、有機的なアクターズネットワークを構築することで、それぞれが点として存在するのではなく、相互に連携を図り、面として展開していくことで新たな価値（ト

ポスであり、コンステレーション）を創造することが求められる。

(4) 東京の地域価値の再定義

東京は、"空"であり"カオス"であり、「何かが透けて見えているが、本質・実体にたどり着くことができないもどかしさが伴う氷の表面」(長谷川、2015、130頁)でもある。このことは、東京のブランディングにとって弱みであるが、同時に強みでもある。東京は何者かということを明確に定義することは難しいが、そこに存在するエリアや施設を統合する象徴としての記号として機能する可能性を残すからである。

東京は、時代に合わせ様々な文化や価値観を受け入れてきた。それぞれのエリアや施設で、空間的、時間的に蓄積され、それぞれの文化を育んできた。東京の地域価値は、このようなそれぞれの地域や施設をトポスとして、そこに訪れる人の様々な価値に対応できることであり、各人が自由にコンステレーションを描くことができることにある。まさに、東京という宇宙に存在

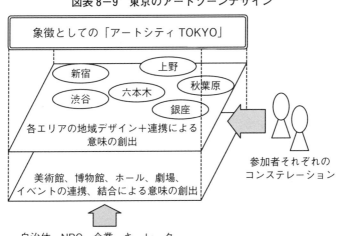

図表8-9　東京のアートゾーンデザイン

する星であるエリアや施設を、人々が多様な文脈や価値観で星座を紡ぐことができるのが、東京なのである。

しかし、ここで「東京」という様々な字義が想定される単語は使えない。統合の象徴として、あえて意味性をもたない「TOKYO」がふさわしい。東京の地域価値、それは多様な価値を包摂することのできる寛容性であり、どんな人でもアートを楽しみ、そこからコンステレーションを描くことができることにある。「アートシティTOKYO」という抽象性の高いコンセプトこそが、東京にはふさわしい（図表8-9）。

おわりに〜芸術と経済の統合

東京は、その巨大な経済力と資本力から、多くのアーティストを集め、結果として多くの、そして多様なアート資産が蓄積されてきた。しかし、土台としての東京は歴史的な蓄積を拒み、またデザイン的な視点もなかったため、単に芸術が集積された都市としての位置づけでしかなかった。あらゆる文化や人を集めるが、そこから地域として有効な価値を生み出してこなかったという点では、あたかもブラックホールのようである。

しかし、ここで視点を変え、東京に数多存在する時間的な価値をもつエリアや施設がそれぞれに地域デザインにより価値づけられることにより、1つの星として輝くことができ、さらにそれらが有機的に連結、統合されることによって星座として意味づけされるようになる。ここに、東京という宇宙に星座が描き出され、アートシティTOKYOとしての価値が発現する。

（注）
1) 「社会教育調査（博物館調査）」（総務省、2013）による。調査では動物園などを含んだ数字が示されているが、ここでは総合博物館、科学博物館、歴史博物館、美術博物館、野外博物館に絞る。また集計対象は登録博物館、博物館相

当施設、博物館類似施設の合計である。全国で 5,425 館であり、多い順に長野 349 館、北海道 314 館、東京 286 館となる。
2) 例えば、世界の美術館・博物館の入館者数ランキング（2012）では、日本の美術館は 1 つもトップ 10 に入っていない。1 位はルーブル美術館である（宮津、2014）。
3) 谷中、根津、千駄木の総称。昔ながらの下町情緒を醸し出すエリアとして注目される。

（参考文献）
東浩紀・北田暁大（2007）『東京から考える』日本放送出版協会。
石塚裕道・成田龍一（1986）『東京都の百年』山川出版社。
コミケット（2015）「コミックマーケット公式サイトへようこそ」http://www.comiket.co.jp/（2016.1.30 アクセス）。
陣内秀信（1992）『東京の空間人類学（ちくま学芸文庫）』筑摩書房。
千住博（2014）『芸術とは何か（祥伝社新書）』祥伝社。
総務省（2013）『社会教育調査（平成 23 年度）統計表～博物館調査（博物館類似施設）／種類別博物館類似施設数』（Excel）http://www.e-stat.go.jp/SG1/estat/List.do?bid=000001047461 よりダウンロード（2015.12.26 アクセス）。
東京ガールズコレクション実行委員会（2016）「TOKYO GIRLS COLLECTION」http://girlswalker.com/tgc/16ss/（2016.1.30 アクセス）。
東京都現代美術館（2015）『"TOKYO"—見えない都市を見せる』青幻社。
東京美術倶楽部編（2014）『日本の 20 世紀芸術』平凡社。
中沢新一（2005）『アースダイバー』講談社。
野田邦弘（2014）『文化政策の展開』学芸出版社。
長谷川祐子（2015）「東京は今でも未来的か」東京都現代美術館『"TOKYO"—見えない都市を見せる』青幻社、130-135 頁。
原田保（2015a）「「第 3 のゾーン」としての「リージョナルゾーン」に関する試論」『地域デザイン』NO.5、9-29 頁。
原田保（2015b）「「深層統合モザイクゾーン」の戦略性に関する試論」『地域デザイン』NO.6、9-25 頁。
槇文彦他（1980）『見えがくれする都市』鹿島出版会。
三浦展（2014）『新東京風景論』NHK 出版。
宮津大輔（2014）『現代アート経済学（光文社新書）』光文社。

森川嘉一郎（2008）『趣都の誕生　増補版（幻冬舎文庫）』幻冬舎.
山本豊津（2015）『アートは資本主義の行方を予言する（PHP 新書）』PHP 研究所.
吉見俊哉（2008）『都市のドラマトゥルギー（河出文庫）』河出書房新社.
吉見俊哉（2005）「迷路と鳥瞰─デジタルな都市の想像力」吉見俊哉・若林幹夫編著『東京スタディーズ』紀伊國屋書店、27-43 頁.
ラ・フォル・ジュルネ・オ・ジャポン（2016）「ラ・フォル・ジュルネ・オ・ジャポン HP」http://www.lfj.jp/lfj_2016/（2016.1.30 アクセス）．
渡邉正人編（2015）『TOKYO 美術館 2015-2016』枻出版社.

第3部《事例編Ⅱ》

アートゾーンデザインによる地方創生

第9章

「小布施」のアートゾーンデザイン
―― 北斎が遺した寛ぎのコンテクスト ――

鈴木敦詞・原田保

はじめに〜町ぐるみのアートゾーン

　昨今では、アートによって地域デザインを展開している事例は多く見出せるが、残念ながらアートが単なるコンテンツとしてではなく地域の文化にまで浸透している事例は少ない。本章ではアートが地域の文化にまで浸透している事例として「小布施（長野県）」を取り上げる。なお、この小布施の対極にあるのが、現代アートで著名な直島（香川県）である。前者の小布施が江戸時代に訪れた葛飾北斎を軸に歴史を活かしたコンテクストデザインによって成功しているのに対して、後者の直島は地域の歴史にまったく関係のない現代アートによって地域デザインが展開されている。

　こう整理すると、小布施は歴史的コンテンツが存在しているという恵まれた地域であるといえる。しかし問題は、このような歴史的コンテンツを活用できない地域が数多く存在することである。そこで、歴史を軸とした地域創生に向けての参考にすべく、小布施のアートゾーンデザインについての考察を試みる。具体的には、第1が小布施町に見出せる戦略的特徴の抽出、第2が小布施に読み取れる地域デザインのコンテクストである。

第1節　小布施町に見出せる戦略的特徴の抽出

　本節では小布施町の地域デザインの特徴を戦略的視点から考察しようとする試みが行われる。これはすなわち、小布施ブランドの他の地域に対する競争力を探ることを意味している。具体的には、第1が小布施町のデモグラ

フィックデータに見る特性、第2が小布施ブランドの成立過程と課題、第3が小布施の歴史的遺産への戦略的解釈である。

(1) 小布施町のデモグラフィックデータに見る特性

小布施町は長野県北部に位置し、長野市に隣接する小さな町である（図表9－1）。小布施という名前は鎌倉・室町時代には史料に現われ、江戸時代には千曲川の舟運に支えられた交通の要衝として発達し、現在の安市に面影を残す定期的な六斎市が立つなど、北信濃の経済・文化の中心として栄えた（小布施町、2012）。

また産業面では、室町時代から栗の栽培が行われ、小布施栗として幕府献上品ともなっていたという（国土交通省、2006）。明治から昭和初期にかけては養蚕が栄え、戦後はリンゴ、ブドウ、モモなどの栽培が盛んになった。今では、このような歴史や産業を発展させ、「北斎と栗の町」「歴史と文化の町」「花の町」として全国から知られるようになっている（小布施町、2012）。

図表9－1　小布施町の概要

所在地	長野県上高井郡小布施町
面積	19.07 平方キロメートル
人口	11,326 人（2014 年）
交通機関	上信越自動車道・小布施スマートIC 長野鉄道小布施駅（北陸新幹線／長野新幹線・長野駅乗換）
名所・旧跡	北斎館、高井鴻山記念館、岩松院
特産品	栗、栗菓子
人物	高井鴻山、葛飾北斎

(2) 小布施ブランドの成立過程と現状

小布施は一言でいうならば、「葛飾北斎をきっかけとしたアートゾーン」となる。

今につながる小布施の発展は、1976（昭和51）年に開館した「北斎館」に始まる（図表9-2）。北斎と小布施の関係は次項で整理するが、小布施には北斎の天井画がある祭り屋台、岩松院の大間天井絵「八方睨み鳳凰図」などをはじめとした北斎の肉筆画が多く残されていた。当時の町長であった市村郁夫が、これらの北斎作品が町から流出することを防ぎ、北斎研究の拠点を作ることを目的に北斎館は建設された（川向、2010）。北斎館への入館者数は、北斎を小布施へ招いたとされる高井鴻山記念館が開館した1983（昭和58）年には年間10万人の来館者数に達している。

図表9-2　北斎館

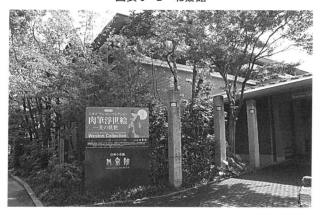

さらに、小布施の美術館開館は北斎所縁のものにとどまらない。1982（昭和57）年には日本のあかり博物館が開館、1992（平成4）年には現代中国美術館、おぶせミュージアム・中島千波館、フローラルガーデンおぶせが開館し、1997（平成8）年には千曲川ハイウェイミュージアム、盆栽美術館大観、古陶磁コレクション了庵などの文化施設が開館している。さらに、1994（平成6）年には美術館パスポートの発売、1996（平成8）年には町内を巡るシャトルバスを運行するなど、様々な施策も行っている（浅岡、2004）。その後も、急須コレクション 茶俚庵、小さな栗の木美術館、おぶせ藤岡牧夫美術館・

グレイスフル芸術館などの施設が開館している。

　また、小布施の特徴として「小布施方式」といわれる、独特の修景事業を挙げることもできる。北斎館と高井鴻山記念館の一画を整備するに際してとられた方式であり、川向（2010）によれば、修景とは「歴史様式で装って町並みを観光地化するのでもなく（76頁）」「伝統的町並みの「保存」とも異なる（77頁）」ものであり、「日常生活の中で自然に歴史文化が感じられるように環境を整備する（76頁）」ものである。

　このような美術館などの文化施設を次々に開館し、パスポートやシャトルバスの運営により、ピーク時には120万人が小布施を訪れるまでになり、アートをきっかけとした町づくりの成功をもたらしたと言える。

　しかし、2012年には現代中国美術館が閉館し、2014年には千曲川ハイウェイミュージアムが閉館している。また、小布施の主要観光施設[1]への入館者数も、1997（平成9）年には100万人近くに達するも、2012（平成24）年には40万人弱にまで減少している。主要観光施設での減少傾向が、そのまま小布施を訪れる人の減少傾向といえないかもしれないが、1つの数値指標として意識すべきものである。さらに、主要な施設が北斎館を中心とした狭い地域に集まっており、町全体への広まりが十分になされていないことも課題と言えるだろう。

(3) 小布施の歴史的遺産への戦略的解釈

　小布施は、先に見たように鎌倉・室町時代から史料に登場する古い地域であるが、特筆する出来事はあまり見出せない地域でもある。しかし、江戸時代後期[2]に葛飾北斎や小林一茶などの著名な文化人が小布施を訪れ、文化の華が開いたという事実がある。

　金田（2012）によると、江戸後期の小布施には江戸や京都へ遊学した人々がおり、彼らが多くのものを取り入れ再び小布施へ戻ることにより、文化活動が活発になされていたという。そのような土壌のなかで、小布施出身の豪商であり「小布施地方文化人の中心人物（金田、2012、44頁）」であった高

井鴻山と葛飾北斎が知り合うことで、北斎が小布施を訪ね、鴻山が歓迎することになった（図表9-3）。時に北斎は83歳という高齢であったといい、その後4回にわたり江戸と小布施を往復することになる。

図表9-3　高井鴻山記念館

このような縁により、小布施には北斎の作品が多く残されることになる。そして、1960年代に世界的な北斎ブームにより北斎の作品へ注目が集まるも、そのことの価値を理解していない町民によって作品が町外へ散逸する危機に陥り、その保存を第1の目的とし北斎館が建設されることになる。北斎館には他にも、町のシンボルであり北斎の天井画が描かれている祭り屋台の保存、北斎をシンボルに町民の意識を高める、北斎に関する研究を行うことで研究者や芸術家の来訪を促すという目的があり、観光客の来訪については「運がよければ」程度の位置づけであったという（開発こうほう、2005）。

小布施においては、最初から観光資源として北斎を扱わずに、小布施の歴史的、文化的遺産を保存したいという思いが、正しい姿での保存活動やその後の修景事業につながったとも考えられる。ともすると、アート施設は観光資源と捉えられがちだが、実際は保存や研究拠点としての意味合いが強く、これらを進めることにより生まれる情報発信力と、それを活かそうする活動

が、結果として観光客を呼び込むことにつながるのであろう。北斎館が開館した1976（昭和51）年当時は、まだ地方に美術館などない時代で多くの反対もあった（開発こうほう、2005）というが、観光ではなく保存や研究が主目的である北斎館（まさに、北斎美術館ではなく）であったことが、今につながる事業推進の鍵になったとも推察される。

(4) 小布施の他地域に対する比較優位性

　小布施のアートゾーンデザインを考えるときに、対比として捉えたいのが直島（香川県）である。詳細については10章で触れるのでそちらを参照していただきたいが、直島は地域とはまったく関わりのない現代アートをフックとしており、今では世界的にも知られるアートゾーンとなっている。現代アートは、基本的にそれまでの地域の歴史や文化とは関わりのないもの[3]であり、ほぼ一から作品を作らねばならず、地域の資産として育て上げるまでには大きな困難や苦労が伴う。さらに、全体を見渡すことができるアートを理解したプロデューサーや資金面での援助をしてくれるスポンサーを欠かすことができない。

　対して、小布施はこれまで見てきたように地域の歴史的、文化的遺産である北斎の作品の保存と研究を主目的として北斎館を建設し、これを中心に景観に配慮した町づくりを行うことで、結果として多くの観光客を呼び込むことに成功した。もともと地域に存在する北斎という遺産があったからこそ、そしてその遺産を大切に思うからこそ、今のようなアートゾーンとなりえた。直島のように、地域資源とは関わりのないアートをフックにすることに比べると、地域の遺産を活用できることは明らかな優位性となる。

　また長野県は、実は全国で最も美術館を含む博物館数が多い県でもある。全国の博物館数5,425館に対し、長野県は349館を占める。美術館に限定しても、全国で1,087館に対し、長野県は105館を占める[4]（総務省、2013）。このことは、小布施にとっては他地域にない優位性であり、今後の発展可能性となるだろう。先に見たとおり、小布施における課題として観光客の漸減

傾向と地域の広がりのなさが挙げられる。これらを克服するための施策として、周辺地域や長野県全県での施設連携も考えられる。この視点については、次節のゾーンデザインでさらに考えていきたい。

第2節　小布施に読み取れる地域デザインのコンテクスト

　本節では小布施をZTCAデザインモデルで読み取り、これによってその地域デザインの特徴の抽出を行っていく。第3章で論述したように、地方の地域デザインの方法と大都市の地域デザインの方法とは大きく異なっており、ゾーンデザインにおいては大きく5つに分別できる。小布施の場合は直島と同様に「美術館牽引型ゾーンデザイン」であると捉えられる。

　以下では、第1に小布施のゾーンデザイン、第2に小布施のトポスデザイン、第3に小布施のコンステレーションデザイン、第4に小布施のアクターズネットワークデザインについて論述する。

(1) 小布施のゾーンデザイン

　小布施のゾーンデザインを考えるときに、いくつかの視座を挙げることができる。第1にはアートゾーンとしての小布施のきっかけともなった北斎を中心に据える視座である。第2には、広く小布施町という地域を捉える視座である。第3には他の地域との連携を考慮した視座である。以下では、それぞれについて具体的に考察していく。

　第1において、小布施のゾーンデザインの視座を北斎に限定して捉えるならば、そのゾーンは基本的に小布施に限定されたものとなる。それも、北斎館と鴻山記念館を中心とした一画がコアゾーンとなり、これは現状のゾーンデザインでもある。しかし一方で、さらに広く北斎による連携も考えられる。北斎が小布施と密接な関わりをもつようになったのは83歳以降のことであり、生誕の地である東京都墨田区[5]をはじめ、それまで北斎が過ごし創作活動を行った地がある。また、北斎の作品を所蔵している美術館や博物館との

連携を取ることも、北斎を中心視座においた場合のゾーンデザインの可能性となる。

　第2の視座である小布施町という地域をベースにするとは、北斎関連以外の施設の活性化を目指すことで、小布施という町全体の底上げを狙うものである。2012年の施設別の入館数を見ると、北斎館が16万人強でもっとも多く、次いで北斎の天井画が見られる岩松院の10万人弱となり、他の施設は3万人前後から1万人程度で（小布施町、2007：2013）、現状において小布施観光は北斎を中心としたものとなっている。実際、多くの人が訪れているのは北斎館を中心とした狭いエリアが主であり、小布施町全体にわたる効果という点では課題を抱えているといわざるをえない。小布施がこの課題を解消し真のアートゾーンとなるためには、ゾーンデザインを小布施町全体と捉えることで、北斎関連以外の施設をいかに連携させ、それぞれの施設間と小布施全域を回遊させるかが課題となる。

　しかし、観光客数の漸減傾向を見ると小布施町単独での集客に限界が来ていることがうかがえる。そこで、第3の視座として他地域との連携を考えたゾーンデザインが必要になる。全国一の数を誇る博物館・美術館が長野県にはあり、長野市とも隣接していることなどを考えると、他地域との連携による効果は高いものであると考えられるからである。

(2) 小布施のトポスデザイン

　小布施の代表的なトポスとなるのは、もちろん北斎の関連施設となり、北斎館、鴻山記念館、岩松院が主要トポスといえる（図表9-4）。しかし、ゾーンデザインを小布施町トータルと考える場合は、日本のあかり博物館をはじめとした美術館・博物館も重要なトポスとなるし、修景事業により計画され配置された商家や街並みも小布施の文化遺産としてのトポスとなる。

　さらに、栗も小布施を構成する重要なトポスとなる。小布施には、小布施堂、竹風堂、桜井甘精堂という栗菓子の店がある。これらの店、そこで提供されている商品、食事、そして街並みを構成する栗の木も、小布施にいるこ

図表9-4 小布施町のトポス

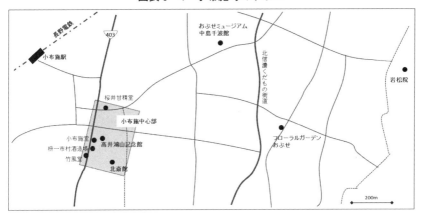

とを感じさせる重要な要素となる。

(3) 小布施のコンステレーションデザイン

　コンステレーションとは、来訪した人々の心の中に描かれる心象風景であり、また来たいと思わせることのできる記憶でもある。注意したいのは、提供者側が意図して描かせるものではなく、来訪者が自身で描くことのできるもの、ということである。では、小布施のコンステレーションとは何か。それは、江戸時代後期に小布施を訪れた北斎や文人墨客が愛した文化の香りであり、彼らも感じ、そして今に残る古きよき街並からも感じ取れる寛ぎ感であると思われる（図表9-5）。

　修景とは、日常生活のなかで自然に歴史文化が感じられるように環境を整備すること（川向、2010）であるとした。小布施、特に北斎館周辺の中心エリアを訪れると、伝統を感じさせる町並ではあるが効率的に配置された町並みであり、また一歩建物のなかに入ると、モダンな内装であることをすぐに感じ取れる。単に古いものをそのままに残すのではなく、移築によって機能的に建屋を配置し、内部についても現代的で機能的な側面を重視していることがうかがえる。このことが、江戸時代から連綿と続く文化を感じながらも、

図表9−5　小布施の町並み

不自由や窮屈ではなく寛ぎを感じることができるデザインとなっている。

　さらに寛ぎ感については、北斎が鴻山に与えられたアトリエである碧漪軒(へきいけん)にも通じるものがある。碧漪軒は、「ひと間しかない極めて質素な一軒家にすぎませんが、そこには北斎の面影と彼を慕った鴻山の想いが感じられ、それはガイドブックや書籍では絶対に伝えることのできない"当時を生きた人の残り香"と言えるでしょう」(小布施文化観光協会、2015)と紹介されている。小布施で感じる、町一体となったおもてなし感も、そこを訪れた客人に寛ぎを与えている。

(4) 小布施のアクターズネットワークデザイン

　小布施の町づくりについては、小布施堂の力を抜きに語ることはできない。北斎館を建設し、最初にまちづくりに取り組んだのは小布施堂の市村郁夫であり、彼が町長として行政サイドから町づくりに取り組むことで、町と地場企業、町民の協力関係が取りやすくなったことはいなめない。

　また、今の小布施観光の中心となっている北斎館周辺の整備は小布施堂の市村次夫と市村良三が中心となって進めている。そして、アメリカから来たセーラ・マリ・カミングスが、小布施堂に入ることによって、小布施の、そ

して日本文化のよい点を積極的に評価し精力的な活動をしている。それは、「国際北斎会議」誘致であり、和食レストラン「蔵部」オープンであり、さらには建築家、落語家、デザイナー、脳科学者、作家、マーケターなど多彩な著名人を小布施に呼んで話を聞く「小布施ッション」開催などである（清野、2009）。彼女のこのような活動は、明らかに小布施のアートゾーンを活性化させることに貢献した。

多くの小布施に関する記事は、これら小布施堂を中心に書かれているが、他の栗羊羹店の2社も重要なアクターとなっている。栗羊羹や栗鹿の子といった本来の商売において競争し、切磋琢磨していることはもちろんだが、町づくりにおいても競争があったのである。小布施堂が北斎館を中心とした修景事業の中心を担ったことは間違いないが、この2社も中心エリアへ移動しながら、竹風堂は「日本のあかり博物館」を、桜井甘精堂は「栗の木美術館」を開設し、地元の伝統を活かした文化事業にも積極的に乗り出しているのである（岡野、2011）。

このように、行政と民間企業、そして町民が一体となった事業運営はもちろん、事業をリードする民間企業の存在や、さらに民間企業同士の健全な競争環境も、小布施のアクターズネットワークとして欠かせない。

おわりに〜活用された遺産

以上から、小布施のアートゾーンデザインの成功要因をまとめるならば、北斎という強力な歴史的、文化的遺産があったことが前提としてある。しかしそれに加え、北斎を積極的に保存、研究するという思いをベースに活動を始めたこと、伝統とモダンを融合させた修景事業を行ったこと、強力な民間事業者が存在することで様々な文化イベントを行えたこと、さらに健全な競争関係により様々な文化施設が開設したこと、そして町民も積極的に事業に参画していることなども、重要な成功要因として挙げられる。これらによって、小布施を訪れる人は寛ぎながら歴史ある文化の香りを感じ取ることがで

きる環境となっている。

　しかし、近年ではひと頃のような勢いがなくなっているようである。この課題を克服するためにも、小布施の中心エリアに集中している観光を小布施全体に広げる、あるいは他地域との連携を模索するような新たなゾーンデザインを検討することも期待される。

(注)
1) 北斎館、高井鴻山記念館、日本のあかり博物館、岩松院、おぶせミュージアム・中島千波館、フローラルガーデンおぶせ、千曲ハイウェイミュージアムの合計入館者数（小布施町、2007：2013）。
2) 11代将軍家斉のころであり、江戸では町民文化が華開いた爛熟期にあるとされている（金田、2012）。
3) ここで「地域との関わりがない」とは歴史的な意味合いでのことである点には留意してほしい。直島における実際のアートは、いわゆる美術館に展示されている作品＝他の美術館に移しても意味がある作品とは異なり、島の物語や地形をコンテクストとして、「そこにあるべき」ものであり、「他に移しては意味がない」ものであることに特徴がある（板倉、2015）。
4) 「社会教育調査（博物館調査）」（総務省、2013）による。調査では動物園などを含んだ数字が示されているが、ここでは総合博物館、科学博物館、歴史博物館、美術博物館、野外博物館に絞る。また集計対象は登録博物館、博物館相当施設、博物館類似施設の合計である。全国で5,425館であり、多い順に長野349館、北海道314館、東京286館となる。
5) 墨田区では、2016年開館予定の「すみだ北斎美術館」の準備が進められている。

(参考文献)
浅岡修一（2004）「第3章産業と経済　第5節小布施町の新たな観光」小布施町史現代編編纂委員会編『小布施町史　現代編』小布施町、355-378頁。
板倉宏昭（2015）「地域価値創造戦略としての地域デザイン（第2回）「芸術」による地域デザイン：直島と小布施」『企業診断』2015年1月号、42-45頁。
岡野宏昭（2011）「伝統とモダンが共存するまちづくり―小布施町のケース―」『議

員 NAVI』2011 年 11 月号（通巻 28 号）、30-35 頁。

小布施町（2007：2013）『統計でみる小布施町の姿　平成 18 年度版：平成 24 年度版』（pdf）

https://www.town.obuse.nagano.jp/soshiki/41/toukeiobuse.html よりダウンロード（2015.12.26 アクセス）。

小布施町（2012）「小布施町ホームページ｜小布施町の紹介」

http://www.town.obuse.nagano.jp/soshiki/2/machigaiyou.html（2015.12.26 アクセス）。

小布施文化観光協会（2015）「小布施日和｜高井鴻山記念館」

http://www.obusekanko.jp/enjoys/museum/obuse142.php（2015.12.26 アクセス）。

開発こうほう編集部（2005）「地域へのこだわりがブランドに～長野県小布施町の小布施堂の取組みを中心に」『開発こうほう』2005 年 3 月号（500 号）、19-24 頁。

金田功子（2012）「小布施に魅せられた北斎　240 キロを通い長期滞在したのはなぜか」『財団法人北斎館　北斎研究所　研究紀要』第 4 集、27-45 頁。

川向正人（2010）『小布施　まちづくりの奇跡』新潮社。

清野由美（2009）『セーラが町にやってきた（文庫版）』日本経済新聞出版社。

国土交通省・地域整備局（2006）『事例番号 076　地元力で自立する和みのまちづくり―六次産業のまちづくり―（長野県小布施町）』（pdf）

http://www.mlit.go.jp/crd/city/mint/htm_doc/table.html よりダウンロード（2015.12.26 アクセス）。

総務省（2013）『社会教育調査（平成 23 年度）統計表～博物館調査（博物館類似施設）／種類別博物館類似施設数』（Excel）

http://www.e-stat.go.jp/SG1/estat/List.do?bid=000001047461 よりダウンロード（2015.12.26 アクセス）。

第10章

「直島」のアートゾーンデザイン
―― 島民と来島者をつなぐ現代アートのコンテクスト ――

河内俊樹

はじめに～世界中から観光客を呼び込む小さな島

"アートの島"として知られる直島は、香川県直島町に位置している。直島が観光地として、国内のみならず世界中から人を呼ぶほどに有名になったのは、「現代アートの聖地」として固有の地域価値を発現しているからである。そのような認識の高まりに伴い、直島町の観光客等入込数は、2003年以降右肩上がりを続けている。具体的には、2002年までは横ばい状態が続き約45,000人前後を示していたが、2003年には約60,000人、その後2004年は約107,000人、2007年は約285,000人と増え、2012年には約430,000人となっている[1]。来島者が飛躍的に増えた2004年には、世界に通用するアート・クオリティを目指した「地中美術館」がオープンしており、また「瀬戸内国際芸術祭」が初開催された2010年には、約637,000人（芸術祭全体としては、のべ約930,000人）が訪れたという[2]。瀬戸内海に浮かぶ小さな島にもかかわらず、このような一大センセーションを巻き起こしており、直島に住むお年寄りたちは笑顔であふれかえっているのである。

本章では、"アートの島"として有名になった直島について、その地域がもつ歴史にも触れながら、現代アートを用いた地域デザインについて、また、直島という地域固有の価値の発現について考察をしていくことにしたい。なお、本章では直島を中心とした地域デザインについて取り上げたいという意図から、「瀬戸内国際芸術祭」の取り組みについては、十分な考察を行っていない。「瀬戸内国際芸術祭」については、他に詳細な考察を行っている論稿が多数存在することから、必要に応じてそれらを参照していただきたい。

第 1 節　直島の地域特性

直島の"アートの島"としての地域デザインについて考えるにあたり、本節では、まず直島の地域特性について見ていくことにする。ここでは、現在のような"アートの島"としての地位を確立するに至るまでの、直島固有のコンテクストや歴史的背景について重点的に触れながら、考察を進めていくことにしたい。

(1) 直島の概観

「直島」という地名は、保元の乱で敗れた崇徳天皇が讃岐へ配流される途中、この島に立ち寄ったとき、島民の純真素朴さを賞して命名された、と伝えられている[3]。この直島が位置する「直島町」は、香川県高松市の北方約 13km、岡山県玉野市の南方約 3km の備讃瀬戸最狭部に位置する、大小 27 の島々から成る白砂青松の美しい自然に恵まれた町である。直島町の面積は 14.22km^2（本島約 8km^2、属島約 6km^2）、行政圏は香川県に属していながら、

図表 10-1　直島町の位置と地形

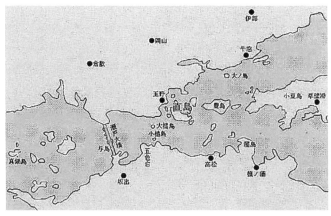

【出典】　直島町 HP「直島町について：町の概要：位置と地形」
　　　　http://www.town.naoshima.lg.jp/about/#outline
　　　　（データ取得日：2015 年 11 月 20 日）

日常生活圏については距離的に近い岡山県玉野市にある、という特殊な立地条件を有している[4]（図表10-1）。2015年（平成27年）4月1日現在、世帯数は約1,540世帯と微増している一方で、人口は3,130人余と年々減少しており、高齢化率はほぼ30％の状況にある[5]。

(2) 直島の現状について

　直島町は大きく分けて、3つのエリアに分かれている[6]。この直島を3つにゾーニングするという構想は、元町長である三宅親連[7]が掲げた「自主的産業振興対策と観光事業の基礎確立」により打ち立てられたものである。三宅元町長は、1959年（昭和34年）に初当選した後この構想を掲げ、観光開発に取り組む姿勢を示した[8]。すなわち、北部は、「三菱マテリアル（株）直島精錬所」を核として、関連諸産業の振興を図ることで経済の基盤とする「工業エリア」、中央部は、教育と文化の香り高い住民生活の場とする「文化・教育エリア」、南部と周辺島嶼部は、内海随一を誇る自然景観と町の歴史的な文化遺産を大切に保存しながら、それらを観光事業として活用することで町の産業の1つの柱とする「リゾートエリア」、というゾーニング構想である[9]。

　三宅元町長は、「経済は、文化的な生活を営む支えとなるものであらねばならない」という信念をもち、直島が、個々の利益追求のみを目的とした乱開発により低俗な観光地になることは大きなマイナスであり、直島の観光事業は、何より町の主導による"清潔な観光"であることを期待し、「清潔で地元産業の振興に結びつく観光開発」を主唱していたという[10]。現在においても、当時の構想を引き継ぎながら、産業振興を図っている。

(3) 直島のコンテクスト評価

　直島が"アートの島"として確立されるまでには、歴史的にいくつかの転機があった[11]。徳川時代には幕府の天領（直轄地）となり、瀬戸内海の海上交通の要衝を占め、海運業や製塩業の島として栄えていた。そのようななか、1917年になると、第1の転機が訪れることになった。それは、三菱合資会

社(現三菱マテリアル(株))の金属精錬所を誘致したことである。関連企業を含む工業地帯が出現したことで、企業城下町として人口も増加し、また一気に発展することで、豊かな財源を確保できるようになったのである。しかし、精錬所から排出される亜硫酸ガスの煙害により、島北部周辺の木々が枯れ、周辺の山々は禿山化するという被害が発生し、環境問題を引き起こすこととなってしまった。第2の転機は、1970年代の製錬事業の低迷である。銅の国際価格が下落したことを受け合理化が進み、従業員数の削減や高齢化とともに島の人口が減少し続けていくこととなり、過疎化の問題に直面することになった。また、隣の「豊島(てしま)」では、産業廃棄物の不法投棄問題が発生し、三菱マテリアルも新規事業として産業廃棄物処理施設を建設し、リサイクル事業を開始するようになった[12]。そして、第3の転機は、1980年代に、香川県等自治体を中心として、観光産業の誘致をはじめとした観光リゾート地への転換、という取り組みが始まったことである。

このように、直島には大きく分けて3つの転機があったと考えられるが、三宅元町長の取り組み自体は、先述の基本構想や自身の信念を基に、着実に進められていった[13]。例えば、観光開発の一環として、積極的に臨海学校や青少年のキャンプ、各種団体の講習会などを誘致するなどしており、そのような取り組みからある程度の成果を上げていた。しかし、総合的な開発計画に基づく大規模な施設整備の必要性を痛感したことから、巨額の資金を要するこのような事業は、貧弱な町の財政力では実現不可能であることを思い知らされ、民間企業を誘致する他ない、ということを再認識するに至ったという。つまり、町の主導による総合的な開発に限界を感じたことから、決意を新たに、民間企業と取り組む意思決定をしたのである。

そこで、1960年に、最初に観光開発として誘致したのが「藤田観光」であった。当時の藤田観光社長と町の主唱がほぼ一致したことから、直島開発のために新会社を設立する形で、開発事業を進めていくことになったのである。1966年に島の南に、海水浴場・キャンプ場・レストハウスを備えた「フジタ無人島パラダイス」が開設され、当初は多くの観光客を集めたものの、

1973年のオイルショックを契機に観光客が激減し、最終的には1987年に撤退することになった[14]。

(4) 直島のアートプロジェクトの歴史

このように観光開発という面からすると、1度は大きな失敗があったものの、直島が現在のように"アートの島"としての地位を確立するにあたっては、2つの大きな柱を推進させていったことに、その原動力を見出すことができる。その大きな柱とは、1つは島中央部での「直島建築シリーズ」の展開であり、いま1つは島南部での「直島アートプロジェクト」の展開である[15]。

文化・教育エリアとしてゾーニングされている中央部では、いわゆる「直島建築群」と呼ばれる特徴的な建物が多く点在している。これは、三宅元町長の「自立する町づくり」の志の一端として、1970年の「文教地区計画」（将来の直島に必要な教育文化施設を島の中心部に集める）に基づき展開されたものである。この計画によって、1971年には「直島小学校」が完成し、それ以降は図表10-2の通り、学校施設や社会教育施設が次々と整備されることになっていった[16]。この施設整備の推進には、建築家の石井和紘の設計が大きく貢献しており、子どもたちの想像力や豊かな人間性を育むために、設計するにあたり、伸びやかさや明るさなどが考慮されているという。また、前田によると、「このような一連の『直島建築群』は、アートの島『直島』としての方向性に貢献した要因のひとつ」[17]であるとし、「直島小学校にしても既成の小学校の概念から脱皮したデザインで現代でも斬新であり、また安土・桃山時代の飛雲閣をモデルとするモダンな町役場など町民に関心を持たせる建築物として、町民が受け入れやすい下地となった」[18]と指摘されている（図表10-3）。

前出図表10-2では、直島にある学校施設や社会教育施設のみを掲載しているが、周知の通り、第2節で考察される(株)ベネッセホールディングス（以下、「ベネッセ」と称す）が手掛けた一連の建築物も、この直島建築群に含まれることに注意をされたい。以下では、"アートの島"としての地位を確

図表10-2　直島建築群の竣工（ベネッセ関連のものは割愛）

1971年	直島小学校　竣工
1974年	直島幼稚園（直島幼児学園）　竣工
1976年	直島中学校体育館・武道館　竣工
1979年	直島中学校　竣工
1983年	直島保育園（直島幼児学園）　竣工、直島町役場　竣工
1991年	ふるさと海の家「つつじ荘」*
1995年	直島町総合福祉センター　竣工
2004年	海の駅「なおしま」　竣工

*正確には、ふるさと海の家「つつじ荘」は、直島の南部に位置する。
【出典】　直島町 HP「直島町について：直島町の公共施設の紹介：直島建築シリーズ」を基に作成。http://www.town.naoshima.lg.jp/about/#institute （閲覧日：2015年11月29日）

図表10-3　直島小学校と直島町役場

「直島小学校」　　　　　　　　　　　「直島町役場」

【出典】　直島町 HP「直島町について：直島町の公共施設の紹介：直島建築シリーズ」
　　http://www.town.naoshima.lg.jp/about/#institute （データ取得日：2015年11月29日）

立することに貢献した2つ目の柱である「直島アートプロジェクト」について、節を改めて取り上げることにしたい。

第2節　直島のコンテクストデザイン―直島アートプロジェクトの展開―

　本節では、第3章において提示された「地方系 ZTCA デザインモデル」をもとに、直島が価値を発現させることになったコンテクストデザインにつ

いて考察していくことにする。直島は、第1節で明らかにされたように、アートを軸とした地域活性化を展開していることから、「地方系 ZTCA デザインモデル」の5つのタイプのうち、「アート牽引型」に該当することとなる。

(1) 直島のゾーンデザイン

　直島のゾーニングは、先述したように、元町長である三宅親連の構想によって生まれ、南部と周辺島嶼部は、自然景観と歴史的な文化遺産を保存しながら観光事業に活用することを目指してスタートした。それ以降、1960年代に決定されたこの方針が、現在の直島のゾーニングを確定させるグランド・デザインとして生きているのである。企業誘致をする形での大規模な観光開発に1度は失敗したものの、現在のように"アートの島"としての観光地の魅力や価値が発現されるに至っては、ベネッセとの関係を抜きにして語ることはできない。

　ベネッセによる直島開発は、「瀬戸内海の島に世界中の子供たちが集えるようなキャンプ場を作りたい」という(株)福武書店（現(株)ベネッセホールディングス）創業社長である福武哲彦の夢と、「国立公園の美しい景観と自然を残した島の南側一帯を、文化的、健康的で清潔な観光地として開発したい」という三宅元町長の信念とが結合したことに端を発する[19]。三宅元町長の直島南部開発の夢や方針が、様々な曲折を経て、1985年11月に福武哲彦による直島訪問が実現したことで、ベネッセの誘致へとつながっていくことになったのである[20]。

　ベネッセは1987年に、現在の「ベネッセアートサイト直島」の敷地となる4つの無人島の土地を含む、直島南部一帯の約165haの土地を一括購入した[21]。この約165haもの土地は、1966年に三宅元町長が住民を説得する形で、観光開発を条件に、藤田観光に譲渡したものであった[22]。その後ベネッセは、南部一帯を「人と文化を育てるリゾートエリアとして創生」することを目標に掲げ、「直島文化村構想」を打ち立てた。この構想を打ち立てたことで、"アートの島"という直島のゾーンデザインが確立されるきっかけと

なった、と認識することができる。

　この「直島文化村構想」とは、単にレジャー、保養、あるいはスポーツのためのリゾート地ではなく、直島の海と山の両要素を持った豊かな自然環境にマッチする諸施設、および、運営により創出される"くつろぐ"状況をベースに、芸術文化を基軸とし、子どもたち、高齢者、芸術家、企業家など、魅力的な人々の出会いによって萌芽する人々の創造性を育てる場所にする、というものである[23]。この時期には、自然のなかに身を置き、ゆったりとした時間のなかで思索する「まどろみ文化」を提唱したりしていたものの、直島を現在のように、現代アート活動を軸として展開する、という明確な方向性はまだなかったようである[24]。しかしながら、この「直島文化村構想」を打ち立てたことによって、今後の展開を方向づける直島のゾーンデザインの輪郭が見え始めたということは、非常に重要な点として認識できる。

(2) 直島のトポスデザイン

　1990年前後になると、ベネッセによるアートプロジェクトの展開は、コンテクストとして意味あるトポスを意識していくようになった、と考えることができる。1989年には、施設展開の第1弾として、安藤忠雄が監修した「直島国際キャンプ場」が開業し、1992年には、同じく安藤忠雄が設計した「ベネッセハウス」がオープンした。この「ベネッセハウス」は、現代美術館とホテルとが融合したものであり、直島における現代アート活動の最初の拠点として象徴的となったものである。

　「ベネッセハウス」開業から翌1993年頃までは、世の中の他の美術館同様に、積極的に企画特別展を実施していたという。その企画展の内容も純粋な現代アートを軸としていたが、あるときを境にして「ベネッセハウス」での活動を、"常設展重視"、"一点一点の作品制作重視"、"コレクション重視"にする、というように変化させたのである[25]。このコンセプトの変化を契機として、トポスデザインの構築に本格的に乗り出していった、と考えることができる。すなわち、(「ベネッセハウス」自体のコンセプトもそうである

が、)アート活動の方向そのものを、「世界に誇るべき美しい景観である瀬戸内海の風景（場）と現代アートを如何に融合させるか」といった視点へと明確化させることで、「直島の場でしか成立しない展示方法」を探ることが強調されたのである[26]。現在の直島のシンボル的作品として親しまれている、草間彌生作の「南瓜」が設置されたのも、ちょうどこの頃の1994年秋である。その結果として、まさにその場でなければ成立しえない、という固有のコンテクストをもつトポスを活かした現代アート作品が生み出されていくことになり、そのことがさらには、現代アート作品を通じて瀬戸内海の美しさを再発見してもらうきっかけとしても、大いに役立つことになったのである。サイト・スペシフィック・ワーク（現地制作作品）が増加していったのも、この時期からである[27]。

　トポスとしてある特定の場所でしか意味を成さないアート作品が設置されることで、そのアート作品を通じた風景から再認識される"瀬戸内海の美しさ"もまたトポスとなり、次々とトポスの相乗が生み出されていくというのは、興味深い点として指摘できよう。

(3) 直島のコンステレーションデザイン

　1990年代後半になると、トポスを意識したアート作品が面的な拡がりを持つことによって、コンステレーションを形成していくことになっていった。すなわち、"場"とアート作品の一体化をより一層深めるため、それまで直島南部のベネッセ所有の敷地内で展開していたアート活動を、その敷地から飛び出させ、直島の歴史や人々の暮らしとの組み合わせの重要性を認識することで、人々の住む集落を舞台に展開させていくことになったのである[28]。この視点の転換は、コンステレーションデザインとして、とりわけ重要な点だと考えられる。笠原は、「島の南部の閉じた私有地のみでの来島者と直島との接点が、人々の暮らす集落での来島者との接点となるとともに、現代アートが島民と来島者の有機的なつながりが生み出されていくこととなったという点では重要なターニングポイント」[29]になった、と指摘してい

る。この視点の転換がまた、その後 2000 年代後半から展開する「犬島」と
「豊島」を舞台としたアート活動につながる礎となっていることは、いうまでもないであろう。

　コンステレーションデザインとして具体的な第一歩を踏み出すことになったのは、1998 年完成の「家プロジェクト」第 1 弾である「角屋」である。これは、直島の本村地区に残る築 200 年以上の民家を舞台に、外観は極力元あった姿に再生させる一方で、内部を現代アートの空間として再生させたものである。その後、家プロジェクトは、「南寺」「きんざ」と展開し、第 4 弾では「護王神社」、さらには「石橋」「碁会所」「はいしゃ」と、現在第 7 弾まで行われている[30]。笠原は、このプロジェクトは、「あるものを壊して新しいものを創る」から、「あるものを活かし新しいないものを創る」へという、その後の直島におけるアートプロジェクト全体に影響を与える、重要なコンセプトを生み出すことになった、と重要視している[31]。

　現在の「ベネッセアートサイト直島」は、直島にとどまることなく、「犬島」や「豊島」にも拡がりを見せている。これは、ベネッセが、単なる現代アート活動の範囲を超え、過疎高齢化の地域に、確実に新たな誇りと活性化をもたらしてきたことから、この活動に一定の普遍性があるとすれば、直島を超えた場所においても同様の成果を導くことになるのではないのか、という仮説をもつようになったからである。その検証の場として選び、また、拡張するコンステレーションの構成要素の場として選んだのが、犬島と豊島だったのである。犬島は、現代アートとエネルギー循環型社会をテーマとして取り組まれ、豊島は、かつては米とミルクの島と呼ばれるほど農業が盛んであった経緯から、食とアートをテーマに取り組まれている。直島での成功体験を他の島へ転用するのではなく、現代アートを軸にしながらも、各島の歴史や文化、個性を活かした形で展開していくことに、その特徴が見られる。

　また、そのコンステレーションの拡がりは、さらに「男木島」「女木島」「大島」「小豆島」を加える形で、7 つの島を舞台とした「瀬戸内国際芸術祭」の展開へとつながっている。2010 年に始まった「瀬戸内国際芸術祭」は 3

年毎に開催され、次回は2016年に開催することが決まっている[32]）。

(4) 直島のアクターズネットワークデザイン

　直島がこのような活性化に成功するに至っては、アクターズネットワークとして、大きくは3者の存在が重要であった、と分析することができる。1つ目は、明確なビジョンと推進力を持った三宅元町長やベネッセの存在（主導者）、2つ目は、時間をかけて丁寧に取り込むことに成功した住民の存在、3つ目は、地域活性の観点からまちづくり整備に取り組んだ行政の存在である。直島のアクターズネットワークは、このようにベネッセと島民と行政とがタッグを組む形でネットワーク化している、と捉えることができる。さらには近年、直島で飲食店等を開業するために移住する人たちも増加しており、このような移住者も、新たな島民として、アクターズネットワークの構成員となっていくことになる。そして、このようなネットワークが犬島や豊島の各島でも展開され、マクロ的に見ると、ベネッセを中心に、各島の島民と各島の行政とが連携し、大きなネットワークを形成しているのである。

　アクターとしてのベネッセの取り組みや考え方については前項までで述べてきたことから、以下では、地域住民と行政に焦点を当て、考察していくことにする。

　ベネッセが展開する様々なアート活動は、住民に受け入れられて協力体制を築くことができなければ、ただ単に、現代アート作品が点在する島に終始してしまう。住民と現代アートとの接点を持たせるために、ベネッセは「ベネッセハウス」の開館を皮切りに、すべての美術館において、直島町民とその同伴者の入館料を無料にし、さらに各展覧会関連のイベントに島民を招待するなど、できる限り島民にとって開かれた美術館であろうとし続けている[33]）。その後、「家プロジェクト」を契機に、島民参加型の試みを増やしていき、徐々に共感と理解が得られるようにしていったのである。「家プロジェクト」第1弾の「角屋」では、「Sea of Time '98」という作品制作において100名以上の島民が参加し、125個あるカウンターの点滅間隔を島民1人ひ

とりが設定することで、アーティストと地域住民とが一体となり、協働で作品を完成させていった。

他方、こういった活動を展開していくなかで、2003年4月に直島町観光協会が設立され、来島者の受け入れ体制が整えられていくことになった。さらには、2004年2月に観光ボランティアガイド組織が設立され、中高齢者のボランティアスタッフを組織化することで、来島者へのガイドを実施するようになった。この組織の母体は郷土史歴史会であり、「アートだけではなく直島の歴史や文化も知ってもらいたい」という思いから活動を開始した、とのことである[34]。

このように、地域住民自らが地域活性の一翼を担っているという意識が高まることで、島に住む人々が、地域の持つ歴史や様々な資源を自ら再評価できたことに、直島の価値発現や地域活性化へとつながった最大のポイントがある、と考えらえる。

また一方、行政サイドも、「家プロジェクト」を展開するにあたり、本村地区を景観保護重点地区に指定し、景観審議会を設置するなど、古い町並みを大切にしていくことを公的に支える体制を整えていった。例えば、景観保全ソフト事業として「屋号プロジェクト」を実施したり、2001年に実施した「スタンダード展」では、「のれんプロジェクト」として、のれん制作・設置のための補助金を出している。今では、本村地区にとどまらず宮浦地区にまで拡がりを見せ、民家の玄関にのれんが掛けられることで、町並みに華を添えている。このように、コンテクストデザインを担うためのアクターとして、行政も行政にしかできない支援をするために参画しているのである。

おわりに～福武会長の地域活性への思い

福武總一郎会長は、30年近くの長期間にわたり、地域活性の牽引役として直島に関わり続けている。ベネッセでは、島民1人ひとりの"Benesse（＝よく生きる）"を実現させるためには、それらの人々が良い地域、魅力ある

地域に暮らしていることが重要であり、1人ひとりの"Benesse"の実現のためには、よい地域、魅力ある地域を創らなければならない、という考えを有している[35]。福武会長は、幸せなコミュニティとは、「人生の達人であるお年寄りの笑顔があふれているところ」と考えている[36]。これは、直島のお年寄りたちが、現代美術に馴染み、島を訪れる若い人々と笑顔で接して、ドンドン元気になっていく姿を見て考えるに至った、ということである。瀬戸内の島々は、日本で最初の国立公園に指定されながらも、一方では、日本の近代化や戦後の高度成長を支え、かつその負の遺産を背負わされた場所でもある。福武会長自身が、そういった島の人々との交流を深めていくうちに、近代化の波に洗われていない、かつて日本人が本来持っていた心のあり方や暮らし方、地域の原風景としての人々の慣習や近所付き合い、またそういった光景の島々に暮らすことの価値を再認識し、現代アートという手段を用いながら、お年寄りたちの笑顔を生み出すことに、すべての活動の原動力を見出していったのである。

　現在では、アートと地域との共生や、アートによる地域活性の面を強調した取り組みも展開されている。島の持つ歴史や文化というコンテクストに現代アートが重なることで、トポスとしての島の固有の新たなコンテクストが生まれ、そこに住まう島民と来島者とが触れ合うことで、島民の生き生きとした笑顔が創出されること。これこそが、島を舞台としたアートによる地域デザインの向かう指針、すなわちアートゾーンデザインの指針であった、と認識することができる。

（注）

1) 西孝（2012）「アートによる集客と地域―香川県直島のアートプロジェクトの事例から―」『文化経済学』第9巻第2号（通巻第33号）、文化経済学会、81頁。および、『日本経済新聞』夕刊（2013年6月12日）「瀬戸内海のアートの島」。
2) 『日経アーキテクチュア』第998号（2013年4月25日号）（特集：直島の奇跡）、日経BP社、32頁。

3) 直島町 HP「直島町について：町の概要：沿革」http://www.town.naoshima.lg.jp/about/#outline（閲覧日：2015 年 11 月 29 日）。
4) 上田浩子（2013）「魅力あふれるアートの島 直島」『地方税』第 64 巻第 4 号、地方財務協会、123 頁。
5) 直島町 HP「行政情報：直島町統計情報：2 人口：人口・世帯の推移」http://www.town.naoshima.lg.jp/government/files/02_jinkosetai.xls（データ取得日：2015 年 11 月 29 日）。
6) 上田浩子、前掲稿、125 頁。
7) 三宅親連は、1959（昭和 34）年 4 月から 1995（平成 7）年 4 月まで、9 期 36 年間にわたって町長を務め、その偉大な功績から、第 2 号名誉町民を受贈している。
　・直島町 HP「行政情報：直島町統計情報：3 行政：歴代村・町長」http://www.town.naoshima.lg.jp/government/files/03_chocho.xls（データ取得日：2015 年 11 月 29 日）。
　・直島町 HP「直島町について：名誉町民のご紹介：名誉町民贈呈者」http://www.town.naoshima.lg.jp/about/#honorary（閲覧日：2015 年 11 月 29 日）。
8) 上田浩子、前掲稿、125 頁。
9) 上田浩子、同上稿、125 頁。
10) 上田浩子、同上稿、125 頁。
11) これ以降の記述は、次の資料に基づき記述をしている。
　・直島町 HP「直島町について：町の概要：沿革」http://www.town.naoshima.lg.jp/about/#outline（閲覧日：2015 年 11 月 29 日）。
　・長畑実・枝廣可奈子（2010）「現代アートを活用した地域の再生・創造に関する研究―直島アートプロジェクトを事例として―」『大学教育』第 7 号、国立大学法人山口大学 大学教育機構、135-136 頁。
12) 豊島の産業廃棄物が、どのような経緯があり直島で処理されるようになったのか、ということについての詳細は、次の文献に書かれている。
　・福島利夫（2012）「直島と豊島をつなぐ産業廃棄物処理問題のこれまでとこれから」『専修大学社会科学研究所月報』第 587・588 号（2011 年度春季実態調査 香川特集号）、専修大学社会科学研究所、55-62 頁。
13) 上田浩子、前掲稿、125 頁。
14) 柴田弘捷（2012）「銅精錬・アート・産廃処理の町・直島の現在―人口構成・産業構造・雇用環境」『専修大学社会科学研究所月報』第 587・588 号（2011

年度春季実態調査 香川特集号)、専修大学社会科学研究所、23 頁。
15) 前田和實 (2012)「アートの島:直島アートプロジェクトを検証する」『専修大学社会科学研究所月報』第 587・588 号 (2011 年度春季実態調査 香川特集号)、専修大学社会科学研究所、66 頁。
16) 上田浩子、前掲稿、124 頁。および、前田和實、同上稿、66-67 頁。
17) 前田和實、同上稿、67 頁。
18) 前田和實、同上稿、67 頁。
19) 笠原良二 (2011)「ベネッセアートサイト直島の活動の軌跡とその意義―現代アート活動による地域活性化の一例―」『財政と公共政策』第 33 巻第 2 号 (通巻第 50 号)、財政学研究会、70 頁。
20) その後、1986 年に創業社長である福武哲彦が急逝したことを受け、福武總一郎社長 (現会長) が跡を引き継ぐことになった。
21) 笠原良二、前掲稿、70 頁。
22) 西孝、前掲稿、81 頁。
23) 上田浩子、前掲稿、126 頁。
24) 笠原良二、前掲稿、70 頁。
25) 笠原良二、同上稿、71 頁。
26) 笠原良二、同上稿、71 頁。
27) サイトスペシフィック・ワークとして制作された 1 つひとつの作品については、「ベネッセアートサイト直島」の HP を参照されたい。
28) 笠原良二、前掲稿、72 頁。
29) 笠原良二、同上稿、72 頁。
30) ベネッセアートサイト直島 HP「アート:家プロジェクト」http://benesse-artsite.jp/art/arthouse.html (閲覧日:2015 年 11 月 30 日)。
31) 笠原良二、前掲稿、72 頁。
32) 「瀬戸内国際芸術際 2016」HP http://setouchi-artfest.jp (閲覧日:2015 年 11 月 30 日)。
33) 笠原良二、前掲稿、71 頁。
34) 笠原良二、同上稿、74 頁。
35) 笠原良二、同上稿、68 頁。
36) 福武總一郎 (2011)「なぜ、私は直島に現代アートを持ち込んだのか」『瀬戸内海』第 61 号 (特集:瀬戸内海の新たな課題と取り組み―大阪湾―)、社団法人瀬戸内海環境保全協会、3 頁。

(参考文献)

上田浩子（2013）「魅力あふれるアートの島 直島」『地方税』第64巻第4号、地方財務協会、123-127頁。

笠原良二（2011）「ベネッセアートサイト直島の活動の軌跡とその意義―現代アート活動による地域活性化の一例―」『財政と公共政策』第33巻第2号（通巻第50号）、財政学研究会、67-75頁。

柴田弘捷（2012）「銅精錬・アート・産廃処理の町・直島の現在―人口構成・産業構造・雇用環境」『専修大学社会科学研究所月報』第587・588号（2011年度春季実態調査 香川特集号）、専修大学社会科学研究所、23-54頁。

直島町HP http://www.town.naoshima.lg.jp （閲覧日：2015年11月30日）。

長畑実・枝廣可奈子（2010）「現代アートを活用した地域の再生・創造に関する研究―直島アートプロジェクトを事例として―」『大学教育』第7号、国立大学法人山口大学 大学教育機構、131-143頁。

西孝（2012）「アートによる集客と地域―香川県直島のアートプロジェクトの事例から―」『文化経済学』第9巻第2号（通巻第33号）、文化経済学会、79-90頁。

『日経アーキテクチュア』第998号（2013年4月25日号）（特集：直島の奇跡）、日経BP社、22-40頁。

『日本経済新聞』夕刊（2013年6月12日）「瀬戸内海のアートの島」。

福島利夫（2012）「直島と豊島をつなぐ産業廃棄物処理問題のこれまでとこれから」『専修大学社会科学研究所月報』第587・588号（2011年度春季実態調査 香川特集号）、専修大学社会科学研究所、55-62頁。

福武總一郎（2011）「なぜ、私は直島に現代アートを持ち込んだのか」『瀬戸内海』第61号（特集：瀬戸内海の新たな課題と取り組み―大阪湾―）、社団法人瀬戸内海環境保全協会、2-4頁。

ベネッセアートサイト直島HP http://benesse-artsite.jp （閲覧日：2015年11月30日）。

前田和實（2012）「アートの島：直島アートプロジェクトを検証する」『専修大学社会科学研究所月報』第587・588号（2011年度春季実態調査 香川特集号）、専修大学社会科学研究所、63-71頁。

脇本泰子（2013）「わがまちの活性化戦略 香川県直島町―環境とアートにより、町を活性化する―」『東瀬戸内をつなぐ経済情報誌 MONTHLY REPORT』第36巻第423号、岡山経済研究所、32-35頁。

第11章

「境港」のアートゾーンデザイン
―― 妖怪アニメアートの価値創造 ――

佐藤茂幸

はじめに～アニメによる地方のアートゾーンデザイン

　本章では、アニメによる地方のアートゾーンデザインをテーマにする。そもそもアニメがアートか？という命題は別の機会に譲りたいが、近年、アニメや漫画が日本のサブカルチャーやオタク文化と評されていることから十分にアートたる文化性を帯びているといってよいだろう。また一方で、人気のあるアニメは商業的に成功しているわけであり、経済性と文化性を両立させている存在である。

　こうした強力なアニメアートコンテンツが、コンテクストデザインの核となり地方の価値創造の姿を浮き彫りにすることが本章の狙いである。そのために、妖怪アニメの街で成功している鳥取県境港市を事例に取り上げる。境港は、代表作「ゲゲゲの鬼太郎」の生みの親である漫画家の水木しげるの出身地であり、1990年代から水木の力を借りてアニメによる観光を中心にした地域振興が進んでいる。

　したがって、本章では境港の例を「アート併設型のゾーンデザイン」と位置づけ考察を行う。その中核的存在が「水木しげるロード」であることから、前半部分でその発展経緯を整理し、地域にもたらした効果を明示する。後半部分では、他事例と同様にZTCAデザインのアプローチをもって、この地における価値創造の戦略を明らかにしていく。

第1節　妖怪アニメアートの街として栄える境港

　境港のアートゾーンの中心は、駅前商店街に位置する水木しげるロードにある。したがって、本節においては、水木しげるロードの発展経緯を整理し、そこからどのようなコンテクストとしての地域価値が創造されたのかを考察する。

(1) 境港市の概観と商店街再生

　境港市は、鳥取県西部に位置する面積約 28.8km^2、人口約 35,000 の県内でもっとも小規模な市である。日本海に面する弓ヶ浜半島の先端にあり、三方を海に囲まれていることから、重要港湾として栄えてきた地域でもある（図表 11-1）。その港湾としての境港(さかいこう)は「北東アジアのゲートウェイ」と評し、2010 年 8 月に国から重点港湾の指定を受け、さらに 2012 年 11 月には日本海側拠点港に選定された。こうしたことから、日本海側の物流・人流の拠点として中海・宍道湖圏域の活性化と日本経済の発展に大きく貢献している。

図表 11-1　境港市の位置

出典：境港市ホームページ

また、水産業が盛んな地域でもある。まき網・沖合イカ釣・かにかご・沖合底引網等の沖合漁業と、小型底引網・刺網・一本釣等の沿岸漁業が主力産業としてある。2014年度実績全国5位の水揚げ量を誇り、松葉ガニ・ベニズワイガニ・クロマグロ・境港サーモン等の水産資源によるブランド化が進んでいる。これら漁港として水揚量の多さを背景に、水産加工業の集積度が必然的に高くなっている。

　こうした第1次・第2次産業の発展のなかで、駅前商店街の繁栄もあった。明治期後半より境港駅からお台場に通じる町筋に店舗開設が進み、本町アーケード商店街、松ヶ枝町商店街、西本町商店街、新道元商店街の4商店街に発展し商業の中心を担う存在となる。しかしながら、交通体系の変化、大型小売店の進出、消費者ニーズの変化、商店主の高齢化などの社会状況の変化により、1980年代をピークに売上が減少し、閉店する店舗が急増するなど商業機能の空洞化が懸念されていた（中小企業庁、2016）。

　このような商店街衰退の危機感から、地元出身の水木しげるの人気アニメ「鬼太郎」をモチーフにしたアニメアートによるまちづくりが1990年代から開始される。現在、商店街は水木しげるロード商店街として再生し、観光客を中心とした多くの来街者でにぎわうようになっている。

(2) 境港の現状～水木しげるロードの発展経緯

　水木しげるロードは、境港駅前から中心市街地に延びる全長約800mの道路沿いのエリアを指し、本町アーケード商店街、松ヶ枝町商店街、西本町商店街、新道元商店街の4つをカバーしている（図表11－2）。商店街の歩道には、水木しげるの人気アニメ「ゲゲゲの鬼太郎」等に登場するブロンズ像・妖怪オブジェ153体が設置され、アニメアートの街が形成されている（図表11－3）。また、駅前の「巨大妖怪イラストボード」をエントリーにして、「河童の泉」や「妖怪神社」がロード途中に配され、西端エンドには水木しげる記念館があることで、アクセントが効いた妖怪のワールドが演出されている。その結果、年間で約230万人[1]の観光客が訪れる県内有数の観光地となっ

図表11-2 水木しげるロードの位置

出典：水木しげるロード振興会ホームページより

図表11-3 水木しげるロードの妖怪ブロンズ像

①水木しげるの像

②ゲゲゲの鬼太郎の像

出典：筆者関係者撮影

ている。

　水木しげるロードがオープンしたのは1994年であり、アニメアートとしての先進的な街づくりがなされている。澤田（2011）はその発展経緯を、1988～1992年の構想期、1993～1997年の初動期、1998～2003年の模索展開期、2004～2010年の発展期[2]に分類している。この整理に、直近2011年～2015年における第2構想期なる筆者見解を付け加えて、ロードの発展経緯を以降整理しておく。

　1988～1992年の構想期は、水木しげるロードが開設されるに至る準備段階の期間である。事の契機は1988年、中心市街地衰退の問題意識に基づく、境港市役所内若手職員14名からなる「街づくりプロジェクト委員会」が設置されたことにある。1990年に当委員会主催による「緑と文化のまちづくりフォーラム」というイベントを開催している。ここで、地元出身者の水木しげるをパネリストに招いたことが縁になり、紆余曲折を経ながらも、1992年に鬼太郎や目玉おやじといった人気キャラクターのブロンズ像6体が商店街西地区（松ヶ枝商店街）に設置された。こうした形で、若手職員による市役所主導で水木しげるロード整備事業はスタートした。

　1993～1997年の初動期は、水木しげるロードの正式オープンとロード完成の時期である。1993年7月にロード200m区間に23体のブロンズ像が設置され、オープン式典と除幕式が行われた。1996年8月には、約800m区間に妖怪ブロンズ像80体を並べ、水木しげるロード完成式典を実施する。その間、当ロードは1994年鳥取県から景観大賞を、1995年建設省から「手づくり郷土賞」をそれぞれ受賞し、行政機関からのいわゆるお墨付きをえることになる。1997年には、フェリー乗り場を兼ねた「みなとさかい交流館」が完成し、交通アクセスとともに、観光案内、レストラン等の基本的な観光機能が確保された。

　1998～2003年の模索展開期は、これまでの行政主導から民間主導に転換していった時期である。この段階において、ブロンズ像のアートコンテンツ中心から、民間によるイベント等ソフトによるコンテクスト化が模索された

期間でもある。1998年に商店主26名の有志による「水木しげるロード振興会」が発足し、商工会議所施策のもと基本計画を作成した。この計画のなかには、「妖怪神社」と「水木しげる記念館」の設置が盛り込まれ、それぞれ2001年と2002年に竣工した。妖怪スタンプや妖怪盆踊り、妖怪探索ツアーなどの民間主体によるイベント事業が盛んになったのもこの時期である。

　2004～2010年の発展期は、水木しげるロードが全国区になるべく、広域的な展開をしていった時期である。境港市の財政状況が逼迫するなか、2004年より妖怪ブロンズ像のスポンサーを全国から公募した。この公募が期待以上の成果を生み、1体100万円のスポンサー料にもかかわらず、32体のブロンズを追加することにつながる。2005年にはJR米子駅から境港駅までの16駅を観光路線化し、駅名に妖怪の愛称を付け、すでに走らせていた鬼太郎列車等の妖怪デザインをリニューアル強化している。2006年には、境港から隠岐までの区間で鬼太郎フェリーが就航を果たす。この時期、全国メディアの後押しも水木しげるロードの発展に追い風となった。2005年に映画「妖怪大戦争」が全国で封切りされ、2010年にはNHK朝の連続テレビ小説「ゲゲゲの女房」が放映された。この結果、年々観光客数は増加し、2010年には観光客がピークとなる370万人を超えることになる。

　2011～2015年の第2構想期は、水木しげるロードが一定の成功を収め、次の発展をうかがう踊り場の時期である。これについては、境港の課題と今後の可能性に関わることであり、改めて(4)項で後述する。

(3) 境港のコンテクスト評価～水木しげるロードの効果

　前述してきた水木しげるロードの発展は、境港にどのような効果をもたらしたのか。それは何といっても観光客の増加であり、それに伴う経済的効果であったことは見逃せない。図表11-4で示すように、観光客は水木しげるロードの発展に合わせて激増している。

　観光による経済的効果が推進のドライバーとなり、境港に次のような価値創造をもたらし、これをもってコンテクストが生じたと判断できる。

図表11-4 水木しげるロードの過去21年間の入込客数の推移

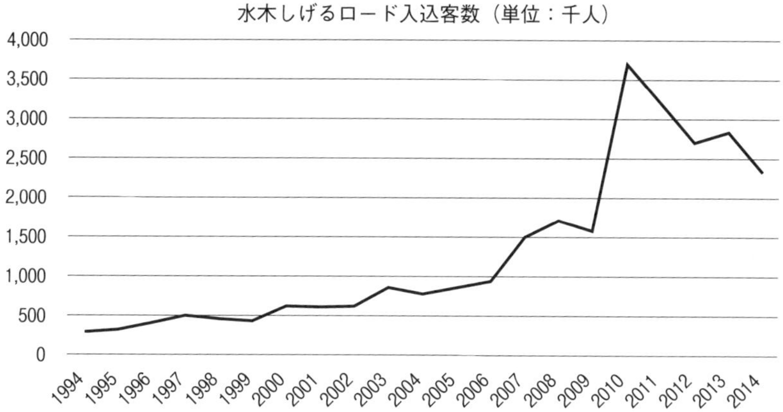

水木しげるロード入込客数（単位：千人）

出典：境港商工会議所

① 駅前商店街において、日常的な買い物をする「地域密着型商店街」から、妖怪の街として非日常的な価値を提供する「観光型商店街」に再生させた。
② アニメアートが観光資源化する相乗効果として、境港の主力産業である水産業も観光資源として付加価値を得た。
③ アニメコンテンツが地域アートを担う可能性を示し、コンテクストとしてのアニメアートによるまちづくりの先例になった。
④ 境港が鳥取県や山陰地方におけるアニメアートゾーンの中心になり、この地に新たな広域的なブランド価値をもたらす存在となった。

(4) 境港の可能性～水木しげるロードの課題と今後の展開

　筆者は、現在水木しげるロードは踊り場期にあり、2011年より第2構想期にあると分析している。それは、観光客数（入込み数）が一時のピークから減少し、2014年には約230万人と落ち着いた数値であることから察している。そのためか、境港市では2013年度に「水木しげるロードリニューア

ル基本構想」をまとめ（境港市、2013）、行政が主導する形で次のステージに上がるための準備が始まっている。

　こうした動きから類推して、境港のアートゾーンにおける今後の課題や展望は、次の2点の方向性から見出すことができる。その第1は水木しげるロードの拡充である。すでに、前述の基本構想において、ロード歩道部分の拡幅や蛇行化により、生活機能道路から観光回遊道路への転換が計画されている。また、妖怪ブロンズ像153体のグルーピングによる再配置を行い、ストーリー性と神秘性の強化を打ち出している。

　発展の第2の方向性は、アートゾーンの拡大である。港湾や空港等の交通インフラを拡充させるなかで、インバウンドを含めた観光集客のさらなる増加が期待できる。これに応えるために、アートゾーンを拡大させ観光の受け皿を大きくさせる。そのためには、妖怪ワールドそのものの拡大や、他の観光施設や観光地との連携のなかで地域内の回遊性を高める方向性が考えられる。

第2節　アニメアートとしてのコンテクストデザイン

　前節では境港の現状から、地域の創造価値の内容を明らかにした。そこで本節においては、境港のアニメアートゾーンの戦略そのものを明らかにするため、ここでもZTCAデザインモデルの考察から試みる。これを結論から先に述べるならば、図表11-5で体系化したように、4つのコンテクストデザインからそれぞれ成功要因となる戦略の存在を浮き彫りにすることができている。

(1)　境港のゾーンデザイン

　まずは、境港をゾーンデザインのアプローチから戦略評価を試みる。そもそも、第3章第2節(1)で示した通り、水木しげるロードは地方系アートゾーンの5分類のなかで「アート併設型ゾーンデザイン」に該当する。このアー

図表 11-5　水木しげるロードのコンテクストデザインの戦略

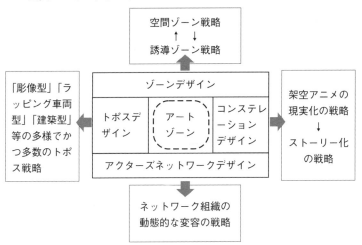

ト併設型ゾーンとは、アートエリアと観光エリアの2つのゾーンデザインを融合することを意味し、その相乗効果を狙ったデザインである。つまり、境港の例で語るならば、アートエリアは水木しげるロードを指し、観光エリアは例えば鬼太郎列車の16駅あるJR境線や米子鬼太郎空港からのアクセスゾーンを指すのである。したがって、境港のアートゾーンデザインは、アートな要素の「空間ゾーン戦略」と、観光の要素の「誘導ゾーン戦略」の2つの戦略をもってゾーニングされたと見ることができる。この2つのゾーンデザインをそれぞれ以降で検証していこう（図表11-5）。

　第1のアートな要素の「空間ゾーン戦略」とは、水木しげるロードにおいては「妖怪の街」を造ることを意味する。元来、当ロードのエリアは地元消費の生活密着型商店街であったのだが、これをアーティストとしての漫画家・水木しげるのアニメコンテンツの力をテコに、日常的な生活空間から非日常的な妖怪による幻想空間にコンテクスト転換していった。つまり、800m区間の商店街エリアにおいて、153体もの妖怪ブロンズ像を設置し、水木しげる記念館や妖怪神社などの関連施設を設営したことで、日本で唯一

無二の個性的空間に作り変えたのである。

　こうした空間ゾーン戦略は、近年各地で見られるパブリックアートとしてのアニメ像設営とは、規模と計画の面で一線を画す。例えば、石巻市の「いしのまき漫画ロード」は石ノ森章太郎の作品である仮面ライダー等のFRB像が19点であり、新潟市の「水島新司漫画キャラクターストリート」は野球漫画のドカベン等のブロンズ像が7点にとどまっている。水木しげるロードの空間ゾーン戦略の特徴は、「妖怪の街」を統一コンセプトにし、比較的広範に形成された既存商店街ゾーンを一括してコンテクストデザインしたところに戦略としての成功要因があったといえるだろう。

　第2の「誘導ゾーン戦略」とは、顧客をアート空間に誘導する観光機能を担うゾーンデザインを意味する。境港においては、前述したようにJR境線による鬼太郎列車や米子鬼太郎空港、あるいは鬼太郎フェリーがあり、こうした交通アクセスが誘導ゾーン戦略の構成要素となる。ただし、誘導ゾーン戦略はアート空間への交通利便性のみを意図するものではなく、誘導経路そのものがアートゾーンの性格を帯びてくる。例えば、JR米子駅（ねずみ男駅）から鬼太郎列車に乗車しJR境港駅（鬼太郎駅）に向かう時空において、すでに妖怪ワールドを体験することになる。つまり、観光客に対するアクセス手段としての誘導ゾーン戦略は、空間ゾーン戦略との相乗効果によって、アートゾーンにコンテクストデザインすることを内包するのである。

　以上のように、境港は「空間ゾーン戦略」と「誘導ゾーン戦略」の2つのゾーンデザインの相乗効果によって、観光地としてのアートゾーンの地位を

図表11-6　アートゾーンにおける2つの戦略

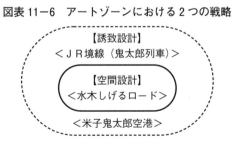

確立していった（図表11-6）。

(2) 境港のトポスデザイン

　地方型のアートゾーンのトポスデザインとは、特定の場（スポット）にアートを設営し、新たな文化的意味を付加する行為である。そしてそれは、アートの力をもって地方の風景を異化し、近代化した都市に対抗するような新たな価値を創造することでもある。境港のトポスデザインは、まさにこの轍を踏んでおり、妖怪のアニメをアートとして150体余のブロンズ像を制作し、これを商店街の街路に常設配置したことにある。鬼太郎やねずみ男、目玉おやじといった個性豊かなブロンズ像が設置された個々の場において、神秘的な意味や不思議な体験の記憶を埋め込み、全体として「妖怪の街」として異質の街並みを形成している。

　ここで注視したいのは、境港が対象としているアート素材は、アニメ等のいわゆる架空のキャラクターコンテンツであるということである。したがって、架空のアニメがアートとして特定の「場」と結び付いたときどのような価値をもたらすのかという命題が浮かび上がる。

　こうしたアニメ等によるアートが場にもたらす影響のタイプを、竹田（2013）は8つに類型化を試みている。それを筆者なりにまとめたものが図表11-7であり、境港では、そのなかの「彫像型」「ラッピング電車型」「建築型」「展示施設型」が行われている。これらをトポスデザインによって、どのような戦略とコンテクスト価値が付加されていったかを交えて次に解説していく。

　彫像型においては、妖怪ブロンズ像がこれに該当する。もともとアニメや漫画のフィクションであったキャラクターが、彫像によって現実世界に登場する。鬼太郎たちのアニメ像が発する空気とその場の雰囲気が結び付いて、例えば妖怪の霊気を感じるといった、コンテクストが生じる。次に、ラッピング電車型のトポスにおいては、JR境線の鬼太郎列車が挙げられる。鬼太郎以外にも、目玉おやじ・ねこ娘・ねずみ男列車があり、車両内や駅構内の

図表11-7　アニメコンテンツによるトポスデザインの分類

アニメ・トポスの類型	内容	境港の例・カッコ内は他地域の例
①彫像型	アニメなどに登場する架空の人物などをブロンズや鉄などにより実物化。原作者やアニメ作品のゆかりの地にちなんで恒久的に設置する。	妖怪ブロンズ像
②仮設彫像型	アニメなどに登場する架空の人物などを立体で再現し、一定期間、公共の場に設置する。イベント性が強く、設置場所は彫像型と比較し根拠性は必要ない。	（機動戦士ガンダム像／東京都品川区）
③拡張現実利用型	スマートフォンを特定の場所にかざすと、そのカメラを通して画面に現実の風景を背景としたアニメ等が現れる技術を利用したもの。	（たまゆら／広島県竹原市）
④ラッピング車両型	アニメなどに描かれた人物などを、路面電車、バス、鉄道車両、航空機などの公共交通機関の外装に表示すること。	JR境線の鬼太郎列車
⑤建築型	建築のデザインが、アニメなどに描かれた世界観や内容に関連すること。	（トトロの住む家／東京都杉並区）
⑥環境保全型	アニメなどに描かれた地域の環境をそのアニメなどに描かれた状態に保つために環境保全を行うこと。	（崖の上のポニョ／広島県鞆の浦）
⑦ロケ地型	アニメなどに描かれた舞台が現実に存在する場所や、参考にしている場所を特定化すること。いわゆる「聖地巡礼」によってロケ地がトポスの意味をなす。	（らき☆すた／埼玉県鷲宮町）
⑧展示施設型	特定アニメなどの作品、作家などをテーマとする施設で、美術館やテーマパークのような形態をとること。	水木しげる記念館・ゲゲゲの妖怪楽園

出典：竹田（2013）から筆者が表として作成

場があたかも妖怪ワールドへの入り口の様相を帯びる。

　建築型は、水木しげるロードにある妖怪神社が挙げられる。境内はアニメの一風景をイメージさせるものがある。神社や境内オブジェが妖怪アートに

よって、新たな意味が吹き込まれる。そして、最後の展示施設型のトポスは水木しげる記念館が該当し、そこには様々な妖怪オブジェや水木愛用の品やグッズが展示されている。当記念館の前身は割烹旅館であり、全面改装をもって再生を果たした。入館料やグッズ販売の収入によって、商業的な価値を生み出している。

以上のように、境港では多種多様なアプローチをもって、アートによるトポスデザインが実施されていることがわかる。また、掲載枠の限りから説明を省略したが、ロケ型による聖地巡礼となる場や、環境保全型の場もいくつか散見される。このように考えると、境港の妖怪ワールドにおいては、量的規模のトポスデザインが実行されており、そこに戦略性があると分析できる。

(3) 境港のコンステレーションデザイン

コンステレーションデザインは、顧客側の想像領域からのアートゾーンに対する価値創造の行為である。境港のコンステレーションデザインでは、アートのテーマが「アニメ」で、かつ「妖怪」のコンテンツであるがゆえに、実体化とストーリー化の2段階の戦略デザインが生じたと考察する（図表11-8参照）。

その第1の実体化戦略とは、アニメという架空ではあるが顧客の心に印象付けられたキャラクターを、地域のイメージを背景に現実化させることであ

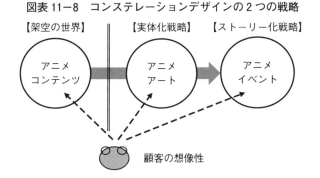

図表11-8　コンステレーションデザインの2つの戦略

る。つまり、鬼太郎に代表される妖怪アニメがブロンズ像として実体を伴ったとき、顧客の単なる空想から現実味を帯びた懐かしさや畏敬の念を抱かせることになる。アニメアートは、例えば私たちが子どもの頃に観た妖怪アニメの心の印象を、境港の地に故郷の風景として投影する。そこには、アニメコンテンツから、アートコンテクストの価値発現が生じている。

第2のストーリー化の戦略は、妖怪アートに関わるイベントの企画を実行することである。「境港妖怪ジャズフェスティバル」「境港妖怪検定」「境港さかな妖怪ウォーク」など、様々な団体の主催によるイベントが開催されることで、妖怪アートを媒介にした学びや交流、心の感動を顧客にもたらす。そして、こうした妖怪アートのストーリー化は、地域コミュニティの形成を促しそこに新たな文化を根付かせる。これはまさに、コンステレーションデザインによるアートゾーンの強化と定着を意味するのである。

(4) 境港のアクターズネットワークデザイン

アクターズネットワークデザインは、前述してきたZ・T・Cのデザインを実行するための組織デザインである。地方型アートゾーンにおいては、アーティストのみならず地域住民や行政、地域企業、そして外部の関係者との自律的なネットワークと協働により組織は形成される。しかしながら、無計画に組織化されるわけではく、アートゾーンの成熟度によって主力となるアクターは変化する。こうした動態的な組織戦略を境港において考察し、アクターズネットワークからの価値創造を確認する。

図表11-9は、第1節(2)で解説した境港・水木しげるロードの発展段階と、そのとき主力となったアクターを関係づけたものである。この整理から、構想期から初動期においては、アクターの中心は行政とアーティストにあり、模索展開期と発展期においては民間企業や市民、そして地域外の企業やサポーターへと移行していることが確認できる。このことは、アートゾーンの発展の各段階におけるZ・T・Cのデザインの重点変化と、活動資金の調達変化が要因にあると想定する。

図表 11-9　境港のアクターズネットワークの変遷

発展段階	中心となる ZTCデザイン	中心となる アクターズネットワーク	活動資金の循環
1988年～1992年 構想期	ゾーンデザイン	○行政（境港市） ○水木しげる	公的資金（市税）
1993年～1997年 初動期	ゾーンデザイン／ トポスデザイン	○行政（市・県・国） ○水木しげる ○商店街組合　○商工団体 ○観光協会	公的資金（まちづくり関連の補助金含む）
1998年～2003年 模索展開期	トポスデザイン／ コンステレーションデザイン	○市民団体 ○商店街の個店 ○地域内企業	観光収入
2004年～2010年 発展期	コンステレーションデザイン	○市民　○外部企業 ○地域コミュニティ ○地域外のサポーター	観光収入 スポンサー料
2011年～2015年 第2構想期	ゾーンデザイン	○行政（境港市・鳥取県・島根県）　○企業	公的資金

　これをもう少し具体的に解説をしてみよう。構想期から初動期の段階では、水木しげるロードによるゾーンデザインと、妖怪ブロンズ像のトポスデザインが中心であった。ゾーンデザインを進めるためには、境港市の行政の立ち位置をもって構想を打ち出すことが有効であり、それを実行する利害調整力と公的な資金力が求められた。そして、アーティストのアニメアートの力をもって、最初のトポスデザインが行われる。妖怪の街にするという大胆なコンテクスト転換は、水木しげるという偉大な漫画家の存在と実績があったからである。

　模索展開期と発展期における重要な変化は、観光客が増加し域内収入が増加したことである。これに呼応し個店が妖怪の街にふさわしい商品やサービスの開発や品ぞろえを強化する。あるいは、新規ビジネスによる起業や企業の参入を促すものになる。また、新たな市民団体が発足し、妖怪に関する様々なイベントが実施されるようにもなった。さらには、地域外からの公募によ

る妖怪ブロンズ像へのスポンサー資金も流入していった。このように資金循環が生じると、アクターとして地域内のコミュニティや地域外のサポーターによるネットワークが創発的に形成され、民間主体の自律的なコンステレーションデザインが実行されていくのである。

このように境港におけるアクターズネットワークは、発展段階に応じて変容し成長している。ここから発展過程におけるZ・T・Cのデザイン機能と資金循環との相関をもって、組織戦略が練られるという仮説を導き出すものである。

おわりに～境港の今後の可能性

本章では、境港を事例にアニメによるアートゾーンの地域価値の創造戦略を明らかにした。それは、ZTCAデザインモデルから導き出したものであり、アートがアニメでなくとも他地域への応用が可能なものであると自負する。しかしながら、境港の成功事例を戦略分析した域を出ておらず、今後の戦略の方向性を提示するまでには至っていない。特に、境港市が標榜する「環日本海オアシス都市」の構想や、鳥取県の「まんが王国」の施策と連動性の検証は、掲載枠との関係から手をつけることができなかった。これらにおける考察課題は次の執筆の機会に譲ることにしたい。

そして残念なことに、本章執筆のさなかの2015年11月30日、水木しげるが逝去した。境港ではその哀悼のなか、水木のこの地にもたらした多大なる功績を改めて認識したに違いない。水木の遺志とともに妖怪アニメアートは、この地に生き続けることになるが、それも不変のものではない。そこにはある種の進化が求められ、精神的な支柱を失った今こそ、次のステージに向かう契機になるかもしれない。

(注)
1) 2010年～2014年における5年間の入込客数（境港市、2014）の平均値からおおよその数値を算出した。
2) 澤田（2011）は、発展期を2004年～2007年としている。その後、入込客数が増加し、2010年にピークに達したことから、発展期を2010年までとした。

(参考文献)
五十嵐佳子（2006）『妖怪の町』実業之日本社。
依藤光代・松村暢彦・澤田廉路（2011）『地方都市の商店街活性化におけるまちづくりの担い手の継承とその要因に関する研究―水木しげるロードをケーススタディとして―』日本都市計画学会都市計画論文集、Vol.46。
境港市（2013）『水木しげるロード リニューアル基本構想』https://www.city.sakaiminato.lg.jp/upload/user/00102924-WjqZdx.pdf（2015.11.29 アクセス）。
境港市（2014）『水木しげるロード リニューアル基本設計』https://www.city.sakaiminato.lg.jp/index.php?view=106322（2015.11.29 アクセス）。
境港市（2015）『境港市総合戦略』https://www.city.sakaiminato.lg.jp/upload/user/00103666-HD9Zf0.pdf（2015.11.29 アクセス）。
澤田廉路（2011）『境港市の「水木しげるロード」整備と商店街の変容に関する考察』国際交通学会誌、Vol.34。
竹田直樹（2013）『アニメの像 VS. アートプロジェクト―まちとアートの関係史』公人の友社、71-101頁。
中小企業庁（2006）『がんばる商店街77選・鳥取県境港市 水木しげるロード周辺商店街』。http://www.chusho.meti.go.jp/shogyo/shogyo/shoutengai77sen/machidukuri/6chuugoku/3_chuugoku_12.html（2015.11.29 アクセス）。
水木しげる（2008）『妖怪散歩 鬼太郎たちと出逢う街』やのまん。

第12章

「神山」のアートゾーンデザイン
── アーティスト・イン・レジデンスからワーク・イン・レジデンスへ ──

板倉宏昭

はじめに～アートから始まった最先端の働き方の実験

　徳島県名西郡神山町では、特定非営利活動法人（NPO）グリーンバレーが中心となり、「せかいのかみやま」「創造的過疎」を合言葉に地域づくりを進めている（大南、2011）。

　世界からアーティストを町に招いて創作活動を支援する神山アーティスト・イン・レジデンス（Kamiyama Artist in Residence：KAIR）は、1999年に開始された。神山には、通常のアートを鑑賞しにくるような定評のあるアートを購入する資金も、アートを評価する人材も制度も不足しているため、評価の高い芸術家の作品を集めることはできなかった。そこで、グリーンバレーが中心となってグリーンバレー代表の大南は、アーティストに滞在してもらうためのプログラムを全国に先駆けて民間主導で実施した。

　最近では、アーティスト・イン・レジデンスを発展させたワーク・イン・レジデンスを通じた移住促進に力を入れており、全国の注目を集めている。移住促進策の1つとして、サテライトオフィスの誘致が挙げられる．東日本大震災を契機に、BCP（Business Continuity Plan；事業継続計画）[1]の策定や企業の拠点分散の機運が高まり、ITインフラが整った神山町の優位性が認識されるようになり、IT企業など13社が立地している。中央省庁移転計画の一環として、消費者庁の徳島移転が検討されている。先進的な働き方の地域としての評価をもとに、板東久美子消費者庁長官など幹部が神山町で試験勤務した（日本経済新聞、2016）（図表12－1）。

図表 12-1　神山町の位置

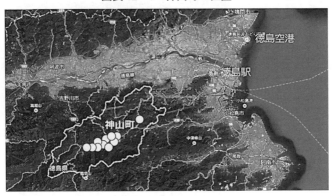

大南（2014）　　　　　　　　　　　　　〇はサテライトオフィスを示す。

第 1 節　神山の地域特性

　いかにして神山町が、芸術家や IT 起業家が移住する「最先端」の町として知られるようになったのかについて、国際交流から始まるアート活動を歴史的に捉える。

(1) 神山の概観

　神山町は、徳島市から車で 40 分ほどの中山間部の過疎の町である。グリーンバレー理事長の大南信也は、人口減少を予測して、人口構成・人口構造を 2024 ～ 25 年までに今より健全化しておこうという「創造的過疎」の概念を提唱し、人を呼び込む数々の取り組みを行っている。

　神山町の人口は、1955 年には約 21,000 人であったが、2010 年の国勢調査によると 6,042 人である。2011 年には、神山町が誕生した 1955 年以来初めて社会動態人口が増加に転じた。その後も自然減は続いているものの、転入者数の増加が続いている。

　神山の活動の原点は国際交流にあり、それがアート等の様々な活動に影響している。「せかいのかみやま」という発想もここから来ている。大南の母

校でもある神山の神領小学校に奉納されている青い目の人形（アリス）を送り主に返した。1927年、日米関係が悪化するなかで、カリフォルニアでの日本人移民排斥運動に心を痛めた同志社大学で教鞭をとっていたことのあるギューリック博士が日本にアリスを送ってきた。博士は、「大人間の話し合いは既に抜き差しならないものになったから、子どもから日米友好の芽を育んでいこう。日本人は人形が大好きであるから、人形を仕立てて送ろう」と思い、全米で1セント募金を始め、1927年の雛祭りに合わせて12,739体の人形を送った。

　文部省（現、文部科学省）はそれを受け取り、全国の小学校・幼稚園に配布した。このうち、徳島は152体である。この人形は、横たえると「ママ」という音声を発する。当時このような人形がなかった日本の子どもたちの間では非常に人気が出た。

　ところが、太平洋戦争勃発と同時に、ほとんどが破却・焼却され、反米感情を煽るキャンペーンに利用されることになった。現在残っている数は約300体となっている。

　1991年、アリス里帰り推進委員会が結成された。神山のアリス人形は、当時の女性教員が隠したことで難を逃れた。人形はパスポートとビザを所持しており、裏面には出身地が書かれていた。そこで、ペンシルバニア州ウィルキンスバーグ市長に手紙を書き、送り主に連絡をつけてもらい、アリス人形の里帰りを計画した。20人からなる住民の訪問団を結成して、随伴する子どもたちの渡海費用を神山町が負担して渡米した。

　アリス里帰り推進委員会は、小学校区での活動を主にしていたため、1992年、全町規模にした神山町国際交流協会を発足させ、国際交流事業にあたった。

　1997年に転機が訪れる。徳島県の10年間の新長期計画の一環として、神山町にとくしま国際文化村のプロジェクトが県のほうから提案された。この計画を国際交流協会が知った際、職員の感想は、「これからは、国や県が作ったような施設であっても、住民自身が管理運営する時代が来るであろう。そ

うであれば、計画段階から自分たち住民の考え方を織り込んでおかなければ、有効に使えないだろう」という考えであった（大南、2011）。そこで、これまでのように行政から与えられるのではなく、住民自身が発想し、県のほうに逆提案していこうということになった。そして、国際交流協会内に国際文化村委員会を設置し、2つの基本姿勢を置いた。1つは、「とにかくソフトを開発していこう」というもので、そうしたソフトを開発することで、ハードが最適化された形で見えてくる、という考えから来ている。つまり、入れ物よりも入るものを先に考えていこうとした。2つ目は、「コンパクトなものを考えよう」というもの。必要な大きさの、身の丈にあったものを考えることで、維持管理など余分な手間と費用を省くようにした。

　国際文化村委員会は、最終的に環境と芸術の2本柱を立てることになった。環境については、後述する「アドプト・プログラム」を実施して、神山町でモデルを確立して全国に発信しようということになった。また芸術については「国際芸術家村」を作ろうということになった（大南、2011）。

(2) 神山の現状と課題

　神山アーティスト・イン・レジデンス（KAIR）は、国内外から毎年3名のアーティストを一定期間招聘して、活動を支援する事業のことである。通常は自治体や美術館が主体となることが多いが、神山は民間主導である。大規模な施設をもたず、遊休施設をアトリエとして活用するなど工夫を凝らし、活動を続けている。年間事業費は約300万円である。

　お遍路文化の"お接待"の精神を活かして神山町の「ゾーンの価値」を磨き、アーティストの滞在満足度を上げることを目標とした。17回のKAIR事業を通して招聘されたアーティストは19カ国54名である（イン神山、2016）。

　行政が始めるアーティスト・イン・レジデンスの平均寿命が5年であるが、これは文化庁から資金の支援を受けられる期間が5年であることも要因である。また、首長であるリーダーの交代により、前任者の成果を否定する目的

で事業自体が冷遇されるということも原因としてあるだろう。

　神山の場合、住民が発案し、これに町・県、さらに2年目には文化庁が乗る形となり、文化庁から毎年500万円ほどの支援を受けた。そして、事業開始7年後、文化庁と県が支援を止め、続いて町からの支援も210万円から139.5万円へ少なくなった。しかし、コンパクトに運営し、グリーンバレーの活動により得た利益により活動が続いている。

　2015年に招聘したのは、アメリカ、オーストラリア、ラトビアの3名で、彼らには、滞在する約2カ月間で神山に作品を残してもらった。渡航費・滞在費・材料費などの費用を実行委員会が全額支援（1人当たり約70万円×3人＝約210万円）し、その他経費を含めて300万円の予算で運営している。

　応募者は年々増え、現在は90人前後である。より多くの応募者から選抜したいという思いから、欧米の美術大学や美術館、美術家協会などのメールアドレスを入手し、集中的に周知を行った結果、2002年には170人ほどの応募者があった。しかし、人数が集まったが別の問題が生じた。応募書類には、自作品のスライドを同封してもらうことになっており、審査後返送することにしていた。その返送費用が1通当たり約1,000円かかるため、多数の応募により費用が嵩んでしまった。そこで、応募者から50ドルの応募料を徴収することにした。当時のレートである1ドル120円で計算すると応募料は1人当たり6,000円となり、切手代を差し引いた5,000円×応募者数の資金が委員会の手元に残る計算になる。そのお金は、補助金で賄えない必要な費用で、アーティストにとり必要なモノの購入費用に充てられ、還元されるようにしている。さらに、2005年に町に光ファイバーが設置された後は、メールでの応募を原則とした。そうすることで、返送費用を節約でき、応募料50ドルを丸々プールすることができるようになった（大南、2011）。

　次に、応募から漏れた人たちに対してもスポットをあてた。応募から漏れた250人を対象にアンケート調査を行い、「神山に来たいか？」「神山に来たい場合、障害となるのは何か？」などを答えてもらった。その8割が「神山に来たい」と答え、障害となるものは「長期間低価格で滞在できる施設およ

びアトリエがない、あるいはそういった情報発信がなされていない」との答えが多かった。

大南は、「海外のアーティストたちは、必ずしも神山だけに訪れたい訳ではなく、日本に滞在したいのである。彼らを迎え入れたのが神山であって、その意味では、日本中の島・過疎地が彼らにとって魅力がある」と分析した。

そこで、パーシャル・サポート（部分支援）プログラムを開始した。これは、宿舎やアトリエは無償で貸し出すが、交通費や生活費は自費で賄ってもらうというものである。ちなみに、作品の持ち帰りは自由である。

また、仮に神山町の支援が得られず全額支援のプログラムができなくなったとしても、アトリエや宿泊費を2カ月1人当たり3万円と計算し、3万円×人数分の金額を出せばプログラムが存続するというバックアッププランを用意している。そうすることで、支援を打ち切られるという憂いを軽くし、一種のセーフティネットの役割を果たしている（大南、2011）。

(3) 神山のコンテクスト評価—アーティスト・イン・レジデンスからワーク・イン・レジデンスへ

ワーク・イン・レジデンスとは、将来、町にとって必要となると思われる働き手や起業家をピンポイントで公募することをいう。すなわち、将来必要となる職種を、「このような人を求めている」「空き家をこのように活用できる」などと神山町で具体像を作り、積極的に募集していくことである。逆指名することで、移住・起業・商店街再生が同時に行える。

ボロボロの空き家を借り上げ、一般財団法人・地域活性化センターからの資金援助を受けて、東京芸術大学の建築学科の学生約250人が改築した。この空き家は、「ブルーベアオフィス神山」と名付けられて、イギリス人のトム・ヴィンセントが別荘として借りている。トム・ヴィンセントは、別荘に不在の間、友人のクリエーターたちに安く又貸ししている。そのクリエーターは、自分の技能を神山に形として残すという仕組みである。第1号のクリエーターは、当初1カ月半の滞在予定だったが、結局神山に映像プロダク

ションを設立して、さらに結婚、子どもも生まれている（大南、2014）。

　神山町は、地デジ化に対応するために、四国で初めて自治体が町全体に光ケーブルを整備した。この高速ネット回線と田舎の豊かな自然を誘致に活かそうとした結果、IT企業の誘致という結論になった。自然とIT、まったく別のものだが結び付くわけである。

　名刺管理サービスを提供するIT企業、Sansanが2010年に神山に古民家を利用したサテライトオフィス第1号を開設した。このオフィスには、希望すれば社員誰でも赴任することができる。三井物産から派遣されたシリコンバレーでの勤務後に起業した社長の寺田親弘によるとIT企業にとり、極論すると場所は関係ない。インターネット環境とパソコンさえあればどこでもいいという。日々の業務はインターネット回線で行われる。社内会議や取引先との打ち合わせはインターネット電話である。東京本社のパソコンを、ネットを通じて操作している。こちらのパソコン画面を相手に見せながら、仕事のスケジュールを組んでいく。必要なコミュニケーションはとれる仕組みは整っている。社員も慣れてきて業務上の不便は感じていないという。社員は2週間から長い人で数カ月間、古民家で寝泊りをし、田舎暮らしを楽しみながら業務をする。都心に比べストレスの少ない仕事環境を求め、社員の1割以上がこの制度を利用した。こちらに来て同じようなペースで仕事をしているが、帰京するとみんな元気になっている。働く時間を制限して強制的にワークライフバランスのような話ではなくて、物理的にどこで働くかがもたらす影響は大きいと思うし、20〜30年後に東京のオフィスに集まってきて働いているとは到底思えない（篠原、2014）。

　社員の新しい働き方を探るために神山町にやってきたSansanは自社の開発業務に加え、町内業者との協業やの森林整備の活動などの地域活動に参加し、ブログ等による町の情報発信を行っている。

　新しい働き方が町に入ってくることにより、神山町自体の潜在的な可能性にみんなの目が向いた。「田舎だからダメだ」と否定していたのが、「田舎でも成立することがあるじゃないか」という意識が生まれた（大南、2015）。

(4) 神山の可能性

　アートが育むツーリズムビジネスが可能性として挙げられる。神山アーティスト・イン・レジデンスの全額支援も部分支援も神山町にとっては支出を伴うプログラムであるが、将来的に、これらプログラムをアーティストに対して有償でサービス提供を行い、文化が経済を育むようにしたいと考えている。支援プログラムは、その起爆剤となるような役割を期待されている。実際に、オランダの旅行会社から、オランダからのアーティスト常時２名受け入れの要請や、カリフォルニアの旅行会社から小グループでの田舎旅の打診を受けた（大南、2011）。

　また、アートビジネスを創出する、すなわち文化が経済を育むという実績をつくるため、総務省から資金援助を受け、ウェブサイト「イン神山」を制作した。当初は、神山でアートを見て、ビジネスチャンスにつながればという思いで始めたが、別の現象が起こった。「神山で暮らす」という移住需要の顕在化である。つまり、このサイトにより、神山で暮らしたいという人が続々と名乗りだした。

　神山町は、アリス人形の里帰り事業（1991年）以前には、ほとんどＩターンのない町であった。大南の知る限り、陶芸家一家と画家の夫婦の２組が神山町に入ってきたのみだった。しかし、KAIRの後、滞在したアーティストが住むようになり、移住を世話することを通じて蓄積されたノウハウに着目されて、神山町から2007年から神山町移住交流支援センターを任されるようになった。

　移住交流支援センターには目的があり、神山町の地域課題である過疎化・少子高齢化・地域経済衰退などの解決である。そのため、この解決策を持っている人に優先的に空き家を貸すことになっている。具体的には、子どもをもつ若者夫婦・若年者・起業家などである。

　その結果、例えば2009年には、８世帯14人（平均年齢は推定25～26歳）が神山に移住してきた。外国で生活していた日本人夫婦や、夫がイギリス人・妻が栃木県出身の日本人の夫婦などが引っ越してきた。2010年には、

子ども6人を含む8世帯20人が入ってきた。ただし移住後2人子どもが生まれているので、子ども8人を含む22人が神山に新しく住むことになった。この子どもたちが創造的過疎にとって重要になってくる（大南、2011）。

第2節　神山のコンテクストデザイン

　さて、本節では神山のこれまでの活動に基づき、ZTCAモデル（原田、2013）を拡張して3章で提示された「地方系ZTCAデザインモデル」に則してコンテクストデザインについて述べることにする。

(1) 神山町のゾーンデザイン

　神山町は、アートなどを資源に行動しているため、行政区域にとらわれずに行動していると思われるが、近隣の地域や自治体を意識して行動しているのであろうか。グリーンバレーは、近隣の地域や自治体を特に意識して行動してはいない。グリーンバレーは規模の大きな組織ではないので、先進のモデルを作ろうと考えている。結果的に、近隣の地域あるいは離れた地域に影響し、日本の田舎全体のかさあげができるのではないかと考えている。

　外部力（ヨソモノ）と内部力（ジモティ）の多様な人の知恵が新結合（コンビネーション）する場「せかいのかみやま」において、多様な人が集まれば、化学反応を起こして変化が起こる。そこで生まれた進化をさらに他の場所に発信しようという意図がある。地域間のネットワークというのは、地理的な近さに影響せず、思いの重なるところは自然とつながっていくものと考えている。それは人も同じである。偶然の出会いというのはなく、すべて出会いは必然であるといった考えである。

　グリーンバレーのゾーニングとしては、神山であるものの、「日本の田舎をステキに変える！」というミッションのもとに活動している。その活動例として、アドプト・ア・ハイウェイが挙げられる。

　1989年、大南は、サンフランシスコ郊外の高速道路で、「ここから2マイ

ルの間、散乱ゴミを除去している」という標識が立てられているのを見かけた。驚いたのは、この標識にスポンサー企業の名が載っていることだった。日本では、高速道路標識の表示および管理は行政の役割である。

　このような、住民団体や企業が、道路や河川など公共施設の一区間を引き受け、その区間を行政の代わりに清掃をする仕組みはアドプト・プログラム（養子縁組という意味）と呼ばれる。大南は、これを見た瞬間に、日本でも必要となるシステムであると確信し、導入の機会を待っていた。

　しかし、確信をもっていても安易に導入を提案しても採用されない。そこで、議論の際に、国際文化村という文化がつく町を作ろうとしていることに訴えた。すなわち、「町外から来た人たちにゴミの山を見せつけてしまうのは果たして文化的と言えるのかどうか？　町にゴミが落ちていない、という印象を与えることが、文化的な雰囲気を醸し出すのに不可欠でないか？　そのために、アメリカで盛んになってきているアドプト・プログラムという方法があり、日本ではまだ行われていないので、自分たちでモデルを作り、全国に発信していこう」と提案した（大南、2011）。

　さて、このアドプト・プログラム採用を県に打診したところ、即座に「否」という答えが返ってきた。理由は、道路交通法により、道路標識は商業活動に利用されるべきものでなく、スポンサー名が看板に入ることは認められないとのことだった。これは、このプログラムについて正しく認識されていなかったからではなく、前例がないため、とにかく否定しておくという保守的な思考があった。

　結局、徳島県から認められなかったため、大南は自主活動を行うことにした。要は"強行突破"である。前例がないと県が動けないというのであれば、前例を作ればいいと動きはじめたのである。1998年6月28日に第1回目の活動を行い、7カ所に看板を設置したが、マスコミには民用地に看板を立てると説明しつつ、その実3カ所は、故意に道路区域に設置した。このようなことをする場合に重要なのはタイミングの問題である。その実行日は土曜日であったが、土曜日は看板の撤去を指示する担当職員が休日で、月曜日まで

は少なくとも問題が発覚することはないと踏んでいたからだった。そして、もし発覚した場合の対処も考えた。委員会から涙脆い人間を集め、県から撤去命令を出すよう開き直る。そして、マスコミを呼び寄せた上で、アドプト・プログラム導入の意図を涙ながらに訴えるというものである。ところが、案の定、担当者から電話がかかってきたが、予想に反して「神山町の道路を綺麗にしていただきありがとうございます」という内容の連絡を受けた。そして1年4カ月後、徳島県は予算を組み、県全体にアドプト・プログラムを広めていくことを決定（徳島県 OUR ロードアドプト事業）し、後に全国すべての都道府県で実施されることになった（大南、2011）。

(2) 神山のトポスデザイン―棚田再生事業とアートによる森づくり―

　第1に、棚田再生事業は、農水省の事業で、事業仕分け後、グリーンバレーが引き継ぐことになった。農水省は、都市部の若者たちと地域住民が連携し、棚田の再生・活用を行おうという目的で始めた。グリーンバレーは、農業従事者から「やめたほうがよい」というアドバイスを受けても、「やってみよう」という変わり種の山口良文に着目して、「地域に変化を起こす若者を発掘する」ことを目的としている。

　山口良文は慶應義塾大学卒業後、東京農工大学大学院を経て、神山町の地域づくり会社の地域研究員の肩書きで神山にやってきている。グリーンバレーにとっては、棚田の再生・活用という意味ではなく、「地域に変化を起こす若者を発掘する」という意味がある。

　第2に、粟生の森づくり運動である。通常、森づくりは、地球温暖化・CO_2 削減などの環境意識からプロジェクトされることが多い。しかし、神山では、アーティストに森のなかで作品を作ってもらい、粟生の森を1つの作品群にしようと志向している（図表12-2）。

　最初、粟生の森でも、神山町役場所有の場所に限定していたが、個人所有の森に作ってしまった人がいた。しかし、それが続き、その度に謝罪に行くのが面倒になったので、グリーンバレーが無償で森の手入れを行う代わり

図表12−2　大粟山アートウォークの作品

『人間の時間を抱く等高線』
ストレイドム・ファンダメルヴェ氏（南アフリカ）
青石を用いた永久設置の作品。10個の石のサークルを形成。
石にはそれぞれ等高線をイメージしたラインが刻まれている。

に、アーティストの作品を許可なく作らせてもらうという協定を結んだ。森の個人所有者は、森の手入れを行わなくて済むというメリットがあり、場所的制限を嫌うアーティストにもメリットがある。さらに、森の手入れを行う主体であるグリーンバレーも、アートには興味ない森づくりのプロを引き寄せることに成功した。森の整備のために、参加者は参加料500円を徴収されている。ちなみに、このお金は保険料や昼食の材料費に充てられる。プロに頼めば1日約16,500円支払わなければならない。そのプロが参加料を支払ってまでこのプロジェクトに参加している。その上、そのプロの技術を無償で作品の制作に役立てることができている[2]。

　この森づくりによる長所は、変化がすぐに見えてくるということである。神山の風景を撮られた際に、参加者は「神山のこの代表的な風景は俺が作った」という自信が持てる。大南はここで、リーダーの役割について、「様々な面で評価をされるような局面を作り上げることにある。メンバーが結果的に前に踏み出せるようにやっていくことがその役割」としている。

第 3 に、寄井商店街再生事業である。昔の劇場があり、その前には長屋が並んでいる。長屋は空きが多いが、それを活用するため、「自分で作ったモノ・サービスを提供する商店街」をコンセプトに、ワーク・イン・レジデンスを組み合わせて誘致を構想して図っており、4K テレビのアーカイブ事業を行っているえんがわオフィスが隣接している（図表 12-3）。

図表 12-3　劇場寄井座

1929 年創建。1960 年に閉鎖されるも 2007 年に復活。現在はアトリエやライブ会場として活用されている。全国 4K 祭も行われる。

2015 年には、鮎喰川を望む Week 神山 Stay & Work がオープンした。1泊2食7,000円程度からで「いつもの仕事を違う場所で」をコンセプトとして、4K 映像制作会社えんがわオフィス社長の隅田徹が代表を務める神山神領が運営している。築 70 年の古民家を再生した食堂棟[3]を中心に、道を挟んだ隣地には、神山町のグリーンバレーが運営する神山バレー・サテライトオフィス・コンプレックスがあり、仕事ができる空間となっている（Week 神山、2015）。

(3) 神山のコンステレーションデザイン—「創造的過疎」—

　神山は、「創造的過疎」という未来軸からのアプローチをとっている。過疎により、町のあらゆる環境が変化している。未来の神山町をどう捉えていくのか。不可避の過疎という未来に対して、それを現実として受け止めた上で、逆算して未来の過疎に向かっていこうというのが創造的過疎の意味である。

　現在から未来を見つめた場合、ぼんやりとしたものしか見えない。漠然とした捉え方に問題があると大南は考えている。未来を明確に捉えるために、的確な目標設定、持続可能な姿の可視化が必要である。そして、目標設定により明確になった未来から、現在までを逆算し、政策を用いて過疎化させれば、創造的過疎が実現できるのではないかと考えている。

　例えば、以下のような考えである（大南、2011）。神山では、人口についての見通しが2100年まで予想されているが、その頃には人口は111人・年少人口（0～14歳までの人口）は2人になっているとされている。しかし、現在の町民は、「その頃まで生きていない」という感覚から、無関心である。そこで、より近い未来の情報をクローズアップする。2010年には433人の年少人口が、2035年には187人まで減少する。しかし、年少人口と聞いてもピンとこないため、この年少人口を15（0～14）で割る。すると、1学年当たりの人数が出てきて、2010年には28.9人、2035年には12.5人となる。ここで初めて、1学年12.5人の子どもしかいなくなると、多くの町民がこの数に敏感になる。そして、「このままでよいのか？」と問題意識を持ち、さらに「将来これぐらいは1学年に子どもたちがいてほしい」という明確な目標を立てる。それを現在まで逆算することで、年度毎の目標となる年少人口を割り出すことができる。

　さらに、夫37歳・妻35歳・第1子6歳・第2子4歳という風に子育て世帯のモデルを仮定し、年に何世帯を神山町に移住させることができれば、目標となる年少人口を達成できるか、具体的な目標を設定した。徳島大学の石田和之准教授によると、毎年5世帯の移住が必要とのことであった（大南、

2011)。

　そして、移住してきた人たちにとって必要なものは何かと考え、住む場所と働く場所が挙げられた。住む場所に関しては、空き家の利用で賄い、超過する場合は、行政のほうが新築して若者向けに住宅を提供する。働く場所に関しては、もともと職を手に移住するのであるから問題はない。つまり、神山町が移住者に求めるのは、若者と起業家である、という風に方針を決めていった（大南、2014）。

　その結果、外国人も含めて、多様な地域から多くの人が神山に集まるようになり、創造性あふれる多様な人間が集う場としての「せかいのかみやま」が形成されることになる。そこでは、変化が生まれ、新しいモデルができることになる。名産品やB級グルメの開発を進めているところがあるが、モノは陳腐化して長続きしないこともある。新しいモノを創造するために必要なのは人の仕組みである。人が循環する仕組みを作り上げれば、モノに頼る必要はなく、自然に新しいものが出てくる（大南、2011）。

(4) 神山のアクターズネットワーク―グリーンバレーと大南―

　NPO法人グリーンバレー理事長の大南信也は、1953年徳島県神山町生まれで、米国スタンフォード大学院修了後に、建設業を継ぐために帰郷後に地域活動を始めた。留学経験は、外部力（ヨソモノ）の視点をもたらしたと思われる。本業は建設業で、生コンクリートの製造などをやっている。しかし、近年は不景気により本業の仕事が少なくなった。以前は本業の傍ら、NPOの活動をやっているつもりだったが、現在は逆転してしまっている。本業がNPO活動で8割となっている。

　グリーンバレーは、「日本の田舎をステキに変える！」をミッションとしており、これが神山と外部を結び付ける多様な取り組みの根底を流れる地域の物語（Site Specific Story：3S）となっている（Itakura, 2011）。

　ここで田舎とは、神山だけでなく、全国に何千もある神山のような田舎も含める。神山は、人口6千人で、ある程度顔の見える関係であることから、

モデルが作りやすい。そのモデルを他の同じような問題を抱える田舎に発信して、そこでさらなる進化を遂げ、全体としての嵩上げが行われれば達成されるという考えである。

そして、このミッションを達成するために、3つのビジョンを掲げている。

第1に、「人」をコンテンツにしたクリエイティブな田舎づくり「ヒトノミクス」である。例えば、神山に移住して働きたい起業家がいれば、町の建築家やデザイナーなどが協力する。神山に集まる人の思いを地域で一緒に実現するため、地域コミットメントが醸成される。

第2に、多様な人の知恵が融合する新結合の場「せかいのかみやま」づくりである。多様な人が集まれば、必ず化学反応を起こして変化が起こる。そこで生まれた進化をさらに他の場所に発信しようという意図がある。

第3に、「創造的過疎」による持続可能な地域づくりである。過疎というと、否定的な感情を交えて捉える人が多いが、現状を受け入れ、「未来の一定の時点から逆算して今どの世代が何人いる必要があるのか」数値化し、人口構成を健全化する。地域力の成果（パフォーマンス）の神山独自の測り方がここにある。

グリーンバレーでは、出入りが自由で、開放的、変わり者を受容するように、意識的に組織作りをしている。出入りが自由ということについて、これは「出やすい」こと、つまり、辞めやすい組織を作るほうが重要である[4]。なおかつ、後に機会があったら帰ってこられるというぐらいの風通しのよい組織を作らなければならない（大南、2011）。

変わり者や外部者を受容する組織も大事である[5]。これについては、四国は非常にアドバンテージがあると大南は考えている。それは外部力を受け入れる「お遍路文化・お接待文化」が根付いていることである。他所にはない、オープンな四国の可能性だと大南は考えている。

ワーク・イン・レジデンスへの展開には、リビングワールドのプランニング・ディレクターの西山佳哲とトム・ヴィンセントという2名の外部力（ヨソモノ）との新結合（コンビネーション）（板倉、2010；Itakura, 2011）が

契機となっている。株式会社トノループネットワークス代表のトム・ヴィンセントは、1967年ロンドン生まれで、ソニー、IBM、Swatchなど国内外の有力企業のWebプロジェクトにおいて数々の広告アワードを受賞しているデザイナーである。3人の新結合により、地域の資源である古民家を活かして何か面白いことをやろうということになり、若者が住みつくような町、古民家に若者が滞在して働く場所にしていくための逆指名によるワーク・イン・レジデンスいう発想が生まれた。古民家、1人当たり日本一の長さという光ファイバー、創造的な人材という地域の資源を活かしている。資源ベース論（Resource Based View）（Wernerfelt, 1984）を援用した地域資源ベース論（Regional Resource Based View：R^2BV）（板倉、2013）が当てはまる。

アクターズネットワークの拡大として、神山塾が挙げられる。厚生労働省・緊急人材育成支援事業で、グリーンバレーが実施した。1期（2010.12～2011.06）には、全国から神山に15名の若者が集まった。2期目の応募には、15人の定員に対して全国から40名の応募があった。そこで、東京・大阪・松山・神山で面接試験を行い、絞った15人にオープン参加者2名を加えた17名で6カ月間研修を行った。地域の担い手となる就業者・起業者の

図表12−4　アートを通じた外部力と内部力のコンビネーション

神山イン（2015）

育成を目的としているが、グリーンバレーの目的はやはり「地域に変化を起こす若者を発掘する」で、この研修を通じて有用な人材に神山に残ってもらえるよう働きかけている。また、訓練生1人当たり10万円の訓練費が1カ月に渡されるので、1カ月間に150万円の収入になり、この資金で講師を招いている。「神山塾」では、訓練修了者が神山に残り、移住する者も少なくないという効果が出てきている（図表12-4）。

おわりに〜創造的人材をリソースとした地域づくり

　日本の地方というと、閉鎖的で保守的なイメージから若者に敬遠されがちであるが、グリーンバレーの開放的で先端的な姿勢は、中山間地域で働くことを先進的な物語に変えてしまった。

　既存の地域資源に気付き、地域にあるものをベースとして活用していく地域資源ベース論（R^2BV）の考え方が、多種多様な自然に恵まれた我が国の、多様性を尊重するこれからの成熟社会にふさわしいことを示してくれている。

　アクターズネットワークの中心である大南は、まず芸術の活用を考えた。芸術は抽象的で感情的なものがあるため、大方は田舎の地域住民には、軽視される一方、アーティストにとっては邪魔をされないというメリットがある。

　芸術品の制作により、地域の魅力が向上した。大南によると、「徳島市で『アートがあるところをみたい』と言うと、7〜8割の人が神山を薦めると思うほどに神山は変化した」。12〜13年という短期間での変化だが、ただのイベントに終わらせない長期的な取り組みの賜物だと考えられている。

　独創的な取り組みによる地域活性化の成功事例として知られる神山を訪れる視察客は途絶えることがなく、神山バレー、道の駅、神山温泉、えんがわオフィス等の商店街の一角はにぎわいを見せている。

　アートを契機として始まった先進的な働き方や生き方に興味を持った人が集積し、人が人を呼ぶ連鎖が起こっている。外から来た才能あふれる人が、新たな神山コンテンツを作り出し、さらに外から面白い人を呼び込んでい

る。それと同時に、外部力と内部力のコンビネーション、知の組み合わせにより新しいアイデアが創出される。神山はアート自体を高めることを目標として活動を行っているわけではなく、あくまでツールであり、創造的な人材をリソースとした地域づくりを行っている[6]。

(注)
1) BCP（事業継続計画）とは、『企業が自然災害、大火災、テロ攻撃などの緊急事態に遭遇した場合において、事業資産の損害を最小限にとどめつつ、中核となる事業の継続あるいは早期復旧を可能とするために、平常時に行うべき活動や緊急時における事業継続のための方法、手段などを取り決めておく計画のこと』（中小企業庁、2016）。
2) 大南は、このような参加料を徴収されても森林の整備に参加する行動を「森は、個人のものではなく、みんなの社会のものという認識に変わってきているために起こっているのでは？」と説明している（大南、2011）。
3) 神山温泉「四季の里」と同様に、Week 神山は、阿波ポーク、スダチ鶏、しいたけなど地域の食材を利用した食事が特徴である（Week 神山、2015）。
4) 歓迎され入社して、すぐに辞めた際に、他の社員から「若い人はすぐどくれる（すねるの意）」と後ろ指を指される組織は入りたい組織だろうか。辞めたいといったときは、気持ちよく辞めさせてあげる組織がよい（大南、2011）。
5) 「人はなぜ人を変わり者と呼ぶのか？」に対して、大南は、「変わり者は、普通の人には見えていないものが見えよる。それを口にするから『あいつは違う』というレッテルを貼られるのだと思う。しかし、この激動の時代には普通の考え方では価値が少ない。だから、変わり者を大事にしなければならない。変わり者と呼ばれればむしろ喜ぶべきである」（大南、2014）と述べている。
6) 大南（2015）は、『人は、個人個人でスキな場所がある。しかし、スキなものをスキなままで放っておいても何も変化しない。だから、スキな場所を「ステキ」な場所に変える必要がある。しかし、それには難しいことは必要ない。「スキ」な場所を「ステキ」に変えるには、「テ」を加えればよい。テを加えるということは、何かアクションを起こすということである』と述べている。

〔参考文献〕

板倉宏昭（2010）『経営学講義』第5章「地域と経営」勁草書房、167-216頁。

板倉宏昭（2013）「地域資源ベース論」『第5回横幹連合総合シンポジウム予稿集』（特定非営利活動法人）横断型基幹科学技術研究団体連合、100-103頁。

イン神山「神山でアート」『イン神山ホームページ』http://www.in-kamiyama.jp/art/（2016.2.5アクセス）。

大南信也（2011）『香川大学大学院地域マネジメント研究科四国経済事情（地域活性化と地域資源）講義資料』（2011年9月）。

大南信也（2014）「神山プロジェクト〜創造的過疎と地域デザイン〜」『地域デザイン学会四国地域部会研究会講演資料』（2014年9月）。

大南信也（2015）『香川大学大学院地域マネジメント研究科四国経済事情（地域活性化と地域資源）講義資料』（2015年9月）。

篠原匡（2014）『神山プロジェクト 未来の働き方を実験する』日経BP社。

中小企業庁（2016）「BCPとは」『中小企業BCP策定運用指針』http://www.chusho.meti.go.jp/bcp/（2016.4.24アクセス）。

日本経済新聞（2016）「『お試し移転』徳島へ着々」四国経済面、2016年2月3日。

原田保（2013）「ゾーンデザインとコンテクストデザインの共振 地域ブランド価値の発現に向けた新視角」地域デザイン学会監修、原田保編著『地域デザイン戦略総論 コンテンツデザインからコンテクストデザインへ』芙蓉書房出版、13-24頁。

Itakura Hiroaki (2011), "Corporate strategies for a mature society", *IEEE PICMET*, pp.253-257.

Week神山（2015）『WEEK神山ホームページ』http://www.week-kamiyama.jp/（2016.2.11アクセス）。

Wernerfelt, Birger (1984), "A Resource-Based View of the Firm", *Strategic Management Journal*, Vol.5, pp.171-180.

第13章

「尾道」のアートゾーンデザイン
―― 時間と空間の価値創造 ――

佐藤茂幸

はじめに～オープンプロジェクトのアートゾーンデザイン

　個性ある資源を保有している地域でも衰退する。その理由は、今や地域資源のコンテンツのみでは地域間の競争には勝てず、コンテクスト価値での勝負になっているからである。本章で取り扱う尾道市においても、魅力的な文化資産が豊富であるものの、地方衰退の懸念がぬぐえないのはこうしたことが背景にある。したがって、尾道市は文化庁から「日本遺産」の地域認定を受けるなかで、保有する文化資産のストーリー化を図り地域の魅力を強化している。その切り札が、コミュニティの再生を目指したアートによるプロジェクトである。

　そこで、本章では尾道を「オープンプロジェクト型のゾーンデザイン」と位置づけ、その考察を展開する。前半部分では、尾道の歴史的経緯から芸術文化の現状と文化財としての価値を点検する。併せて、これらコンテクストとしての潜在的価値も確認する。後半部分では、他事例と同様にZTCAデザインのアプローチをもって、この地におけるアートゾーンとしての価値創造の実態を分析する。

第1節　"時のミュージアム"を標榜する尾道

　尾道は、芸術文化のまちであるという。そこで、本節では尾道市の地理的外観を確認した上で、芸術文化の地域資源がこの地に蓄積されてきた所以を歴史的な経緯などから点検する。そして、尾道市が標榜する「時のミュージ

アム」と「箱庭的都市」に関わるコンテクストの価値を評価する。

(1) 尾道市の概観

尾道市は、瀬戸内地方のほぼ中央に位置し、かつ広島県の南東部にあり、せとうちの穏やかな海と小高い山に抱かれた独特の風景を有する地域である（図表13-1、図表13-2）。尾道は南北に長く、中央部の瀬戸内沿岸エリアの「旧尾道地域」と北部内陸エリアの「御調地域」、そして南部瀬戸内三島による「島しょ地域」の3つの領域に区分される。

これら領域の風土は三者三様であり、第1の旧尾道地域は海側の商業地と港、山側の寺社域と別荘地を含む住宅地により、風光明媚な坂の町を形成している。第2の内陸部の御調地域は、里山の風景を保っている。なだらかな山地に抱かれた農村集落があり、棚田を含む田園や農家住宅を観ることができる。第3の島しょ地域は、向島・因島・生口島の3島があり、国立公園である瀬戸内海の多島美を有している。

図表13-1　尾道市の位置

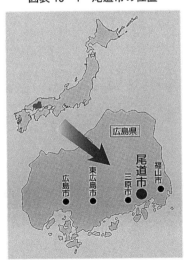

出典：尾道市の公式ホームページ

図表 13-2 尾道市の眺望

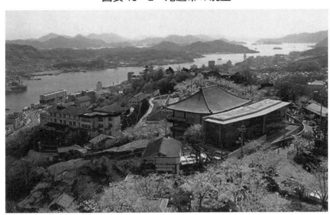

出典：尾道市の公式ホームページ

　いずれにしても、尾道の大半は山地であり、島しょにおいても概して急峻で平地は尾道水道・御調の川沿い・島しょの海岸沿いの一部にとどめている。したがって、海・島と山地、丘陵が織りなす多様で豊かな自然が尾道の特徴である。気候は温暖で降雨量が比較的少ない瀬戸内海気候に該当するが、内陸部は温度較差がやや大きい山間部の特性を示す。

　こうした平坦一様ではない地形であるものの、尾道は中部地方の交通と物流の要衝として発展してきた。現在においては、主な幹線道路として、すでに山陽自動車道が東西に横断し、1999年に瀬戸内しまなみ海道が陸路として四国今治市まで南方に開通している。また、2015年3月には中国横断自動車道（尾道松江線）が北方に向け全線開通し、「瀬戸内の十字路」としてさらなる利便性の向上が見込まれている。

　しかしながら、景観や交通等の地の利のある尾道においても少子高齢化に伴う地域衰退の波は押し寄せてきている。2015年時点の人口は約13.9万人であるが、2060年には約7.7万人と半減近くの人口になると推計されている（尾道市、2015a）。こうしたことを背景に、尾道市は地方創生の総合戦略（尾道市、2015b）において、「芸術文化を活用したまちづくりの推進」を明確

に打ち出している。

(2) 尾道の現状〜芸術文化の重層性

尾道市は、自らを「活力あふれ感性息づく芸術文化のまち」と称している。この芸術文化の源泉は、尾道の歴史的、文学的、芸術的な文化資産の蓄積にあるといってよいだろう。そこで、ここでは尾道の現状の解説をこの3つの文化資産の側面から試みる。そして、この整理をもって次項以降で尾道が有するコンテクストの評価や地域発展の可能性の考察につなげる。

まずは、歴史的な側面から尾道文化を確認する。これについては、尾道の街並みからも歴史の足跡を追体験することが可能である。つまり、中世の数多くの建築物、近世の港湾施設や石造物、庭園、近代化遺産、現代の建築物などが渾然一体として存在し、尾道らしさを表わしている。例えば、平安・鎌倉・室町時代に関わる建造物として、街のランドマークとしての浄土寺（図表13-3）をはじめ、多くの寺社仏閣が今もその原型を街中にとどめて

図表13-3　浄土寺・多宝塔（国宝）

出典：尾道市観光協会

いる。また、戦国・江戸・明治期においては、港町として豪商を中心に商人の町として発展したことから、商人の居宅、別荘、庭園、茶園などの商人文化に関わる文化財が残っている。

次の文学的な蓄積においては、「文学の街」「映画の街」としての尾道の全国的知名度の高さを忘れてはならない。小説文学では「暗夜行路」の志賀直哉や「放浪記」の林芙美子などが尾道に居を構え、ここを舞台とした作品を残した。映画では、小津安二郎監督の「東京物語」[1]や、大林宣彦監督の「尾道三部作」[2]「尾道新三部作」[3]がこの地で撮影され、こうしたロケ地が今も観光スポットとして旅行誌などに紹介されている。おのみち映画資料館には、これら映画の資料が保存され、映画の予告編が鑑賞できるミニシアターなどがある。

そして、芸術的な側面においては、多彩な美術館の多さが挙げられる。例えば、尾道にゆかりの作家の作品の他、フランスの画家ジョルジュ・ルオーの作品を所蔵する「尾道市立美術館」や、尾道市瀬戸田町出身の有名日本画

図表13-4　島ごと美術館・作品「空へ／眞板雅文」

出典：尾道市観光協会

家・平山郁夫の作品が多く展示される「平山郁夫美術館」がある。また、地元美術大学生や美術教員の作品が展示される「MOU尾道市立大学美術館」や、生口島全域に現代アート17点が点在する「島ごと美術館」（図表13-4）があり、市民や観光客が芸術に触れる場が多い。

このように尾道は芸術文化の層が厚く、アート資源は豊富である。これら資産コンテンツの魅力に磨きをかける活動として、尾道市は「日本遺産」[4]の申請を行い、2015年4月に文化庁よりその認定を受けるに至っている。

(3) 尾道のコンテクスト評価～6つの文化特性

「日本遺産」とは、地域の歴史的魅力や特色を通じて我が国の文化・伝統を語るストーリーを認定する文化庁所管制度である。このストーリーとは、関連文化財群によって表現されるものであって、有形・無形、指定・未指定にかかわらず様々な文化財を歴史的・地域的関連性に基づき一定のまとまりとして捉えたものである（文化庁、2012）。つまり、コンテンツとしてのそれぞれの文化財等をある種のテーマ性をもって関連づけ、コンテクスト価値

図表13-5　尾道市の関連文化群の体系

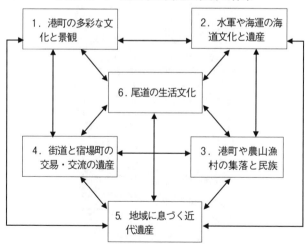

出典：「尾道市歴史文化基本構想」（尾道市、2014）より

第13章 「尾道」のアートゾーンデザイン　267

を見出すことである。尾道市においては、この関連文化財群を「尾道市歴史文化基本構想」（尾道市、2011）のなかで6つの文化特性として体系化している（図表13-5）。これをそれぞれ解説していこう。

　第1の特性は「港町の多彩な文化と景観」の括りである。尾道は、中世に港町が形成されて以降、近世・近代の歴史のなかで、宿場町・商都・交通の要所として発展してきた。こうした歴史的な文化遺産を次のコンテクストテーマをもって、文化と景観の相乗効果を狙う。

① 中世の港町の景観：中世寺院群や港町の街並みを再定義する
② 近世の宿場町の景観：西国街道や出雲街道の旧跡をストーリー化する
③ 豪商が育んだ文化の景観：豪商の事業や邸宅跡地が点在しており、そこに眠る茶の文化や庭園文化を顕在化させる
④ 近代文学・映画と坂の町：尾道ゆかりの文学作家やその作品、またロケ撮影となった映画の情景を街並みのなかに表現する

　第2の文化コンテクストは、「水軍や海運の海道文化と遺産」が挙げられる。瀬戸内海を舞台にした歴史的な政治・軍事・交易・生活様式等の蓄積を歴史的物語に形成する。例えば因島には、南北朝時代から戦国時代にかけて瀬戸内海で隆盛を誇った村上氏の拠点があったところで、水軍の城跡が島全体にわたって存在する。また、尾道は江戸時代から明治時代に活躍した北前船[5]が寄港する重要拠点であり、その交易による港湾遺構、石造物、美術工芸品等が残されている。

　第3には「港町や農山漁村の集落と民族芸能」が挙げられている。漁業や農耕との関わりなどによる数多くの神楽、年中行事、祭りなどの存在を踏まえ、集落の暮らしと民族芸能を中心としたコンテクストを設定するものである。例えば、農村部においては、「みあがりおどり」（御調町）、「鉦太鼓おどり」（木ノ庄町）などの県無形文化財があり、里山の景観とともにその存在を発信していくことが考えられる。

　第4には「街道と宿場町の交易・交流の遺産」が提示されている。日本の歴史において重要な交通網に挙げられる山陽道や出雲街道との結節を踏ま

え、街道と宿場街、交易・交流の文化財コンテクストが設定できる。これら旧街道沿いには、本陣跡、道標、寺社仏閣等の文化財が残っている。

　第5には「地域に息づく近代遺産」の括りが挙げられる。尾道は、中部地方において明治近代化を支えた地域の1つであり、鉄道・造船や金融・商業の近代化遺産が多く残存している。鉄道や造船の遺構、今でも原型をとどめる近代建築様式の銀行や商業施設等を活用し、産業発展を支えた地方都市としてのコンテクストを設定することが可能である。

　第6には「尾道の生活文化」が挙げられる。尾道には、港町や商都、農村漁村における伝統産業を生業とする生活文化が根付いており、これをストーリー化することである。例えば、尾道は海と山の幸による食文化があり、かつての豪商による茶の文化も息づいている。こうした生活文化は独特の景観との融合において、芸術的なモチーフとして使用され、コンテクストの価値を高めている。尾道の生活文化と景観は、数々の文学や映画の舞台になり、様々な場所が絵画に描かれているのである。

(4) 尾道の可能性〜時のミュージアムと箱庭的都市

　尾道市は、前述に示した6つの文化特性をもって「日本遺産」に認定され、これをテコに地域のコンテクスト価値を高めようとしている。その全体テーマは、日本遺産の申請時に示された「尾道市歴史文化基本構想」に次のことが謳われた。

　○「時間と空間が織りなす文化の重層・結節 "時のミュージアム尾道"」
　○「尾道水道が紡いだ中世からの箱庭的都市」

　ここで示された全体テーマは、尾道のアートゾーンのコンセプトにつながるものである。しかし、課題はこうした理念がいかにして具体的な地域デザインに結び付き、事業化やコミュニティの再生に展開するかである。そこで、次節においては、他事例に倣ってZTCAデザインモデルの切り口から尾道の地域活性化の実例の分析を試みていく。

第2節　尾道のコンテクストデザイン

　尾道は、地方系アートゾーンの5分類においては、「オープンプロジェクト型ゾーンデザイン」に属し、このアプローチをもって価値発現の効果が期待できる。つまり、このことは尾道が蓄積してきた文化・景観・歴史を、アートカルチャーの力をもって新たなコミュニティを形成することを意味する。
　そこで本節では、前節で示した「時のミュージアム」と「箱庭的都市」を前提に、ZTCAデザインモデルを使ってアートゾーンの分析を試みる。

(1) 尾道のゾーンデザイン

　第1節の考察から、尾道は「4D (Dimensions)」のゾーンデザインがなされていると分析する。それはつまり、面ゾーニング（2次元）としての「瀬戸内の十字路」、立体ゾーニング（3次元）としての「坂の町尾道」、時空（4次元）ゾーニングとしての「時のミュージアム尾道」の重層的なゾーンで構成されるということである（図表13-6）。この3つのゾーンデザインの構造を、それぞれ簡単に解説しておこう。
　「瀬戸内の十字路」とは、海道と街道の結節で形成されたエリアを意味し、東西南北の文化の融合と経済の交流の空間を作る。また、島しょの里海・山間の里山・港湾の商業における異文化が比較的狭いところで交差するエリアを表現している。また、「坂の町尾道」は、景観に関わる立体的な空間のゾーニングである。「瀬戸内の十字路」と「坂の町尾道」の3次元をもって、「箱庭的都市」の尾道が標榜されている。そしてそこに「時のミュージアム尾道」により、中世・近世・近代・現代・未来の様々な時代観をゾーンのなかに重層的に織り込む。つまり、ゾーンデザインを時間軸で動態的に捉えるのである。これにより、アートの創造性を引き出すための空間ポテンシャルを高める。
　こうした4次元のゾーニングにより、創発環境のプラットフォームを形成する。そして、この環境をベースにトポスやコンステレーションに関わる

図表 13-6　尾道の重層的なゾーンデザイン構造

①【平面】瀬戸内の十字路

②【立体】坂の町尾道

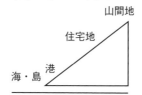

③【時空】時のミュージアム尾道

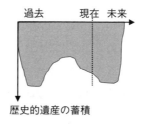

アートプロジェクトが生じ、尾道のコンテクストの価値を発現させる。このイメージがまさに「オープンプロジェクト型ゾーンデザイン」のモデルであり、これを以降に示す2つの事例をもってさらに考察を加えていく。

(2) 尾道のトポスデザイン

　トポスデザインは、アートの力をもって特定の「場」を再生する行為であ

る。その具体的な手法として、第2章で解説したインスタレーションやアーティスト・イン・レジデンス（AIR）が挙げられ[6]、アーティストのサイト・スペシフィック（場の特殊性）な創作活動により、廃退した場を甦らせる（図表13-7）。尾道は、第1節で述べてきたように歴史的な価値の高い文化財や施設が多数残っている。しかし、人口減少や高齢化に伴い、廃屋・廃墟となるケースが目立ち始めている。

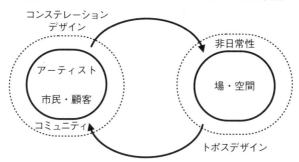

図表13-7　トポスとコンステレーションの相互関係

そこで、こうした状況をトポスデザインのアプローチで再生する「NPO法人尾道の空き家再生プロジェクト」の活動に注目したい。このNPOは、その名の通り空き家となった建物を新たな価値を付加して蘇らせる事業を展開している（尾道の空き家再生プロジェクト、2015）。再生対象とする空き家は、尾道市が特別区域に指定した尾道三山[7]の南斜面地の山手地区と呼ばれる地域であり、「坂の町尾道」の顔ともいえる場所に限定している。このエリアでも高齢化と空洞化が進み、200軒を超える空き家があると推定されている。

尾道の空き家再生プロジェクトでは、こうした空き家を実態調査し、物件の特徴を活かした再生事業に取り組んでいる。その実績の1つに旧泉家別邸を改装した通称「ガウディハウス」がある。見晴らしのよい斜面にある昭和8年築の洋風建物を改築し、アートイベント等を仕掛けながら非日常的な空

間を作りあげたのである。この事業を含め活動スタートの2009年からすでに14件の再生物件の実績を持ち（2015年11月現在）、場に新たな意味や物語を注ぎ込むトポスとしての価値を見出している。

　こうしたトポスデザインは、尾道のアーティストの育成にもつながる。尾道の空き家再生プロジェクトでは、空き家を美術や文学を学ぶ若者たちに対する、寮やアトリエ、ギャラリー、セミナーハウス等の活用に役立てている。これらアーティストたちの創作活動の場が、尾道市民の生活の場と融合することで、ある種のコミュニティが形成され、尾道のアートゾーンの活性化につながることになる。

(3) 尾道のコンステレーションデザイン

　コンステレーションデザインは、トポスデザインと相互作用の関係にあり表裏一体である（図表13-7再参照）。つまり、トポスデザインによる場の創造のアプローチが、コンステレーションとしてのコミュニティ形成の価値創造をもたらし、コンステレーションデザインによるコミュニティ強化のアプローチが、場としての施設や環境を活かすことにつながるといった、循環的な活動をもたらす。したがって、前述の尾道空き家再生プロジェクトの事例は、トポスデザインからのアプローチから解説したが、その一方で市民やアーティストの目線から見れば、坂の町尾道の「空き家×アート」といったコンステレーションのイメージも想起させるのである。

　そこでここでは、コンステレーションデザイン側の具体例として、「株式会社ディスカバーリンクせとうち」の活動を取り上げたい。ディスカバーリンクせとうちの事業目標は、新たなワークスタイルの創造を伴う雇用創出である。尾道の地域資源を活用したプロジェクトを複数立ち上げ、その結果、約200名もの雇用を創出しているという（エイ出版社、2015）。例えば、その事業の1つである「ONOMICHI U2」は、サイクリストたちのためのホテル事業を運営している。そもそも、しまなみ海道はサイクリストたちの聖地であり、ここから見える瀬戸内の海や島の景観は素晴らしいものである。

ディスカバーリンクせとうちは、その本州側の起点となる尾道にサイクリスト専用のホテルを開業し、観光ビジネスをスタートした。ホテルエントランスにはアート作品が設置されるなど、多くの地元のクリエーターがこのプロジェクトに参画している。アートの利用をもってホテル空間の非日常性を演出しているのである。

　ディスカバーリンクせとうちでは、「ONOMICHI U2」以外にも、複数のプロジェクトを展開中である。尾道の暮らしや文化を体験しながら働くことができる新しいタイプのシェアオフィス「ONOMICHI SHARE」や、広島県出身のデニムデザイナーのもと USED デニムの創作と販売を行う「尾道デニムプロジェクト」などがある。こうした事業は、アーティストやデザイナーと、地域の関係者や顧客とを結び付け、アートゾーンとしてのコミュニティの形成を促すものである。したがって、ディスカバーリンクせとうちの事業コンセプトそのものが、コンステレーションデザインであるといえる。

(4) 尾道のアクターズネットワークデザイン

　尾道のアクターズネットワークデザインの特徴は、アートに関わる人材育成の基盤が地域に根付いていることである。先の2つの事例に見るように、そこに関わる主体者は地元のアーティストやデザイナーである。つまり、アート人材の厚みがプロジェクトの成否を決定し、尾道におけるコミュニティ形成の成功要因となっているのである。

　尾道では、アート人材が育ち、活躍できる機会が多い。例えば、尾道市立大学には芸術文化学部美術学科があり、地域の文化芸術環境を活かしたアーティスト養成をしている。そして、大学付属の MOU 尾道市立大学美術館では、在校生や卒業生の制作物の発表・展示の場になっている。また、「絵のまち尾道四季展」や「写真のまち尾道四季展」が実施され、市民レベルの芸術活動が推進されている。

　さらには、尾道のアクターズネットワークを支える基本機関として、尾道美術館ネットワークの存在も指摘しておきたい。市内にある6つの美術館が

連携を図り、相乗的に尾道全体の芸術文化の高揚を図ることを目的としている。その具体的な活動として、連携リーフレットの作成や、絵画公募展の開催、教育普及プログラムである「子ども学芸員の旅」、フィルム・コミッションによる映像制作の支援、本市の自然やまち並みをキャンバスとした現代アートの創作支援等がある（尾道市、2015b）。これらにより、市民主体によるアート人材の育成とアクターズネットワークの形成を促し、アートプロジェクトが創発する環境を整えるのである。

おわりに〜尾道の今後の可能性

　尾道市は、2013年度において「文化芸術創造都市」[8]として文化庁から表彰された（文化庁、2014b）。選考理由として、本節で解説してきた文化財の活用や空き家再生に関わる事業によって尾道の景観を維持していることを挙げている。また、この独特な景観と歴史的町並みを活かして映画やドラマといった映像文化の振興にも継続的に取り組んでいることも、受賞の理由とされた。

　このように内外からアートゾーンとしての評価を受けている尾道であっても、なお人口減少や高齢化に伴う地域衰退の問題は払拭できていない。それどころか、隣接する福山市や三原市と比較して高齢化が進み出生率の水準も低く[9]、人口動態的な地域の力は決して高いものではない。したがって、なおのこと、アートプロジェクトによるコミュニティ再生を加速することが求められており、その点では他地域に対する先導的な立ち位置にある。

　こうしたことを背景に、尾道市においても地方創生の総合戦略が策定された（尾道市、2015b）。そのなかには、「国際文化芸術創造都市の魅力を活かしたまちづくりの展開」が基本施策の1つとして明示されている。現代アートや文化の創造を奨励し、それをまちづくりにつなげる姿勢をはっきりと示している。この基本姿勢のもと、尾道アートゾーンのさらなる高度化を期待するところである。

(注)

1) 「東京物語」は尾道から上京した老夫婦とその子どもたちの姿を通して家族の絆を描いた映画。1953年公開。
2) 「尾道三部作」とは、「転校生」(1982年公開)、「時をかける少女」(1983年公開)、「さびしんぼう」(1985年公開)の3本の映画。
3) 「尾道新三部作」とは、尾道三部作に引き続いて制作・公開された「ふたり」(1991年公開)、「あした」(1995年公開)、「あの、夏の日〜とんでろじいちゃん〜」(1999年公開)の3本の映画。
4) 文化庁が2015度から創設した制度で、地域に点在する有形・無形の文化財をパッケージ化し、我が国の文化・伝統を語るストーリーを「日本遺産(Japan Heritage)」に認定する仕組み。歴史的魅力にあふれた文化財群を地域主体で総合的に整備・活用し、世界に戦略的に発信することにより、地域の活性化を図るものである。
5) 北前船とは、江戸時代から明治時代にかけ、大阪と北海道(松前)までの米や魚などを運んだ船のことである。大阪の港から瀬戸内海を抜け、日本海ルートで物資を運んだ。途中の尾道は重要な寄港として利用された。
6) インスタレーションとは、据え付け、取り付け、設置の意味から転じて、展示空間を含めて作品と見なす手法を指す。アーティスト・イン・レジデンス(AIR)とは、アーティストをある場所に招いて、一定期間滞在してもらい、その体験を創作活動に活かしてもらうことにより創作のプロセスを支援する制度である。ともに、第2章第3節(2)他を参照。
7) 千光寺山、西国寺山、浄土寺山の事を指し、それぞれ真言宗の大寺を抱えている。
8) 文化庁では、文化芸術の持つ創造性を地域振興、観光・産業振興等に領域横断的に活用し、地域課題の解決に取り組む地方自治体を「文化芸術創造都市」と位置づけている。
9) 「尾道市まち・ひと・しごと創生 人口ビジョン」(尾道市、2015b)によると、2010年時点で尾道市の高齢化率は30.4%となっている。近隣の福山市(23.4%)や三原市(28.5%)よりも高い状況であることから、尾道市の高齢化率が高いことが示されている。また、合計特殊出生率においても、尾道市の2008年〜2012年数値は1.53であり、広島県(1.54)や隣接する三原市(1.56)・福山市(1.71)と比べると低い水準にある。

〈参考文献〉

エイ出版社（2015）『地域ブランド実例集』枻出版社、14-25 頁。

尾道市（2011）『尾道市歴史文化基本構想』
　　http://www.city.onomichi.hiroshima.jp/open_imgs/service/0000009459.pdf
　　（2015.12.15 アクセス）。

尾道市（2015a）『尾道市まち・ひと・しごと創生　人口ビジョン』
　　http://www.city.onomichi.hiroshima.jp/open_imgs/info/0000028264.pdf
　　（2015.12.15 アクセス）。

尾道市（2015b）『尾道市まち・ひと・しごと創生　総合戦略』
　　http://www.city.onomichi.hiroshima.jp/open_imgs/info/0000028265.pdf
　　（2015.12.15 アクセス）。

尾道の空き家再生プロジェクト（2015）『尾道の空き家再生プロジェクト公式ホームページ』http://www.onomichisaisei.com/（2015.12.15 アクセス）。

文化庁（2014a）『特集 歴史文化基本構想』文化庁月報平成 24 年 8 月号（No.527）。

文化庁（2014b）『平成 25 年度文化庁長官表彰（文化芸術創造都市部門）受彰都市の決定について』
　　http://www.bunka.go.jp/koho_hodo_oshirase/hodohappyo/pdf/h25_chokan_hyosho_140331.pdf（2015.12.15 アクセス）。

文化庁（2015）『日本遺産』
　　http://www.bunka.go.jp/seisaku/bunkazai/nihon_isan/pdf/nihon_isan_pamphlet.pdf（2015.12.15 アクセス）。

第14章

「米沢」のアートゾーンデザイン
―― アートプロジェクトと藩政改革のコンテクスト ――

原田保・吉澤靖博

はじめに～歴史的背景から見た21世紀型地域創生

　本書が提示する「アートによる地域価値創造戦略の理論フレーム」における「地方系地域デザイン」の事例として山形県米沢市を取り上げることは、一事例以上の意味を為すと容易に想像できるであろう。なぜならば、江戸時代、米沢藩に奇跡の藩政改革をもたらした上杉鷹山伝説1つ取り上げても、歴史的にこの地域の文化的根底を形成してきたポテンシャルを明確に示しているからである。凶弾に倒れた悲劇のアメリカ合衆国大統領ジョン・F・ケネディ[1]をして「最も尊敬する日本人」といわしめた希代の名君がこの地に残した教えは、現代においても教育・文化の礎として脈々と受け継がれている（童門、1992a、14頁）。

　昨今、頻繁に使われはじめている「地域創生」という言葉がもつ本質的な意味を「米沢」を対象に、しかもアートデザインという視点から考察することは、脱20世紀型の地方創生を指向する上で非常に重要な意味を為す。なぜなら、2011年の東日本大震災以降に起きた価値観の変化によって、グローバルな視点から地域を捉え、ローカルなコンテンツ（取り組み）がグローバルに通用し、かつグローバルなコンテンツがローカルに根ざすというグローカル[2]な発想が徐々に醸成されつつあると感じるからである（原田、2013）。この価値転換にアートという新たな視点が加わることにより、地域価値創造戦略の拡張性を高めることとなる。

　さらに、敢えて、江戸時代中期において瀕死の状態であった米沢藩政の改革を見事に成し遂げた上杉鷹山の行革に着目することで、過去・現在・未来

における社会課題へのアプローチを非日常的なアートでつなぐ21世紀型地域創生の戦略導出を試みたい。

第1節　米沢の地域特性

　本節では、米沢の地域特性を歴史的背景も含め俯瞰することで、アートを通じたコンテクストデザインの前提条件と本質的課題の抽出を行う。特に、本書の戦略的基軸でもある「大都市系地域デザイン」「地方系地域デザイン」「イベント系地域デザイン」それぞれとの関係性を見極めながら、圧倒的コンテンツが存在しない地方系地域デザイン独自のコンテクストの要諦を探る。

(1) 米沢の概観

　米沢市は山形県最南端に位置し、東部を流れる最上川、南部に連なる吾妻連峰に囲まれた米沢盆地を中心部とする人口約85,000人の都市である。市域は、東西32.1km、南北28.2km、周囲124.5kmにわたり、置賜地域と呼ばれる県南3市5町のなかで行政、産業、教育文化等において中核的機能を有する中心都市でもある（図表14-1）。

　米沢の歴史的背景は縄文時代にまで遡り、一の坂遺跡（竪穴式住居跡）をはじめとして多数の古墳群も点在している。中世・鎌倉時代以降、地頭であった長井氏がこの土地を治め、室町時代以降になると独眼竜政宗を輩出した伊達家がこの領土を支配している。その伊達政宗が米沢城に生まれ、25歳の青年期まで居城したことは、意外と知られていない史実かもしれない。

　江戸時代に入ると、前出の上杉鷹山が藩政改革に敏腕をふるうこととなる。鷹山は、逼迫した財政を立て直すために大倹約を断行するとともに、養蚕と米沢織[3]を中心とした殖産振興政策の実行によって藩政の立て直しに成功した「逆境のリーダー」として、現代においても高い評価を獲得している。史実としては、一地域の改革に過ぎないかもしれないが、当時の封建幕藩体制下にあって主権在民の高い志によって藩政改革を成し遂げた功績は、もは

第 14 章　「米沢」のアートゾーンデザイン　279

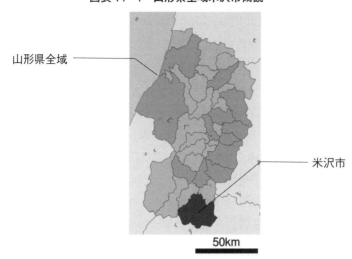

図表 14-1　山形県全域米沢市概観

や、一地域や一時代の領域を超越した影響をもたらしているといえる。現代にまで引き継がれている鷹山の遺志については、次節においてアートとの結節点を探りながら詳述したい。

(2) 米沢の現状と課題

　山形県南部の中核都市とはいえ日本全体における地方衰退の例にもれず、人口推移を比較しても 1950 年の約 97,000 人をピークに減少傾向に転じている。2015 年現在の推計人口データにおいても約 85,000 人台にまで減少している。産業構造を産業別就業人口比率で対比すると、1 次産業 4.7％、2 次産業 36.3％、3 次産業 58.0％となり、他の地方都市と比べてさほど大きな特徴を示しているとはいえない。

　分野別の特徴を見てみると、農業分野において Apple（舘山リンゴ）、Beef（米沢牛）、Carp（米沢鯉）の 3 つの特産品を「米沢の味 ABC」として前面に押し出している。工業分野においては、前出の上杉鷹山が推進した殖産振興政策によって織物業が長きにわたり米沢の経済を支えてきたことも

事実であるが、近年では全産業生産額の1％程度を占めるにとどまっているのが現実である（米沢市HP、米沢市の統計2014年版）。人口動態や産業構造から米沢市の現状を俯瞰すれば、緩やかにではあるが日本全体の地方で進行している衰退路線を踏襲しているといわざるをえない。

しかし、本書の目的はあくまでもアートデザインの視点を通じて、別の角度から地域課題を見極めることにある。ゆえに、米沢市教育委員会が2011年に策定した「第3期米沢市教育・文化計画」によって示された方向性を検証することは十分な意味を有する。この第3期計画では、第1期・第2期計画の推進による成果を、置賜文化ホールや上杉博物館の合築施設「伝国の杜」のオープン、市民文化会館の大規模改修や「座の文化伝承館」整備など、そのほとんどをハード面強化として結論づけている（米沢市教育委員会、2011a、8-9頁）。いわば、大都市系地域デザインの象徴ともいえるコンテンツ至上主義を地方都市が踏襲していると断罪せざるをえない。

(3) 米沢のコンテクスト評価

では、第3期計画においてハードコンテンツからのコンテクスト転換の萌芽は認められるのであろうか。残念ながら、その内容を見る限りコンテクスト転換へ向けた明確な方向性は浮かび上がってはきていない。

第3期米沢市教育・文化計画（2011）では、「芸術文化の振興に当たっては、市民自ら様々な芸術文化活動に積極的に取り組むとともに、気軽に質の高い優れた芸術文化に親しめる環境を整備します。また、上杉文化をはじめ、これまで受け継がれてきた歴史と風土に培われた本市の文化を継承するとともに、新たな文化の創造と情報の発信により、地域間交流等を促進し、地域の活性化を図ります（55頁）」と明記されている。この主旨が小中学生を中心とした人材育成、前出のホール等文化拠点の利活用、情報発信力の強化などの施策へとブレークダウンされてはいるが、アートデザインを基軸に米沢がグローカルブランドとしての拡張性を確保するためには、地方系ZTCAデザインモデルによって脱20世紀型のコンテクスト転換を指向すべきである。

(4) 米沢の可能性

　多少批判的な考察が続いていると思われたかもしれないが、冒頭で示したとおり、歴史的背景から推察しても米沢市文化教育水準は高いレベルにあると確信している。米沢市まちづくり総合計画には「豊かさとやすらぎ 共に創りあげる ときめきの米沢」が市の将来像として掲げられている。そして政策・施策の冒頭には、「協働と交流のネットワークが広がるまちづくり」が掲げられている事実は、決して地域の独自性のみに閉じこもらず、様々なネットワークを形成しながら地域活性を図ろうとする意図が現われている（米沢市 HP、米沢市のあらまし）。

　この米沢市がもつネットワーク指向を象徴的に表わしているアートイベントが存在する。それが「米沢市田んぼアート」イベントである。農協から温泉観光協会、市商工観光課、小学校に至るまで農業・観光・教育に関係する10以上の機関・団体が「田んぼアート米づくり体験事業推進協議会」を構成し、5月の田植え体験に始まり、10月の稲刈り体験までの約半年間、延べ700名以上もの参加者がこのイベントを盛り上げている。毎年、米沢に由来のある歴史的人物や NHK 大河ドラマの主人公など旬なテーマを取り上げることで、観光都市米沢をアピールするとともに、農業体験を通じて内外の交流を図り、農業や環境への理解を促進しているのである（図表14－2）。

　2006年に第1回が開催されたこのイベントも2015年でちょうど10回目の開催を迎え、2014年には「全国田んぼアートサミット」がこの米沢で開催されたのである。

　時を同じくして、環太平洋戦略的経済連携協定[4]（Trans-Pacific Strategic Economic Partnership Agreement：略称 TPP）が大きな前進を見せている。加盟国間におけるすべての貿易関税撤廃を志向する包括的な自由貿易協定の締結交渉は、今や、後発参加であるはずのアメリカ企業連合がアジア市場を獲得するための草刈り場的様相を呈しはじめている。もちろん、農業分野も例外ではない。TPP の行く末を予見するのが本稿の主題ではないが、我々人類にとって普遍のテーマである健康と食とが表裏一体の関係である以上、

図表14-2　各年毎の田んぼアートテーマ

年　度	田んぼアートテーマ
2006年	地元小野川温泉にちなんで「小野小町と蛍」
2007年	NHK大河ドラマ「風林火山」の放映にあわせ、川中島の合戦「三太刀七太刀と蛍」
2008年	NHK大河ドラマ「天地人」のPRで「直江兼続と蛍」
2009年	NHK大河ドラマ「天地人」のPRで「直江兼続とお船と蛍」
2010年	原哲夫の人気漫画「花の慶次」より「前田慶次」
2011年	前田慶次400回忌で「花の慶次と直江兼続」
2012年	米沢藩"中興の祖"である「上杉鷹山」
2013年	NHK大河ドラマ「八重の桜」にあわせ「新島八重と蛍」
2014年	米沢出身の戦国武将「伊達政宗」とその家臣「支倉常長」
2015年	NHKドラマ「かぶきもの慶次」にあわせ「前田慶次」

（出所）　米沢市田んぼアートづくり体験事業推進協議会HP　http://tanbo-art.com/pdf/gaiyou.pdf

その健康と食の根底を支える農業の未来を見据えることは非常に重要な視点である。

今や、全国100カ所以上で開催されているといわれる田んぼアートも、発祥こそ1993年に開催した青森県田舎館村だとされているが、もはや、まちおこし的な地域連携イベントに止まらず、農業問題を含む社会課題を解決するための大きなトリガーになりうる可能性を大いに秘めているのである。

第2節　米沢のコンテクストデザイン

さて、本節では第1節で導出した米沢の地域特性に基づき、第3章で提示された「地方系ZTCAデザインモデル」に則して新たなコンテクストデザインについて導出していく。その前提として、第2章で提示された「アートの地域社会化」と「地域社会のアート化」による長期的循環構造の設計思想を重要な視座として考察を進めたい（図表14-3）。

図表14-3 アートによるコンテクスト転換の循環 米沢の場合

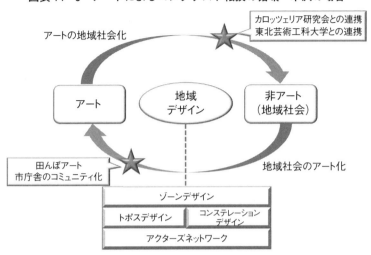

(1) 米沢のゾーンデザイン

　結論から提示するならば、米沢のゾーニングは米沢そのものをゾーニングするということに帰結する。「地方系 ZTCA デザインモデル」の5つの類型から米沢が選択すべきモデルは、地域連携型を基軸にオープンプロジェクト型を指向すべきである。

　前節でも示したとおり、アートデザインを指向するための独自コンテンツは明らかに脆弱であり、少なからずとも、山形県広域との連携は必然である。具体的には、「山形カロッツェリア研究会[5)]」を主宰する世界的カーデザイナー奥山清行との連携が、グローカルブランド拡張への道筋をもたらすであろう。この連携については、後段、コンステレーションデザインとして詳述する。このような地域連携を前提として、前述した田んぼアートに代表されるオープンプロジェクトをさらに進化させることが可能となる。

　逆説的ではあるが、どんなに地域連携を強化し、オープンプロジェクトを推進することで物理的および精神的境界が融合しようとも、米沢藩中興の祖・上杉鷹山の教えがこの地域のアイデンティティを形成し続けていくこと

が必然となる。なぜなら、明確な時代背景の違いはあれども、上杉鷹山は江戸時代中期において地域デザインを推進した先駆者と位置づけることができるからである。国費導入を前提としたハコモノ行政に見られるような中央政府主導の20世紀型地方創生から脱却するためには、いわば、米沢が米沢であり続けることこそがこの地域がグローカルブランドたりうる必要条件なのである。

以上を踏まえ、米沢のトポスデザインについて次節での考察を進めていく。

(2) 米沢のトポスデザイン

これまで地域デザイン学会が主張してきた地域デザインのあり方とは、ZTCAモデルに象徴されるように、ゾーニングそのものがその地域のコンセプトを表出させるという前提に成り立っている。その前提に立てば、明治維新以降の廃藩置県によって新たに設置された府県制度、現代においては平成の大合併と称された市町村レベルでの統合によって、そもそも地域が有していた歴史的地理的意味を消去してきた事実を否定的に捉えざるをえない。換言すれば、ZTCAモデルに基づく地域デザインとは、歴史的背景によって地域文化の根底に形成されたアイデンティティによる「中央集権化からの解放」であるとも言える。

しかし、本章で取り上げた米沢の事例考察において、地域連携やオープンプロジェクトを指向しながらも「米沢市という行政区」を敢えてゾーニングの基軸に置いたことは前述のとおりである。繰り返しになるが、およそ300年間の時空を超えて米沢市民の精神的支柱を形成し続けていることは紛れもない事実であり、本稿におけるゾーニングはその事実を正面から捉えた証左に他ならない。

それでは、アートデザイン視点から米沢独自のトポスデザインを実現するためには何が必要なのであろうか。ここで、「藩政改革＝その象徴としての行政機関＝21世紀型地域創生」という仮説に基づき、米沢の精神性を象徴するランドマークとして市庁舎をその題材として取り上げたい。決して、

ハード至上主義へ回帰しようとしているのではなく、市民の活力を最大限に活かしながらネットワークを拡大するために、市庁舎を新たなコミュニティ形成の結節点へと転換する試みである。

馬場（2013a）は、「役所をリノベーション」というコンセプトで2つの興味深い事例を示している。1つ目は、沖縄県名護市役所の事例である。沖縄でよく見かけるコンクリートブロックを多用した外観も然ることながら、公園と市庁舎エントランスが曖昧につながっている構造であり、緑に囲まれた内と外の中間領域は「アサギテラス」と呼ばれるコミュニケーションスペースとなっている。いかにも沖縄らしい発想であるが、物理的距離を縮めるというアプローチは、現状課題への対応で閉鎖的に陥りがちな行政への精神的距離を緩和する効果を発揮するはずである（馬場、2013a、66-67頁）。

2つ目は、新潟県長岡市役所の事例である。かつては市街地のはずれにあった市役所が、長岡駅と直結した市中心部へと移転し、アリーナ、市民ホール、議事堂が併設され、そのすべてが「まちの中土間」という半屋外のオープンスペースで結ばれている。しかも、市庁舎や議事堂はガラス張り構造であり、物理的距離の短縮が精神的距離の短縮をもたらしている好例といえる（馬場、2013a、78-79頁）。

この2つの事例は、単なる建築物のリノベーションを指し示しているわけではない。前出の馬場（2013b）は、森とのインタビュー対談のなかで「『わたしたち』という感覚と社会関係資本[6]（ソーシャルキャピタル）」について、「私と公」の固まった関係性における限界に触れ、新しい「わたしたち」をつくるためにアートがもたらす可能性に期待を寄せているのである（馬場、2013b、194-205頁）。いわば、「藩政改革の地」が「21世紀型地域創生」へとコンテクスト転換を果たすためには、行政自らが新しい「わたしたち」を創造する場（トポス）へと生まれ変わることを意味している。

(3) 米沢のコンステレーションデザイン

前項におけるトポスの考察は、結果的に「地域社会のアート化」の側面を

強調する結論へと帰結した。米沢という地域社会そのものがアートゾーンへと進化するために、行政機能（市役所）自体がネットワーク構築の橋頭堡へと進化することを主張したのである。

一方で「アートの地域社会化」の側面を確立しなければ、折角築いた橋頭堡も孤立分断され、地域全体が価値発現のプラットフォームへの進化が妨げられるであろう。いわば、独自のアートコンテンツを拡散するにしても、新たなアートコンテンツを導入するにしても柔軟なコンステレーションデザインが必要不可欠である。

その第1選択として、前出の「山形カロッツェリア研究会[5]」を主宰する世界的カーデザイナー奥山清行との連携を模索したい。奥山清行（愛称：ケン・オクヤマ）は、ゼネラルモーターズ（GM）、ポルシェを経て、イタリアの自動車工房ピニンファリーナで日本人初のチーフデザイナーを務め、「エンツォ・フェラーリ」「マセラッティ・クアトロポルテ」などの名作を生み出した人物である。その後、「山形カロッツェリア研究会」を設立し、木工家具、鋳物、繊維を開発・販売するブランド「山形工房」を立ち上げ、海外市場をターゲットとしたブランド戦略を展開している。奥山は、日本の職人が持つ「匠の技」を基軸としながら、「必要ではないが欲しくなるモノ」いわゆる高付加価値の「モノ」の開発を明確に志向している。なおかつ、アメリカ、ヨーロッパ、そして日本のモノづくりの現場で培ったデザイナーとしての稀有な力量を、「山形」という一地方の地場産業の再生・振興のために惜しみなく発揮している（奥山、2007）。

この山形県広域連携をきっかけとして、山形カロッツェリア研究会がもつ海外ネットワークを最大限活用することで、米沢がグローカルブランドとしての礎を築くこととなる。それはまさに、究極的には自己表現の発露であるアートが独創的で前衛的なコンテクスト転換を誘発しながら、問題解決指向で設計や制作を目的とするデザインと、相互補完的に融合していくことを示している。

(4) 米沢のアクターズネットワーク

　前節において、もうすでに米沢の地域ネットワークが主催する「田んぼアート」イベントを通じて、全国的なネットワーク構築の礎を築いていることを大いなる可能性として指摘した。コンテンツを中心にグローカルブランドの足がかりを掴みながらも、このオープンプロジェクトを通じて農業問題のようなより広範囲な社会課題解決を発信する仕組みづくりが必要である。

　現在、このイベントを推進している田んぼアート米づくり体験事業推進協議会も多岐にわたる団体が参加しているが、より一層、市民、特に次代を担う若者を巻き込んだコミュニティ化を推進する必要があるだろう。田んぼアートが表現する豊かな自然造形によって農業への関心を高めるとともに、農業人口の減少や農業従事者の高齢化など国の食糧問題に直結する社会課題解決にまで、一歩踏み込む必要性が生じてきているからである。

　では、社会課題解決を前提としたコミュニティとはどのように形成していけばよいのだろうか。studio-L代表の山崎（2011）は、コミュニティデザインをランドスケープデザイン、コミュニティデザイン、ソーシャルデザインという広義の範囲で捉え、何より人がつながる仕組みづくりを数多く実践しているデザイナーである。「いえしまプロジェクト」や「海士町総合振興計画」、「マルヤガーデンズ再生」など、地域や施設の再生を手がけ、コミュニティデザインを実践することで新たな人のつながりを生み出している。

　山崎の手法は、決してコンサルタント的な視点に立たない。住民などコミュニティメンバーと同じ目線に立ち、そのコミュニティがもつポテンシャルを徹底的に引き出そうとする。コミュニティメンバーの言動にじっと耳を傾け、人と人をつなぐことでコミュニティに新たな仕組みを創り出していくのである。このコミュニティデザインの手法は、まさに、主権在民思想のもと、米沢藩政改革を大倹約と殖産振興政策の両面から断行した上杉鷹山の手法と合致するものである、といえる。

　さらにもう1つ加えるなら、山形市を本拠とする東北芸術工科大学には山崎が学科長を務めるコミュニティデザイン学科が存在する。次代を担う若者

＝学生と米沢が新たなアクターズネットワークを構築するための偶然の必然としか表現しようがない。

おわりに～アートゾーンとしての可能性

　本章では、米沢を事例とすることで地方系アートゾーンの可能性について考察してきた。冒頭で示した社会課題へのアプローチを非日常的なアートでつなぐ21世紀型地域創生の戦略について一定の方向性は導出できたものの、必要とされる具体的なアートコンテンツやアクターズネットワークを指し示すまでには至っていない。この課題については、地域デザイン学会を通じた今後の議論に結論を委ねたい。

　日本は課題先進国といわれる。それらの課題は複合的に絡み合い、もはや、国や行政に任せるだけでは解決の糸口さえ掴めないであろう。前出の山崎（2011）は、「お互い協力して地域の課題解決に取り組むことは、結果的に信頼できる仲間を得ること、良質なコミュニティを生み出すことに繋がります。まさにいま、社会的な課題に取り組むコミュニティの誕生が望まれているのです」と明確に語っている（山崎、2011、260頁）。

　社会課題解決型のコミュニティを生み出すためには、ただ要望をするだけのコミュニティや、好きなことだけを追求するコミュニティからの脱却を図らなければならない。そのためには、アートとデザインの融合によって複数のコミュニティを統合し、複合的な課題を解決する方向に向けて協働できる仕組みづくりが重要となる。このようなコミュニティ統合が加速することによって、地域のブランド価値が向上することになる。

（注）
1) ジョン・フィッツジェラルド・ケネディ：第35代アメリカ合衆国大統領、1963年11月22日、テキサス州ダラスを遊説のため市内をパレード中に暗殺

2) グローカル（Glocal）とは、グローバル（Global：地球規模の、世界規模の）とローカル（Local：地方の、地域的な）を掛け合わせた造語であり、「地球規模の視野で考え、地域視点の視座で行動する（Think Globally, Act Locally）」という考え方を表わしている。
3) 米沢織：米沢市およびその周辺で産出する絹織物の総称。江戸時代中期、米沢藩主上杉鷹山が越後から織工を招き、製織業を伝えたのに始まる。米沢紬が有名で、琉球紬に似ているところから米沢琉球紬とも呼ばれる。
4) 環太平洋戦略的経済連携協定（TPP）：環太平洋地域の国々による経済の自由化を目的とした多角的な経済連携協定である。
5) 山形カロッツェリア研究会：地場産業の復興を目的に山形県内の職人技術を結集し、高付加価値の商品開発と海外展開を目指すプロダクト集団。
6) 社会関係資本：人と人のつながり（関係）を資源（資本）と捉え、厳格な上下関係（ヒエラルキー）よりも、フラットな関係で生み出される協働によって社会の効率性も高められるという考え方。

（参考文献）

奥山清行（2007）『伝統の逆襲 日本の技が世界ブランドになる日』祥伝社。
童門冬二（1992）『新装版 上杉鷹山の経営学』PHP研究所、14-20頁。
馬場正尊（2013）『RePUBLIC 公共空間のリノベーション』学芸出版社、66-67頁、78-79頁、194-205頁。
原田保（2013）「ゾーンデザインとコンテクストデザインの共振 地域ブランド価値の発現に向けた新視角」地域デザイン学会監修、原田保編著『地域デザイン戦略総論 コンテンツデザインからコンテクストデザインへ』芙蓉書房出版、13-24頁。
山崎亮（2011）『コミュニティデザイン 人がつながるしくみをつくる』学芸出版社。
米沢市教育委員会（2011）「米沢市教育・文化計画の成果と課題」『第3期米沢市教育・文化計画』8-9頁、54-55頁。
米沢市田んぼアート米づくり体験事業推進協議会HP　http://tanbo-art.com/（2015年12月20日アクセス）。
米沢市HP『市のあらまし 米沢市のプロフィール 米沢市の統計2014年版』。http://www.city.yonezawa.yamagata.jp/2425.htm（2015年12月20日アクセス）。

第4部 《事例編Ⅲ》

イベントによるアートゾーンデザイン

第15章

音楽イベントを活用したアートゾーンデザイン
—— 脱代理店型の音楽中心のフェスティバル ——

原田保・宮本文宏

はじめに〜音楽祭とは何か

　音楽祭とは何か。英語のフェスティバル（festival）が日本では音楽祭として用いられる。しかし、フェスティバルという言葉には音楽という意味は薄く、もともとは宗教的な祭礼や祭典や祝祭日を示し、それが転じて催事を表わす言葉として用いられる。この用法にしたがえば、日本でも伝統のある音楽祭として知名度が高いザルツブルク音楽祭（Salzburger Festspiele）も正確に訳せば、ザルツブルク祭典となる。また、毎年オーストリアで開催される国際モーツァルト週間（Mozart Week）[1]もフェスティバルという言葉は用いられていないが、音楽祭として捉えられている。他方で、若手演奏家の登竜門として、各地で開催されている音楽家の名前を冠した国際コンクールは一般的には音楽祭には含めない[2]。

　このように、音楽祭という言葉の定義は曖昧である。また、例からわかるように、音楽祭はクラシック音楽のイベントを指すことが多い。そのことは世界三大音楽祭というと、ザルツブルク音楽祭、バイロイト音楽祭、フィレンツェ5月音楽祭があげられることからもわかる。

　他に音楽祭という言葉が使われる音楽イベントには、歌謡曲や、ポップスがあり、例えばサンレモ音楽祭[3]などはある年齢以上の人の知名度が高い。しかし、野外コンサートが世界各地で開催されるジャズやロックでは音楽祭という言葉を使うことは稀である。例えば、ウッドストック（Woodstock Music and Art Festival）は、60年代のカウンターカルチャーを象徴するロック音楽イベントとして歴史に残るが、ウッドストック音楽祭と呼ばれること

はない。このように「音楽祭」は日本語独自の翻訳表現である。クラシックや歌謡曲、ポップスなどに使われ、ジャズやロックの場合にはフェスティバルやフェスと呼ばれる。三大音楽祭はクラシックを指すが、モンタレーとニューポートとモントルーの3つは世界三大ジャズ・フェスティバルと呼ばれる。

　こうした使い分けには、クラシック音楽、ジャズ、ロックのいずれも海外から持ち込まれたという背景がある。もちろん、これらの西欧からの音楽以外にも様々な音楽が存在し、日本でも、様々な祭礼や祝祭において演奏や舞が行われてきた。しかし、儀礼を支えたり祭りを盛りあげたりするための音楽と、音楽を中心にした音楽祭やフェスティバルでは成り立ち自体が異なる。

　本章では、音楽祭やフェスティバルとしての音楽イベントに焦点をあてる。ここでは、音楽を中心にある一定の期間、拠点となる地域を中心に、専門家、非専門家を問わず音楽演奏が集中的に複数開催されるイベントを音楽祭、ないしは音楽フェスティバルと定義する。この言葉の定義から明らかなように、音楽フェスティバルは地域と密接に結び付いている。ではなぜ、音楽祭や音楽フェスティバルは地域と結び付きやすいのか。いつ、どのような経緯で音楽イベントは生まれるのか。さらに音楽イベントによって地域をブランド化するにはどうすればよいのか。

　これらの問いに対して、本章では、知名度が高い3つの事例を取り上げ論じる。1つはバイロイト音楽祭（Richard-Wagner-Festspiele）であり、第2にはジャズの演奏スタイルを変えたニューポート・ジャズ・フェスティバルであり、第3にはロックフェスの聖地と呼ばれる、イギリスのグラストンベリー・フェスティバル（Glastonbury Festival）である。

第1節　音楽イベントの地域デザインへの活用

　本節では、音楽イベントと地域の関連性と機能に関して考察を行う。ここでの考察から、現在の音楽イベントが歴史上、どのように誕生したか、なぜ

地域名を冠するかが明らかにされる。また事例の概要に触れて、それぞれの特徴を通して、音楽イベントと地域のつながりを明らかにする。

(1) 音楽イベントと地域デザインの関係性

現在、我々が捉える音楽祭は、近代以降に成立したアトラクションであり、イベントである。かつての宗教的な行事としての音楽と祭りの結び付きは、文化人類学で扱われる領域として我々の社会から離れている。現在の音楽祭は19世紀以降に始まり、作曲家の記念や商業的なイベントとして展開してきた。音楽祭ではMBH（M：モーツァルト、B：ベートーヴェン、H：ハイドン）が現在も続く定番として世界各地で演奏されている（Said, 2008）。

近代以降に音楽祭がヨーロッパ各地で生まれ、発展していった理由は、供給者と需要者のニーズが合致したためである。供給側として、劇場と演奏家は年間を通して活動することができる。近代以前には、宮廷の楽団に属すか各地の宮廷を旅しながら演奏してきた演奏家たちは、近代以降には劇場を中心にした演奏システムのなかに組み込まれていった。

このシステムの確立によって、各地で音楽祭が開催されるようになった。音楽祭が夏期にサマーフェスティバルとして開催されることが多いのは、演奏会のオフシーズンであり、オーケストラや個々の演奏家が収益を増やすのに好都合だからである。さらに、首都を離れ地方で開催されるのは、余暇と観光を結び付けたパッケージとしてであった。需要者である当時のブルジョワ層の優雅な余暇の過ごし方としては、夏のバカンスにおいて観光と音楽を楽しむことであり、これはブルジョワ層の社会的なステイタスを示していた。

近代以降には、都市が発達してブルジョワ層を中心に都市生活が一般化していくなかで、余暇や地方という概念が生まれてきた。このことによって、日常を離れ、遠方に旅をし、音楽を楽しむという行為は経済的豊かさを示す特権行為としてブルジョワ層に広がり、これによって音楽イベントへの需要が高まっていった。

このように、音楽祭は近代以降に出現して、供給側と需要側双方のメリッ

トに応えるイベントとしてヨーロッパの各都市において開催されるようになっていった。つまり、音楽祭は誕生した当初から地域と密接に結び付いていた。後に、ジャズやロックもまたこうしたシステムをそのまま踏襲して、音楽イベントは地域の名前を冠してきた。こうした伝統を受け継いで、現在も各地において様々な音楽祭や音楽フェスティバルが数多く生まれている。そこで、これらのなかでも伝統と知名度をもつ代表的な音楽イベントを取りあげて、これらの特徴を明らかにしていきたい。

(2) バイロイト音楽祭とバイロイトの地域デザインとの関係性

バイロイト音楽祭（Bayreuther Festspiele）は別名のワーグナー音楽祭（Richard-Wagner-Festspiele）が示すとおり、ワーグナーの歌劇を演目とする音楽祭である。ワーグナー本人が自らの作品「ニーベルングの指輪」を上演するために設計したバイロイト祝祭劇場を舞台に、世界中から集められた指揮者とオペラ歌手によりワーグナー作品が上演される。

バイロイトは中世に遡る歴史をもつ土地であるが、この地に劇場がつくられたのは、ワーグナーの最大のパトロンであったバイエルン国王ルートヴィッヒ2世の援助があったからである。音楽祭が開催されるようになってから、バイロイトと聞けば誰もが音楽祭を思い出すほど、音楽祭がこの地のブランドになっていった。ワーグナーが理想にする世界観と演奏を実現するために創られた舞台は、ワーグナーの歌劇のメッカ（聖地）として世界中からファンを集めて、もっとも入手し難いチケットとなっている。このように、バイロイト音楽祭は、この音楽祭を巡る数々の物語と、名演の歴史とともに[4]、高い知名度と熱狂的な支援者を集めている。

(3) ニューポート・ジャズ・フェスティバルとニューポートの地域デザインの関連性

バイロイト音楽祭がクラシック音楽分野で最も著名な音楽イベントであるのと同様に、ジャズにおいては知名度の高さで、ニューポート・ジャズ・フェ

スティバルが群を抜いている。現在、ジャズ・フェスティバルと言えば、夏の野外での開催が定番化している。このフォーマットやイメージを形成したのが[5]、1954年に始まったニューポート・ジャズ・フェスティバルなのである。このニューポート・ジャズ・フェスティバルはジャズ・フェスティバル創成期のイベントであり、新たなジャズの演奏スタイルを生み出して、進化させたイベントであった。

このニューポートという土地は、アメリカ合衆国の東北部にある、全米でもっとも小さな州であるロードアイランド州に位置する風光明媚な避暑地である。富豪の避暑地として知られるその地において、ジャズのフェスティバルが始まったのは、煙草産業で財をなしたこの地に住む大富豪夫妻がニューヨークでジャズクラブを運営していたプロモーターにジャズで音楽祭を開催する話を持ちかけたことがきっかけであった。

1950年代当時は、クラブを中心に少人数向けに演じられていたジャズを、野外で大勢の聴衆の前で演奏したことはまさに革新的であり、その後のジャズの表現と歴史を大きく変えた。ニューポートはその契機となった場所であり、数多くの名演が生まれた場所である。現在ではニューポートという名前は、マイルス・デイビスやディジー・ガレスピーやセロニアス・モンクなどのジャズの巨人たちの名前とともに記憶されており、世界的な知名度をもっている[6]。このように、夏の野外でのジャズのフェスティバルという形式を生んだニューポートは、ジャズの歴史とともに記憶されて、ジャズと音楽イベントでのブランドを形成してきた。

(4) グラストンベリー・フェスティバルとグラストンベリーの地域デザインの関連性

グラストンベリーと聞いても、多くの人にとってはその場所がどこか思い浮かばないであろう。しかし、ロック音楽のファンであれば、音楽フェスティバルが開催される場所としてグラストンベリーの名前は常識になっている。

このように、現在はロックの聖地として名高いグラストンベリーはイギリ

ス南西部の小さな町である。古代の遺跡が点在しておりケルト文化や聖杯やアーサー王等の伝説の残る土地であり、イギリス最大のパワースポットとして一部の人には知られてきた。この土地の名前を冠する音楽フェスティバルが1970年から開催されるようになってからは、ロックの聖地として知られるようになっていった。ただし、正確には住所としてはピルトンの農場で開催される。

この音楽フェスティバルの正式名称は Glastonbury Festival of Contemporary Performing Arts であり、名前のとおりにロックのみならず、現代音楽、サーカス、演劇、ダンス、レゲエや映画の上映まであるような、まさに芸術表現としてのパフォーマンスを提供する野外フェスティバルである。しかし、何よりも著名で人気の高いロックミュージシャンが数多く出演するイベントとして知られている。会場には開催期間中は複数のステージが設けられ、それぞれのステージでライブが行われる。長期間にわたるために、観客はキャンピングカーやテントで滞在し、生活しながらライブを楽しむ。

このように、世界中からロックファンを集めるイベントだが、土地自体は、普段は何の変哲もない農場の牧草地である。もともと、このイベントは土地の農場主が自らの家の住宅ローンを払うために、自身の農場を会場にしたフェスティバルを開催することを思いついたことが、そのスタートの契機であった[7]。さらに当初から地名はピルトンではなく、隣りのグラストンベリーを用いた。その思いつきは、当時の世界的なロック音楽のブームに乗って人を集めていき規模を大きくしていった。この結果、古代の神話や伝説の残る霊的な場所がロックと結びつき、夏の期間は世界中からロックファンが集まる場所になっていった。

第2節 音楽イベントの地域デザインへの活用方法＝3事例を捉えて

本節では、音楽イベントの地域デザインへの影響と活用を考察する。音楽イベントは地域の名前を冠し、数多くの音楽ファンを集めることから、コ

マーシャル効果が高い。しかし、ブランド化を目的に音楽イベントを企画したからといって、必ずしもうまくはいかない。成功の要因が何であるか、コンセプトとデザインの視点から前節で挙げた各実例を通して考えてみる。第1が音楽イベントとゾーンデザイン＝ニューポートを捉えて、第2が音楽イベントとトポスデザイン＝バイロイトを捉えて、第3が音楽イベントとコンステレーションデザイン＝グラストンベリーを捉えて、第4に音楽イベントとアクターズネットワークデザイン＝3事例を捉えて、である。

(1) 音楽イベントとゾーンデザイン＝ニューポートを捉えて

　ニューポートはワシントンの北、東海岸に位置する港湾都市である。大小の島々から成り、かつては貿易で栄え、アメリカのなかでも早くから開拓され歴史と伝統が残る落ち着いた町である。名門と言われる世界的なゴルフカントリークラブがあり、マリンスポーツも盛んでヨットスポーツの町としても知られる。湾岸のマリーナには、ヨットやクルーザーが停泊し、海岸沿いには大きな邸宅が立ち並ぶ土地柄である。この地の穏やかな気候は、夏期の避暑地として人気を集めている。

　このように、ニューポートは社会的成功者が住む、文化的に洗練された場所であり、様々な観光レジャーやイベントが開催される町でもある。その町でジャズのイベントを開催するというのは、当時はまったく想像できない組み合わせであった。1950年代半ば、ジャズはハードバップスタイルの全盛期であり、夜の薄暗い酒場でアルコールとともに楽しむ音楽であった。このジャズが、東部エスタブリッシュメントを代表する都市においてイベントとして開始されるということは、それまでにない画期的なできごとであった。

　実際に、当時の世相を反映して、黒人が生んだ音楽であるジャズを白人の富豪の町で演奏するということに対する反発は大きかった。その反発を示すように、地域の人々は、このイベントに対しては協力よりは無視ないしは妨害を行った。イベントが、煙草王として知られる名門一族であり上流階級の社交界に属する全米屈指の富豪が言い出したものでなければ、ニューポート

で開催されることはなかったであろう[8]。

　しかし、地域の協力はなかったにせよ、このイベント自体は多くの人を集めて結果的に成功を収めた。やがて、ニューポート・ジャズ・フェスティバルは世界的な知名度を獲得して、同時にニューポートという地名も世界中で知られるようになっていった。この結果から、ニューポート・ジャズ・フェスティバルは1つの固有名詞として展開していくことになった。例えば、日本では斑尾高原で「ニューポート・ジャズ・フェスティバル・イン・斑尾」が開催された。

　このように、ニューポート・ジャズ・フェスティバルはイベントとゾーンの意外な組み合わせによって生まれ発展して、ゾーンが拡散してイベントそのものがブランド化していった事例である。ニューポートという地名とジャズが一体化して、現実の物理的な地域を超えてニューポート・ジャズ・フェスティバルのブランドになって世界中に展開していった。

　このイベントが広域のブランドとしてのポジションを獲得できたのは、イベントの展開時期とジャズの黄金期がちょうど重なったからである。マイルス・デイビスというカリスマ性のあるスターによる演奏を始めとして数多くの名演がステージで生まれたことによって、ニューポート・ジャズ・フェスティバルのブランドは高まっていった。

　それまでの伝統になかった野外での大規模なジャズ・フェスティバルという新たな場が、ニューポートという東部のエスタブリッシュメントを代表する町に生まれて、異質な組み合わせの化学反応に呼応するようにジャズの巨人たちの演奏の力が加わり、それによってニューポート・ジャズ・フェスティバルは地域を超えて世界的なブランドを築くことに成功した。

(2) 音楽イベントとトポスデザイン＝バイロイトを捉えて

　バイロイトの名前は音楽祭と不可分に結び付いている。バイロイトといえば音楽祭であり、音楽祭が開催される土地としてバイロイトは知られている。バイロイトの街自体は中世まで歴史を遡る伝統のある都市である。しか

し、バイロイト祝祭劇場が創られて音楽祭が開催されるようになってからは音楽祭がこの都市の最大のイベントになり、世界中に名前を知られることになった[9]。

しかし、このバイロイト音楽祭は当初から現在のような音楽祭の形を目論んだものではなかった。バイロイトで初めて音楽祭が開催された1876年当時は、音楽祭は各地で次第に多く開催されるようになっていた。これらのブルジョア層の娯楽の一環としての音楽祭に対して、ワーグナーが構想したのは、商業的で近代的な音楽祭を否定して古代に遡る神話的な祝祭を蘇らせることであった。したがって、バイロイトは入場料収入をあてにせずに、荘厳に上演した後には祝宴は終結して劇場は解体する計画であった。

このように、バイロイト音楽祭はもともと音楽祭というよりも古代の祝祭として、ワーグナーにより構想された音楽祭であった。ワーグナーは自らの構想に基づいて劇場をデザインし、実現のためにバイエルン国王から莫大な資金を引き出して、上演作品を空間ごと創り上げた[10]。つまり、バイロイト音楽祭は、ワーグナーが持てる力を結集して古代の祝宴を復活させようとしたイベントであった。世紀の祝宴にふさわしく、ワーグナーが用意した作品は、神話と歴史を融合した巨編「ニーベルングの指輪」であった。

しかし、この祭典は思ったようには成功せずに当初の構想から外れていく。やがて、バイロイト音楽祭は当初ワーグナーが否定したブルジョワが楽しむ商業的音楽祭として継続し、今ではチケットが高額であることでも知られる音楽祭になった。

この推移を見ると、バイロイト音楽祭は当初の構想から大きく変化していったことがわかる。それであっても、バイロイト音楽祭のブランドを生み出しているのはワーグナーという音楽家の存在であることに変わりはない。このワーグナーの音楽自体がもつ劇的な物語と舞台性と、その音楽のためにワーグナーによって設計されたバイロイトの劇場空間が、まさにそこでしか体験できない世界を現前させている。このように、このバイロイトはワーグナーの存在と作品と舞台の劇的なトポスによってブランドが形成されてきた

イベントの事例である[11]。

(3) 音楽イベントとコンステレーションデザイン＝グラストンベリーを捉えて

　グラストンベリーの夏はロックの夏として知られる。グラストンベリーの近くのピルトンの田舎の広い牧草地に大小様々な複数のステージが設けられて、並行し演奏が行われる[12]。これは毎年、その年に活躍した著名なロックミュージシャンが出演することで知られており、観客はお目当てのミュージシャンのステージで音楽を楽しむ[13]。開催期間が長期にわたるために、フェスティバルに参加する人たちは、キャンピングカーやテントで泊り込みながらフェスティバルに参加する。そして、同じ音楽のファン同士の交流が生まれるのもロックフェスティバルならではの特徴である。

　ここでの聴衆としてではなくともに参加するというスタイルは、ロックフェスティバルの草分け的存在であるウッドストック・フェスティバルから続く伝統である。ウッドストック[14]では、愛と平和がテーマとして掲げられて、当時のヒッピーやフラワーチルドレンたちがつながりを求めて音楽を通じたコミュニティを築こうとした。このウッドストックでのムーブメントは、現在では音楽イベントを超えた時代の文化的アイコンとして歴史に刻まれている。

　このウッドストックから1年遅れてグラストンベリー・フェスティバルが開催された。グラストンベリー・フェスティバルは、当時の時代的な流行の影響を受けて、参加という形態や訪れた人同士のつながりからコミュニティが生まれるというコンセプトを保持していた。

　もともと、ロックミュージックとは何の関係もないイギリスの田舎町に毎年多くの人が押し寄せてくる要因は、出演者のラインナップの知名度の高さと同時に、その場に参加して体験することを通してコミュニティを築く体験の場というコンセプトに見出せる。夏に野外で多くのロックファンとともに憧れのミュージシャンのステージを体験してつながりをえることが、まさにグラストンベリー・ロックフェスティバルの魅力である。

地域における音楽イベントの特徴として、こうした擬似的なコミュニティを創り出すという点がある。このような音楽イベントを地域のアートゾーンとしてブランドにしていくためには、音楽が持つつながりや一体感を生む力をコンステレーションデザインとして活用することが有効である。

(4) 音楽イベントとアクターズネットワークデザイン＝3事例を捉えて

　本章では、分野が異なる3つの音楽イベントを取り上げて考察してきた。共通する点としては、中心に個人のアクターが存在することがある。いずれの音楽イベントも地域名と結び付いてはいても、地域を中心に生まれたものでなく、一部のアクター個人の発想や思いによって生まれた。結果的には、地域のブランドを高めることにはなったが、これはもともと地域をブランド化することを目指したものではない。中でも、グラストンベリーに至っては、直接の開催場所ではない隣りの地名が用いられているほどである。

　バイロイト音楽祭を実現したのは、ワーグナーの夢想ともいえる熱望であり、その熱望を現実化したのはバイエルン王ルートヴィッヒ2世であった。ニューポート・ジャズ・フェスティバルは、ニューポートに住んでいた大富豪夫妻の野外でジャズの演奏会を開催するというアイデアがきっかけであり、ニューヨークのジャズクラブのオーナーに声をかけたことで現実化していった。グラストンベリーは農場主が当時の時代的潮流に乗ってフェスティバルを開催し借金返済のたしにしようと考えたことがきっかけである。

　こうした個人の発想や思いから実施していったイベントに対して、地域の住民たちは、開催を無視するか妨害するかのいずれかで応えた[15]。住民にとっては、大規模な音楽イベントは自分たちの住んでいる土地に、他から知らない人たちが訪れてきた挙げ句に大騒ぎし町の空気を乱し住空間を汚していく迷惑な行為でしかないからである。

　しかし、音楽イベントが地域に大きな経済的効果をもたらすことが明らかになると、世界的な観光ブームの流れとともに世界中の各地で様々な分野の音楽イベントが数多く開催されるようにと変化していった。観光を推進する

側にとっては、音楽イベントは手近で魅力的なコンテンツである。音楽イベントでの収入が見込めて、かつ世界中から多くの観光客を呼ぶことができる。大手の広告代理店が全体を仕切り、観光業者とタイアップし、ジャズやロックの有名ミュージシャンやオーケストラを手配することによって、地域の名前を冠したイベントがいくつも誕生した。それは、たとえ自然や歴史的な遺産をもたない地域でも、音楽イベントであれば開催することが可能だからである。

しかし、開催に漕ぎ着けても、思惑どおりにすべての音楽イベントが多くの人を集められるわけではない。期待どおりにいかず1回限りで終わる場合も多く見られる。

これまで見てきた例のように、音楽イベントがブランド力を獲得していくためには、時代の流れに乗ることが必要になる。現在、ブランドになっている音楽イベントはいずれもその場所での演奏家の名演の数々が伝説や逸話となって残っている。人は伝説を追体験することや、自らも歴史的瞬間に立ち会うことを期待して、音楽イベントに足を運ぶ。非日常を体験することへの期待が音楽イベント成功のための要素である。

そのために必要なことは、音楽イベントにおいてはまずは音楽がイベントの中心にあるという姿をつくりだすことである。音楽の力こそがイベントを特別なものにする。経済効果を当て込んで大手代理店が主導するイベント主導型の音楽イベントが成功しないのは、音楽の場を生み出せていないためである。音楽をイベントの中心にして、場を生む舞台としてのその地域のトポスと、場を結び付ける関係性としてのコンステレーションが音楽によるアートゾーンを生み出していく。音楽のアートゾーンを生み出すアクターは、イベントのビジョンを描いた個人でありその支援者であり、時代の流れであり、何よりもイベントに集まった観客と演奏者である。

これからの音楽イベントには、音楽を中心にして、地域に場を創造していく姿勢が必要になる。これによって、その場から音楽と演奏に関する物語と歴史が地域に生まれて、音楽のアートゾーンとしてのブランドになっていく。

おわりに〜音楽のある場所へ向けて

　本章では第1に、現在我々が知る音楽祭は、地域の観光とセットとして近代以降に生まれて支持されてきたことを見てきた。第2に、ジャズやロックの音楽イベントはクラシック音楽の音楽祭の形式を基に、フェスティバルとして発展してきたことを見てきた。第3に音楽イベントが知名度を獲得して、ブランド化していくために、アートゾーンを生む必要があることを考察した。

　ここで取り上げた事例は、いずれもイベントを通じて地域を世界的な知名度に押しあげてきたものである。音楽と結び付くことで地域名は固有のブランドを築いてきた[16]。他方で、音楽イベントとして知名度を獲得すればするほど、地域名は記号化していく。例えば、ニューポート・ジャズ・フェスティバルがブランドとして確立することは、ニューポートという場所を超えて、ニューヨークや日本でこの名前での音楽イベントが開催されるようになることでもある[17]。このように、世界的な知名度を得ることで地域名と音楽イベントは不可分になっていく。

　また、時代とともに音楽イベントは慣習化してやがては観光客めあてのイベントとなっていくケースも多く見られる。観光客誘致を目的に興行的な色を濃くし、音楽を脇に置くようにすると同時に、その場所から音楽は失われていく。

　音楽によるアートゾーンを展開し、ブランドとしてデザインしていくためには、音楽を中心にしたトポスとコンステレーションとアクターズネットワークとゾーンが必要になる。音楽が磁力となって多くの人を引き寄せて、ゾーンが生まれたとき、音楽イベントは人々に記憶されるブランドになる。

　本章では、音楽イベントをアートゾーンとして捉え、地域デザインの視点から考察を行ってきた。筆者としては、ここでの考察が音楽イベントと地域のつながりの意味を解き、これからのブランド展開を考える際のデザインのための検討への一助になれば幸いである。

(注)
1) 毎年1月にモーツァルトの誕生日を挟んで10日間にわたって開催される音楽のイベント。
2) モーツァルトやショパンやブラームスなどの名前を冠したコンクールが若手の演奏家の登竜門として有名である。
3) イタリアでのポピュラー音楽の音楽祭。1951年より毎年開催されている。
4) 出演者も演奏家も常設ではなく、この音楽祭のために集められる臨時編成となる。
5) クラシックの音楽祭の形式を踏襲している。
6) 歴代のニューポートのステージの演奏が録音として残されて、さらにイベント自体が映画にもなった。
7) マイケル・イービス（Michael Eavis）。2007年に本功績によってエリザベス女王より大英帝国上級勲爵士を授与される。
8) 2年目は場所の貸出を禁じられる等の妨害を受ける。しかし、富豪が個人で別の場所を買い取るなどして妨害を乗り越えてきた。
9) 現在、夏に1カ月間、バイロイトで開催される音楽祭は、世界で最も入手が困難なチケットであり、高額にもかかわらず、入手に数年かかるといわれている。
10) ワーグナーと作品についてはその巨大な存在のために、生前も死後も様々な醜聞にまみれ、賛否両論に分かれる。だが、作品のもつ圧倒的な力は誰しもが認めている。
11) さらには、歴代の様々な名指揮者の演奏と、音楽祭が生まれたエピソードや、ナチスの国家的支援を受け、象徴とされたことや、音楽祭の総監督という地位を務めるワーグナー一族の内輪の争いなどの様々な醜聞等の物語によって、バイロイトは知名度を高めてきた。
12) 日本のフジロック・フェスティバルもその1つである。
13) なかでも、ヘッドライナーといわれる最大のステージに登場するミュージシャンたちは、開催する年の顔として注目を集める。
14) 1969年の8月15日から3日間にわたってアメリカのニューヨーク州近郊で開催された。
15) 例えば、ニューポートでは、地域の人々が開催を妨害するために、2年目からは公共の開催場所を貸さなくしたり、開催期間中に敢えてパーティーを開催し、反対姿勢を示した。

16） グラストンベリーに至っては、ごくわずかな歴史ファンにはアーサー王伝説の町として知られてはいても、イギリスにおいても知名度の低い土地であった。その場所の名前が、農場のオーナーの思いつきによって世界中のロックファンに知られるロック音楽の聖地となった。ただし、開催地の住所は隣のピルトンであり、知名度や音の響きからグラストンベリーの名前が用いられたと思われる。その結果、ピルトンの名前は知られないまま、グラストンベリーの知名度が上がり、世界的にブランド化した。

17） 日本では斑尾高原、ニューヨークではカーネギーホールでニューポートの名前で開催された。

（参考文献）

酒井真知江（1996）『ニューポート・ジャズ・フェスティバルはこうして始まった～1953-1960年の記録と、ジャズレディ、イレーン・ロリラードの横顔』講談社。

田中良幸（2010）『絶対行きたい！世界の音楽祭』ヤマハミュージックメディア。

西田浩（2007）『ロック・フェスティバル』新潮社。

Lang, Michael with Holly George-Warren (2009), *The Road to Woodstock*, Harper Collins Publishers.（室矢憲治訳（2012）『ウッドストックへの道～40年の時空を超えて主宰者が明かすリアル・ストーリー』小学館）。

Millington, Barry (2012), *Richard Wagner: The Sorcerer of Bayreuth*, Thames & Hudson.（三宅幸夫監訳、和泉香訳（2013）『ワーグナー～バイロイトの魔術師』悠書館）。

Said, Edward W. (2008), *Music at the Limits*, Columbia University Press.（二木麻里訳（2012）「音楽祭は威風堂々」『グサイード音楽評論1』みすず書房）42-52頁。

第16章

アートイベントを活用したアートゾーンデザイン
—— 日本におけるアートイベントの特徴と展開 ——

原田保・宮本文宏

はじめに～アートイベントとは何か

　アートに関するイベントを捉えるには、まずはアートとは何かを問う必要がある。アートと近似した言葉として、芸術や美術という言葉がある。英語にすれば、同じ Art であるが、日本においてはそれぞれの意味は微妙に異なる。共通することは、いずれも日本語に翻訳された言葉だという点である。

　現在用いられている美術という言葉は、明治初期にウィーンの万国博覧会に参加した訳官が翻訳して命名した言葉である（北澤、1989）。美術には、民衆を啓発して近代化を推進する意図が込められている。同様に、芸術という言葉も明治期に政府の官僚でありかつての啓蒙思想家であった西周が西洋のリベラルアーツという言葉を訳した際にあてはめ用いた言葉である。つまり、美術と芸術のいずれも外来文化として西洋文化を日本に持ち込み、近代化を進めるための文化施策の一環として創られた言葉である。ではなぜ、美術や芸術を明治政府の官僚が主体になって普及しようとしたかは、それまで各地域の藩に分かれていた民衆の帰属意識を国家に統合し、国民としてのアイデンティティを築くためであった。

　こうした美術や芸術に対して、日本におけるアートという言葉は Art をたんに翻訳した言葉ではない。椹木が指摘するように（2015）、Art をアートと呼ぶのは「たんなる音合わせに過ぎない」（椹木、2015、9頁）。アートとは和製英語であって、Art やこれを日本語に翻訳し制度化した美術や芸術とは意味も歴史も異なる。それだからこそ、アートという言葉は従来の美術や芸術に対抗する概念、あるいはこれまでの枠にははまらないものというイ

メージをもち、意図的に用いられてきた。

　やがて2000年代以降に日本の各地でアートのイベントが開催されるようになるが、これらのイベントは決して美術祭と呼ばれることはなく、また海外におけるArtのイベントとも一線を画すものであった。海外では、Festivalは催事や祭典を示しているために、Salzburger Festspieleや Edinburgh International Festivalなどと表現されるか、Glastonbury Festival of Contemporary Performing ArtsやEuropean Media Art Festivalと分野を絞って表現されることが一般的である。これに対して日本では、アートフェスティバルや芸術祭と表現されることが多い。また、日本で行われるアートイベントはコンテンポラリーアートが中心であり、それゆえ従来の美術や芸術とは一線を画すものとして開催されてきた。

　さらに、日本におけるアートイベントは、地域活性化とつなげて開催されることが多い点が特徴である。現在、日本ではアートイベントは観光客を呼べるコンテンツとして地域活性化と関わりをもっており、各地で数多くのイベントが開催されている。

　これは、越後妻有アートトリエンナーレないしは大地の芸術祭と、瀬戸内国際芸術祭の成功が日本のアートイベントのモデルになっているためである。なお、ビエンナーレやトリエンナーレといったイタリア語が用いられるのは、これらのイベントが、国際的なフェスティバルの先駆者であるヴェネツィア・ビエンナーレ（Biennale di Venezia）をモデルにしているからである。もっとも、ビエンナーレBiennaleは2年周期、トリエンナーレTriennaleは3年周期という意味であり、アートやフェスティバルなどの意味はもたない。1895年に開催されたヴェネツィア市国際芸術祭（Esposizione Internazionale d'Arte della Città di Venezia）が2年毎の定期開催と定めたことに由来している。

　このように、アートという言葉も、アートフェスティバルやビエンナーレやトリエンナーレという期間限定のイベントを表わす言葉も、西欧と日本では用いられ方や意味が異なっている。そこで本論では、日本におけるアート

イベントの独自性とその理由について海外の事例と比較して、なぜ日本で地域のイベントとして成功したのか、を考察する。そのために、アートイベントの起源である美術館の歴史を遡り、アートイベントの特徴と背景を示している。これらの議論を通して、地域デザインの観点から、地域をブランド化するためのアートイベントの今後の姿を検討していく。

第1節　アートイベントの起源と展開

　本節ではアートイベントとは何かを美術館の起源から捉えていく。アートイベントとは何かを明らかにし、西洋における捉え方と日本におけるアートイベントの違いを提示する。それぞれの代表的な事例として、ヴェネツィア・ビエンナーレと瀬戸内国際芸術祭と越後妻有アートトリエンナーレを取りあげて、日本において、アートイベントが地域活性化と結び付く背景と理由を考察することで、地域におけるアートイベントの意味を問うていきたい。

(1) 美術館の誕生とアートイベントの起源

　美術館やギャラリーなど特定の決められた施設で、フロアに展示された作品を鑑賞することに対して、アートイベントはそのような施設のない場所において期間限定で開催される催しのことを指す。しかし、美術品を1カ所に集め陳列し広く公開するという行為自体が特殊なありようであるとも言える。今日こそ、ルーブル美術館やプラド美術館、そしてニューヨーク近代美術館など、世界各地に各国を代表する著名な美術館があって、世界中から観光客が訪れている。しかし、これらの美術館は、西洋における国民国家の成立と同時期に誕生した近代化を代表する新たな人工的な制度と捉えられる[1]。

　それでは、なぜ美術館が国民国家の成立とともに生まれたのか。それは、美術館は国家における文化施策の一端を示しており、国民国家を創出して維持するためには必要な道具であったからである。国民国家 Nation-state とは各地域の住民を国家という枠組みのもとにひとまとまりの構成員＝国民とし

て統合した社会の形態を示している。現在では当たり前のように捉えられる形態であるが、こうした形での国家が生まれたのは近代以降であり、それ以前には国家という明確な体制は存在せずに各地域に分かれて統治され、国民という意識も存在していなかった。それが、西欧において絶対王政から革命を経て近代国家としての国民国家が新たな体制として生まれ、国民を主権者として、国家のもとに統合することが理念に掲げられるようになった。

　主権者である国民とは、国家に対して税金を納め、国家を護るために兵役につくことを義務として課せられた存在である。国家という抽象的な存在に対して義務をもつことを植え付けるには、国家に統合された国民というアイデンティティを創造し普及する必要があった。地理的に離れた存在である地域の人同士をつなぎ、同一の国に帰属する国民であるというアイデンティティを創造するためには、教育による教化と同時に、各種の文化施策を通じて物語をつくる必要があった。美術館もこうした文化施策の１つであり、国民国家を維持するための道具として生まれた。過去に王や貴族が収集した美術作品をかつての王宮に陳列し国民に公開することで、国民が主役であり現在の体制が国家の伝統や文化を継承しているという物語を創出した。

　このように、美術館が象徴するのは国家としての文化や歴史の正統性であり、それらの物語をもとに国民を維持するための装置であると言える。美術館から派生したアートイベントも同様に、国民国家の文化政策と密接に関わっている。その背景を、アートイベントの先駆者であって代表であるヴェネツィア・ビエンナーレを通して探っていきたい。

(2) ヴェネツィア・ビエンナーレの誕生と地域との関係性

　ヴェネツィア・ビエンナーレが最初に開催されたのは1895年であり、これは国際的なアートフェスティバルとして世界最古のものであり、以降のフェスティバルの起源であり、かつモデルである。このフェスティバルが19世紀末にヴェネツィアで誕生したのは実は二重の意味で必然であった。

　必然の１つは、これが生まれた19世紀末という時期である。19世紀最後

の万国博覧会がパリで開催されたのが1900年であり、新世紀を祝福するかのように、過去最大規模で各国のパビリオンがパリに設置された。また、この万国博覧会では、19世紀を振り返り新古典主義から印象派までのフランスを代表する絵画や彫刻作品が、新しく建設されたグラン・パレ（Grand Palais）に展示された。

この万国博覧会は、複数の国が参加し民衆の教化を目的に文明の進化や将来の展望を示すイベントとして19世紀を中心に西ヨーロッパの各都市で開催された。1798年のフランス革命期のパリで国内に向けて開催された博覧会を起源として、パリで開催回数を重ねていき、やがて1851年には国際博覧会がロンドンで開催されるようになり、巨大なクリスタルパレス（水晶宮）に数多くの人を集めた。さらに、1889年にはパリで第4回の万国博覧会が開催されて、その際にエッフェル塔が建設された。

このように、19世紀は国際博覧会の時代であった。当時開催された国際博覧会の目的は民衆の教化と自国の力と威信を誇示することにある。西洋各国が競って国際展覧会において自国のパビリオンを設けて、科学の発達と植民地化政策を文明の進化としてアピールし自国の国力を競い合った。

さて、1895年という時期にヴェネツィアで国際美術展が開催されたのは、これらの万国博覧会が念頭にあったことは間違いない。歴史によれば、ヴェネツィアのサン・マルコ広場のカフェ・フローリアンで美術評論家が、各国から美術作品を集めた博覧会を開催しようと会話したことが始まりとされる（南條、2002）。このように、ヴェネツィアでの国際芸術祭の基になっているのは、19世紀に西洋社会で全盛になった国際博覧会の様式である。

さらに、場所がヴェネツィアであったことにはもう1つの必然性が存在している。このアートフェスティバルは、イタリア国王と王妃の銀婚式を記念してヴェネツィア市議会に決議されて開催が決められた。ヴェネツィアがイタリア王国を記念したイベントの開催を決めたことには、イタリア統一以降は政治的にも文化的にも主導権を示せずにいたヴェネツィアによる自らのアピールが意図されていたと捉えられる。

こうして、ヴェネツィアで美術分野の万国博覧会が開催されて、数多くの人を集めることに成功した。その結果、この美術分野の博覧会は2年毎に開催されるビエンナーレと名付けられて、この言葉が美術イベントを示す名前になっていった。このように、ヴェネツィア・ビエンナーレは、西洋において国家の文化施策の一環としての国際展覧会を基本型とするイベントであった。

(3) 瀬戸内国際芸術祭と直島と地域デザインの関連性

先に見たように、日本においては近代国家成立のための文化政策の一環として明治期に美術や芸術を西洋から輸入し各地に展開してきた。他方で、1980年代以降にアートが和製英語として積極的に用いられはじめる。アートという言葉が用いられたのは、従来の美術、芸術の分野に収まらない広範な活動を示すためであり、過去の「歴史や定義の重力から解き放たれた」概念（椹木、2015）として用いられた。

椹木（2015）が指摘するように、明治を代表する黒田清輝の油絵は美術作品といい表わせても、アートと表現すると不自然に感じられる（椹木、2015）。反対に、例えば1970年から80年代を代表するアーティストとして、湯村輝彦や赤瀬川原平や日比野克彦などの名前が挙げられるが、彼らの作品は美術作品という枠に収まりにくい。このように、エンタテイメントやコマーシャルなどの領域において従来の美術のフィールドを超えて活躍する人たちがアートを体現している、と捉えられる。さらに、海外の美術市場で奈良美智や大竹伸郎、そして草間彌生などの日本のアート作品が高い評価を受けるようになり、評価は村上隆や次の世代に引き継がれている。

これらのアートにいち早く注目し、1980年代当時の日本ではまだ珍しかったコンテンポラリーアートを集めたミュージアムを地方の、それも島に建てたのが、ベネッセグループ（正しくは、ベネッセホールディングスなどの企業グループ）であった。そのミュージアムが瀬戸内海でかつて銅製錬所が置かれ公害の島として知られた直島のコンテンポラリーアートミュージアムで

ある。このミュージアムがベネッセアートサイト直島になり、直島はアートの島として、次第に海外からも注目されるようになり、直島を起点とする瀬戸内国際芸術祭へと展開していった。2010年に第1回が開催され、多くの人を集めて、ヴェネツィア・ビエンナーレを模して以降3年毎に開催するトリエンナーレ形式を取り入れて、Setouchi Triennaleとして世界的なブランドを築いていった。

　この世界的なアートイベントの土台になっているのは、直島のアートの島としての地域ブランディングである。結果から見れば、企業による文化施策が結実し[2]、直島という瀬戸内の離島が世界に名だたるアートの島というブランドを築いて、これがアートフェスティバルへと発展していった。それではなぜ、直島はアートの島としてのブランドを築くことができたのか。また、それがなぜアートフェスティバルとしての展開を可能にしたのか。これらの問いに答える前提として、瀬戸内の島にアートフェスティバルとしての展開をもたらしたのは、瀬戸内国際芸術祭に先立つ2000年に越後妻有にて開催された「大地の芸術祭」、越後妻有アートトリエンナーレであった。

(4) 大地の芸術祭 越後妻有アートトリエンナーレと地域デザインの関連性

　さて、越後妻有は新潟の中央部の山間に位置する地域である。市町村としては十日町市と津南町などの1市4町1村が該当する。地場の産業は稲作を中心にした農業と林業が中心であり、それゆえアートとは何のつながりもない。この土地にアートイベントが開催されたのは2000年であり、その後、トリエンナーレの言葉通りに3年おきに開催されている。

　アートイベントがこの土地で開催された目的は、地域活性化のためであった。1999年頃から、日本の各地では政府主導による市町村の合併が促進されていった。これがいわゆる「平成の大合併」であった。新潟においても、県が主導し、「ニューにいがた里創プラン」という政策が立ち上がり、地域の魅力をアピールするための取り組みが検討された。この検討においては、美術館を建設する計画や植物園を創る構想など、様々な企画が持ち込まれ

て、さらに広告代理店やコンサルタント会社からイベントなどの企画案が提示された（北川、2014）。

　こうした試行錯誤の後、新潟県から運営委員就任の依頼を受けた北川フラムが持ち込んだのは、アートによる地域づくりというコンセプトであった。すでに国内外の美術展や企画展、イベントなどをプロデュースしていた実績を買われた形で就任した北川は、箱物ではないソフト事業を優先して、広域な地域におけるアートを用いたイベントを開催する計画を決めた。この決定の背景には、ヴェネツィア・ビエンナーレなどの欧州でのアートフェスティバルの歴史や、当時海外で展開しはじめていたナント市やニューカッスル市などでのクリエイティブシティ（芸術文化創造都市）構想の流れがある。また、日本での先行事例としては、直島でのアートによるブランド化成功が念頭にあったとも推察できる。

　北川と辻井（2009、296頁）によれば、アートと地域を結ぶ発想の原点は、1980年代のセゾングループが力を入れたサブカルチャーやカウンターカルチャーによる都市を中心にしたアート展開の洗礼を受けたことにある。つまり、後にバブル景気と言われた都市文化の興隆とともにアートが生まれたのである。このアートはそれまでの近代化における政府主導の文化政策としての美術とは異なり、民間が主導し、中心に対する周縁という意味をもっていた。さらに、同時代の海外でのヨーゼフ・ボイス Joseph Beuys[3]やナム・ジュン・パイク Nam June Paik[4]などによるそれまでの美術の枠組みには収まらないコンテンポラリーアート活動に呼応して、アートは従来の美術の枠を大きく越えた時代の先鋭としてのイメージをもつことになった。

　こうした先端性をもったアートが都市から地域へ展開してイベントとして開催されるようになっていったのは、アートのもつ先鋭としてのイメージと近代化から遅れた地域の風土とのアンバランスさが融合して、独特のコンテクストを生んだためである。具体的にはアートを用いた地域イベントは、美術館を建築し海外や国内の著名な画家や彫刻家の作品を収集し展示するそれまでの美術による観光地化と、方法において一線を画している[5]。先端性や

異化作用をもつアートの特性が地域と結び付くことによって、アートと地域の双方にとっての新たな可能性が展開した。これが直島という近代化の果てに見捨てられた辺境の島や、越後の山間の過疎の村でアートがイベントとして成功した理由である。こうして、越後妻有では美術館を設置するのではなく、既存の民家や山間に同時代のアート作品を配置し、独特の空間を創り上げイベントとして知名度と人気を得た。

この越後妻有でのアートイベントの成功例をもとにして、その後に直島を起点とする瀬戸内芸術祭が開催される。やがて「西の直島、東の越後妻有」といわれるような日本におけるアートによる地域のブランド化の成功事例として名前をあげられるようになった。

第2節　アートイベントの地域デザインへの活用方法＝3事例を捉えて

本節では先の節であげた事例をもとに、アートイベントによる地域ブランド構築の成功要因を明らかにする。第1にヴェネツィア・ビエンナーレの事例からアートイベントにおけるトポスデザインを捉えて、第2に越後妻有アートトリエンナーレの事例からゾーンデザインを捉えて、第3に瀬戸内国際芸術祭からコンステレーションデザインを捉える。最後に、3事例からアートイベントとアクターズネットワークデザインを捉えたい。

(1) アートイベントとトポスデザイン＝ヴェネツィア・ビエンナーレを捉えて

これまで見てきたように、海外のアートフェスティバルと日本のアートイベントでは、意味合いが大きく異なっている。第1に、海外ではフェスティバル（祭典）という名前の示す通り広義の意味をもち、対象はアートに限定されない点である。ヴェネツィア・ビエンナーレでも美術部門以外に、演劇や音楽、建築から映画までの幅広い分野が取りあげられる。第2に、19世紀から20世紀にかけての万国博覧会を代表とする国際展覧会をモデルにしているために、国別のパビリオンが設置されることが多い点である。他方で

共通する点としてヴェネツィアなどの地域で開催されることが多く、各都市の伝統を活かすとともに観光旅行と組み合わせた集客イベントとしての意味をもつ点がある。

　観光旅行については、近代化以降の産業の発達とともに余暇を活かし遠方に移動し滞在する旅行スタイルが、ブルジョワ層を中心に広く浸透していった。夏のバカンスとして長期の休暇をとって避暑地に滞在して音楽や演劇や美術などの文化に触れることが優雅な嗜みとしてブルジョワ層に広まっていった。さらに、第2次世界大戦後には、観光旅行がブームになり、夏に休暇を取り遠方へ旅行するという様式が一般化し多くの人々の生活のなかに定着していった。この旅行の普及に合わせて、各地の観光地では夏の休暇時期を中心にして音楽や芝居、そしてアートに関する様々なフェスティバルが開催されるようになった。

　日本においても同様に、敗戦後にアメリカ文化が持ち込まれ西洋社会のライフスタイルが広く刷り込まれていき、休暇に観光旅行を行うことが全国的に普及していった。しかし、日本の場合には、長期間にわたってその土地に滞在してフェスティバルを楽しむ西洋的なバカンスの過ごし方は馴染まなかった。日本においては、限られた日程で集中的にイベントを見て回るテーマパーク的スタイルが主流になっていった。このスタイルのために欧米のフェスティバルとは違って、日本のアートイベントは一時的な行事や催しとして開催されることが多くなる。

　このように、ヴェネツィア・ビエンナーレをはじまりとするアートイベントの祝祭的な色合いを残しながらも、日本で変化を遂げることで独自の形にしていった。アートイベントは地域の祭りを体現し、祭事としての祝祭空間を創造している。このように、祝祭が日本における地域のアートイベントのトポスである。したがって、アートを通して祝祭性をデザインすることがアートイベントの成功の重要な要素になっている。

(2) アートイベントとゾーンデザイン＝越後妻有アートトリエンナーレを捉えて

　かつて地域においては、地域独自に伝統の祭りが行われて、地域の人同士の一体感を形成してきた。祝祭的なエネルギーは地域の人を集結させて、地域の場を生み出していき、年間を通じて祭りが各地域におけるリズムをつくってきた。祭りに向けて地域の人々は準備して、祭りのときには一体となって力を発散してエネルギーを蕩尽する。それから再び次の祭りに向けて準備を行うことになる。こうして、各地の祭りは地域に協働の場を生み出してきた。

　しかし、このような祭りは、日本が近代国家を形成し敗戦後に高度経済成長を展開するなかで次第に失われていった。国全体の生産性を高めるために重工業に力を注ぐには労働力の集中が必要になり、日本海側を中心にした各地域から太平洋側の都市部へと労働力の移動を加速化した。産業政策としての都市への労働人口の集中は経済発展をもたらした一方で、都市部への集中と地域の過疎化を招き、これまで地域の中心を担ってきた壮年期の年齢層の空洞化を招いた。また、地域の基盤であった地縁や血縁を解体して、地域のコミュニティは崩壊していった。こうして、経済発展を意図した産業化政策の推進とともに、地域の祭りはいわゆる観光イベントとして残る以外は、多くの地域においては失われていった。

　地域におけるアートイベントが注目を集めるのは、かつての祭りをアートの力によって再び取り戻すことへの期待のためである[6]。これを示しているように、越後妻有アートトリエンナーレの基本コンセプトは地域における祭りの復権であった。プロデューサーの北川によれば、越後妻有で目指したことは、アートイベントそのもの以上に、イベントが開催されることによって、橋やコテージをつくり整備するというイベントのための協働作業が生まれて継続していくことであった（北川・川俣、2001、261頁）。つまり、アートをきっかけにして地域の人が当事者として様々な形で協働する関係が築かれて、年間を通じての地域のサイクルになる。このような場や関係は、かつて

地域の祭りが担ってきた機能と重なってくる。

　地域にこのような祭りを生むためには、新たなゾーンデザインが必要になってくる。もともと、越後妻有アートトリエンナーレが構想されたのは、新潟県の1市4町1村をつないで地域の活性化を実現するためであった。しかし、各市や町や村はお互いの思惑が異なり特定の市町村の名前を付ければ反発が生まれる。このような対立のなかでは地域での協働関係は生まれないため、祭りには発展しえないことになる。そこで、従来の地域を越えた新たなゾーンの形成が必要になる。このために用いられたのが、越後妻有という実は現在の地図には存在しない呼び名をつくることであった。このことから、新潟県でも十日町市でもない行政区分を超えた新たなつながりを表わすゾーンが形成されることになった。こうして、地域間での連帯の場が生まれて、アートイベントが地域の祭りとしての求心力をもつようになる。

　このように、新たなゾーンの形成が、地域にかつて失われた祝祭的な場と関係性を新たにもたらしている。アートイベントという祭りの展開によってその地域以外からも多くの人が地域に集まる。さらに、作品を創るアーティストや支援するボランティアの人たち、そして観客として訪れた人たちと地域の人との間で擬似的コミュニティが生まれてくる。こうして、アートゾーンは地域に閉じた閉鎖空間ではなく、広く関係性を構築するオープンな場になっていく。

　ときには、作品制作に訪れたアーティストは長期にわたり山間部の過疎地域に滞在して、生活を通して地域の人と触れ合うことになる。地域の人は、作品の製作や維持の支援や運営などを通して積極的な関わりをもつことによって、アーティスト個人の作品が地域の人たち全員の作品になる（北川、2014）。

　このように、アートイベントは擬似的なコミュニティを地域につくり出す磁場としての力をもっている。この力を生むためには、オープンなゾーンを描くゾーンデザインがアートイベント成功の重要なポイントになってくる。

(3) アートイベントとコンステレーションデザイン＝瀬戸内国際芸術祭を捉えて

アートイベントは人と人の関係を生み新たな場を構築すると同時に、広域へとネットワークを広げていく。このことを示すように、直島におけるコンテンポラリーアートミュージアムの成功事例が波及することで越後妻有アートトリエンナーレが展開し、さらにはそのイベントの成功から直島を中心にした瀬戸内国際芸術祭が展開されることになった。

このような展開が実現できたことには、アートという言葉が従来の美術に比べ制約が少なく、また西洋から輸入され官製の文化施策として展開された美術と比較してより大きな射程をもつという特徴があったからである[7]。瀬戸内国際芸術祭が直島を中心に瀬戸内の島々をつなぎ、多くの人を集めることに成功したのは、従来の美術館で絵画や彫刻を鑑賞するのとは違う何らかの一風変わった面白いものに触れられるという期待を、アートが人々に抱かせたからである。

アートイベントでは展示された作品をただたんに鑑賞するというのではなく、自然のなかに設置された作品に触れて体感できる体験に期待し、多くの人はアートイベントに足を運んでいる。あたかも遊園地のパビリオンやテーマパークを体験するかのように、あるいは祭りに参加するかのように、人はアートイベントを訪れている。

こうしたスタイルは、近代化以降に成立した美術鑑賞とは異なるスタイルであり、従来の展覧会とも大きな違いがある。この違いを際立たせるために、日本でのアートイベントはトリエンナーレやビエンナーレといった言葉で表現されることが多い（北川・中原、2001、105頁）。トリエンナーレやビエンナーレは、本来の意味を超えて特別さの演出をして動的で体感をもたらすイメージを示すための言葉として用いられる。

特に、瀬戸内国際芸術祭の場合には、瀬戸内というゾーンへの展開が旅とアートを結び付けて、ブランドとしてのアピール力を高めることに成功している。この瀬戸内海という広域にわたる海のゾーンとアートがイベントとい

う形態で結び付いたことによって、瀬戸内に点在する島々を巡りながらアートと海と島の景観を堪能する旅の魅力をつくり出した。このように、アートイベントによってアートは旅とつながることができる。その土地のその場所にまで足を運ぶ目的をアートは生み出し、またそこへの移動に旅が結び付くことによって、地域におけるアートイベントはブランドとして高い知名度と集客力を獲得することができる。

(4) アートイベントとアクターズネットワークデザイン＝3事例を捉えて

さて、ここまでは海外におけるヴェネツィア・ビエンナーレと、日本における事例として越後妻有の大地の芸術祭（越後妻有アートトリエンナーレ）、瀬戸内国際芸術祭（瀬戸内トリエンナーレ）を見てきた。このヴェネツィア・ビエンナーレは、共和国の伝統が残るヴェネツィアの議会が承認し、都市の行政機構を中心に企画され推進されてきた。越後妻有の場合には、地域振興をテーマに掲げた新潟県から任命された北川フラムがプロデューサーとして企画して推進してきた。瀬戸内国際芸術祭の場合には、もともとは直島における民間企業による文化施策からはじまった。

イタリア王国統一の余波を受けて推進されたヴェネツィアを除けば、新潟や香川ではアートイベントの企画が地元の支持を受けて目的に向け順調に展開したのかと言えば、いずれも地元からは強い反対にあい、開催に漕ぎ着くまでには多大な苦労を重ねることになった。地域の住民から反対された理由の１つは、住民にとってはアートなるものが自分たちの現実の生活に直結しないためである。また、アートそのものが奇妙なものや不可解なものとして人からは理解されにくい存在である。自分たちが何かわからないものに対して多額の税金を投入して生活の役にも立たないものをつくるくらいならば、むしろ橋や道路や公民館などのインフラの整備や農作地の整備や獣害対策に税金を投じてほしいというのが、その土地に暮らす人のニーズである。このように、アートをテーマにしたイベントは地域の住民には関心の薄い日常生活を乱す異物としてしか認識されない。

このように、アートを中心にしたイベントによって地域の支持をえることは難しいのである。結局、支持をえられないままに、直島の場合にはその島とは直接的な関係をもたない企業が主導して、新潟の場合には外部のプロデューサーがアートを持ち込むことで、イベントは推進されてきた。むしろ、アートイベントの過去の成功事例は、地域の合意をえられないイベントであったからこそ、従来の地域の視点や美術の枠に収まらない革新的なイベントとして展開できた、とも言える。地域外から人を集めることを意図するのであれば、地域内の閉じた視点でのイベントや祭りにはしないことが重要である。つまり、アートイベントの重要なアクターは地域の住民であると同時に、地域外の創造的な人でもある。アートイベントとして地域外の人から注目を集めるためには、従来とは異なる視点をもつ異質なアクターの存在が必要になる。これらの事例が示すのは、地域の魅力を引き出して地域を変えていくのは、内部ではなく外からの視点であるということである。

おわりに～アートイベントとアートの行方

　現在の日本でアートイベントは、地域創生の効果的な手法として認められて各地で開催されている。それは、本章で取りあげた直島から越後妻有、そして瀬戸内でのアートをテーマにしたアートイベントが成功事例として大きな注目を集めたためである[8]。

　アートイベントは外部から人を集める地域創生と地域活性化のための有効な施策として認められて、現在では数多くのアートイベントが各地で開催されるようになった。地方公共団体も都心から人を誘致しやすい観光イベントとしてアートイベントに着目しており、また企業もブランドイメージ向上の効果を期待してスポンサーとして参加するようにもなった。こうしたことから、日本においてはある種のアートイベントバブルの状況を呈するようにもなっている。

　それでは、今後日本ではアートイベントは地域活性化のための有効な手段

としてさらに各地で展開されていくのか。それとも一過性のバブルとして飽きられて、やがて廃れていくのか。

　現在のブームは、観光資源のない地域が、アートを用いることで擬似的なテーマパークが創造できイベントとしての盛りあがりを期待してのためである。手法ということでは、これは"B級グルメ"や"ゆるキャラ"による地域おこしと変わることがない（宮本、2015）。現在のブームがアートによる作品をパビリオンとして観光客を集めることが中心になっていくと、やがてパビリオンに飽きられれば見向きされなくなる危険性がある。

　それゆえブームとしてではなく、アートイベントを地域ブランドとして展開するためには、アート作品としてのモノに頼るだけではなく、コンセプトやストーリーとしての必然性の獲得が重要になる。そのためには、ゾーンとトポスとコンステレーション、そしてアクターズネットワークからアートゾーンを生み出していくことを意図したブランドデザインの検討が必要になる。

　本章ではこの検討のために、日本ではなぜ地域とアートが結び付いてイベントとして展開したのか、その背景と歴史を辿りながら、アートイベントの特徴とデザイン要素を明らかにしてきた。ここでの考察をさらに推し進めていくと、アートのこれからへの問いに結び付いていく。西洋のArtとは違う意味をもつ日本におけるアートがどのような変化を遂げていくのか。そのときに日本で独自に進化した地域のアートイベントはどのように展開していくのか。筆者としては、本章が地域のアートイベントのブランド化を検討する際の一助になると同時に、今後のアートとアートイベントに関する多様な考察へと展開していくことを期待している。

（注）
1) Museumの起源を、古代ギリシア時代のデルフォイ神殿で近隣地域からの貢ぎ物を納めた場所であるムセイオンMuseionとして捉える見方や、紀元後2

世紀アテネのアクロポリスにつくられたピナコティカ Pinacotheca を起源にする見方もあるが、いずれも一般に対する定常的な公開は前提にされてはいない（井出、2004）。
2) ベネッセホールディングス（旧・福武書店）会長である福武聰一郎の果たした役割が大きい（北川・福武、2009）。
3) ヨーゼフ・ボイス Joseph Beuys（1921-1986）はドイツの現代美術家である。パフォーマンスアートで名高い。また、彫刻や絵画、インスタレーションなどの作品も数多く残している。
4) ナム・ジュン・パイク Nam June Paik（1932-2006）は韓国系アメリカ人の現代美術家。ビデオ・アートの開拓者として知られる。
5) 展示される作品は、日本人が美術の歴史で習い宗教性が薄く馴染が深く感じられる印象派の画家の作品が中心になる。これらのために日本各地には様々な美術館が設置されていった。
6) 日本において各地域でアートイベントが開催されているのは、B級グルメと同じ構造をもつ。B級グルメを中心にするか、アートを中心にするかのテーマの違いはあるにせよ、いずれも地域において祭りを創出することが目的になっている。
7) 本章では繰り返し強調してきたが、日本においてはこうした欧米の文脈で語られるアートが美術という翻訳語として持ち込まれたのは近代以降であり、それまでは概念自体が存在しなかった。そのため、日本ではハイアートとサブカルチャーの境界が曖昧であり、また欧米から見た場合に日本の美術自体が、正統なハイアートやファインアート（純粋芸術）から逸脱した要素をもつ存在であり続けてきた。また、このことが海外におけるコンテンポラリーアートと日本におけるアートの位相は異なるが、同じくアートという言葉で同一に表現されるというややこしさを生んでいる（椹木、2015）。
8) 地域におけるアートイベント成功の要因の1つとしてインスタレーション技法がある。この手法はコンテンポラリーアートの手法の1つであり、室内や屋外にオブジェを置いて空間を構成し変化させて、場所全体を作品として体験させている。インスタレーションと呼ばれる70年代から意図的に用いられるようになったこの手法を、地域の空間と結び付けることで新たなアート作品が生まれた。

(参考文献)

井出洋一郎（2004）『美術館学入門』明星大学出版部。

北澤憲昭（1989）『眼の神殿—「美術」受容史ノート—』美術出版社。

北川フラム・中原佑介（2001）「「脱美術」としての美術のあり方」北川フラム（2013）『アートの地殻変動〜大転換期、日本の「美術・文化・社会」インタビュー集』美術出版社、96-106 頁。

北川フラム・川俣正（2001）「自然と文化の固有性を見直す」北川フラム（2013）『アートの地殻変動〜大転換期、日本の「美術・文化・社会」インタビュー集』美術出版社、259-272 頁。

北川フラム・入澤美時編集（2005）『希望の美術・協働の夢』角川学芸出版。

北川フラム・福武總一郎（2009）「お年寄りの笑顔があふれる場所をつくりたい」北川フラム（2013）『アートの地殻変動〜大転換期、日本の「美術・文化・社会」インタビュー集』美術出版社、19-36 頁。

北川フラム・辻井喬（2009）「共につくること、そして、町を元気にしよう」北川フラム（2013）『アートの地殻変動〜大転換期、日本の「美術・文化・社会」インタビュー集』美術出版社、295-308 頁。

北川フラム（2014）『美術は地域をひらく』現代企画室。

北川フラム（2015）『ひらく美術〜地域と人間のつながりを取り戻す』筑摩書房。

椹木野衣（2015）『後美術論』美術出版社。

南條史生（2002）「体験としてのヴェネツィア・ビエンナーレ」『12 人の挑戦—大観から日比野まで』茨城新聞社、16-24 頁。

宮本文宏（2015）「地域における B 級グルメの取り組み〜地域ブランド創造の課題と今後の取り組み」地域デザイン学会編著『地域デザイン学会誌 No.5 地域企業のイノベーション』空海舎、209-226 頁。

第 17 章

映画祭を活用したアートゾーンデザイン
── 地方文化運動としての映画祭 ──

佐藤正弘

はじめに〜映画によるアートゾーンの構築

　アートイベントによるアートゾーンデザインに関する第3の考察は、映画イベントによるゾーンデザインにフォーカスして展開していく。本章で取りあげる映画イベントについては、国内外を問わず多種多様なものが存在しているなかで、近年、アジアの玄関口として発展を続けている「福岡」を中心とした周辺地域の映画祭である。それゆえ、本章において実質的には、映画祭を活用した地域デザインの方法についての考察が展開される。

　そこで、以下では多くの映画際のなかから地域デザインとの関連で注目できる事例として以下の3つを取り上げる。第1が政令指定都市の福岡市で開催される「アジアフォーカス・福岡国際映画祭」であり、第2が大分県にある観光地の湯布院で開催される「湯布院映画祭」であり、そして第3が福岡（日本）から最も近いアジアの都市である釜山で開催される「釜山国際映画祭」である。

第1節　映画イベントの地域デザインへの活用方法

　本節では、まず映画イベント、すなわちここでは特に映画祭がいかに地域デザインに有効に機能するかについての考察を行っていく。なお、考察する事例としては、多種多様な成功事例のなかから筆者の好みを反映した上述の3都市を選定した。また、これらの考察から映画イベントの地域デザインへの効果的な活用に関する一般解の紹介を試みたい。

(1) 映画イベントと地域デザインの関係性

　はじめに、映画祭とは何かについて調べてみる。西島（1997）によると、映画祭には5つの定義が存在している。

　第1の定義は、「映画会社や映画製作者の宣伝と自己アピールの場所であり、制作者のコンクールの場所としての映画祭」である。この定義によると、映画祭とは制作者側の「よい映画」としての認定の場所であり、そこで認められれば、国際的評価もえられて、映画作品の売買にも有利になる。例えば、カンヌ映画祭がこれの代表的なものであり、日本でいえば、東京国際映画祭が、こうした方向を狙ったものである。

　第2の定義は、「国際交流を主目的として、その一番いい手段として映画という大衆芸術を使おうとする映画祭」である。映画は、映像によって成り立っており、字幕さえあれば、他国の映画も理解することができる。そのために、国際文化交流としての映画祭の役割が大きくなってきたのが、20世紀後半である。この代表例としては、アジアフォーカス・福岡国際映画祭が挙げられる。

　第3の定義は、「地域起こし、地方の活性化という地方文化運動の一環としての映画祭」である。日本の文化の特徴は、大都市に集権しすぎていることである。しかし、インターネット時代の進展とともに、今や文化の空間的分散性や多様性ができる条件が出てきている。映画祭もその1つで、それぞれの地方で特色と個性を出して、市民が映画という大衆文化を核に連携することで、地方文化を活性化させる狙いの映画祭が多くなったのは、そのためだろう。

　第4の定義は、「数多く制作された映画をもとに、特徴のある捉え方によって文化特性を出そうとする場」である。例えば、ゆうばりは、冒険ファンタジーの映画を集めるし、山形はドキュメンタリー映画を中心にする。つまり、映画祭はその地域の主催者の個性の競い合いである。

　第5の定義は、「なみおか映画祭のように、根っからの映画好きの市民が『下から』集まって、映画を楽しむ『趣味としての映画祭』」である。いずれ

の日本の映画祭も、そうした映画好き市民の参加による映画祭という性格が濃いのが、欧米とは異なる点である。

　以上、映画祭の5つの定義を概観したが、映画祭と地域デザインの関係性という観点から見ると、第3の定義にある「地域起こし、地方の活性化という地方文化運動の一環としての映画祭」という定義が、特に地域デザインとして重要な要素であろう。

(2) アジアフォーカス・福岡国際映画祭と福岡の地域デザインとの関係性

　陶山（2007）によると、福岡市は、1987年10月に議決された「福岡市基本構想」で、4つの都市像の1つとして「活力あるアジアの拠点都市」を打ち出した。中国をはじめとするアジアの国々の著しい経済発展が注目されている現在と違い、まだアジアへの関心が低いなか、基本構想に「アジア」という言葉を用い、アジアに目を向けた福岡市の先見性は評価されていいと考える。

　その福岡市のアジア重視政策を具現化し、日本をはじめ広く世界にアピールするために、福岡市は、1989年3月17日から9月3日まで171日の会期で百道・地行地区の埋立地、シーサイドももちを会場に「アジア太平洋博覧会―福岡'89」（愛称「よかトピア」）を開催した。このイベントは、目標入場者数700万人に対して約823万人の入場者があり、盛況に終わった。

　この成果を継続するために、福岡市は、アジア関係の様々な事業を開始した。1990年からは、多様な文化をもつアジア地域に対する相互理解を深めて、様々な交流を図るために、毎年9月を「アジアマンス」として、アジア地域の文化・学術・芸術に関する幅広い事業を実施し、真の国際理解につなげる機会を提供している。

　こうした福岡市のアジア関連事業の1つとして、福岡映画祭は、1991年に始まった。この映画祭には、よかトピアのプレイベント的な役割もあったが、市民の人気が高かったこともあり、よかトピアが終了した後も、福岡市が中心となり実行委員会を組織し、「アジアフォーカス・福岡映画祭」を開

図表 17−1　アジアフォーカス福岡国際映画祭の風景

・出典：アジアフォーカス・福岡国際映画祭 HP
（http://www.focus-on-asia.com/events/）

始した（図表 17 - 1）。

　つまり、福岡映画祭は、先に確固たる開催理念があって始まった映画祭ではなく、福岡市が様々なアジア関連事業を検討するなかから生まれた映画祭なのである。そして、「アジアフォーカス・福岡国際映画祭」に名称を変えて、現在も存続している。

　ちなみに、事務局は『「アジアフォーカス・福岡映画祭」開催の成果について』（平成 17 年度（2005）アジアフォーカス・福岡映画祭実行委員会資料）で、「アジアマンスの主要事業として、市民の国際理解に寄与しています」「天神地区を中心とした国際交流の場となっています」「福岡のシティセールスにも役立っています」「アジア映画界の活性化や発展に貢献しています」の 4 点を成果として挙げている。

　このことからも、「アジアフォーカス・福岡国際映画祭」が福岡の地域デザインに少なからず影響を与えていることが見て取れる。

(3) 湯布院映画祭と湯布院の地域デザインとの関係性

　伊藤（1997）によると、湯布院は巨大歓楽地・別府温泉の奥座敷として、ひっそりとした素朴な存在だった。映画祭を始めた1976年の人口は1万2,000人しかおらず、農業と林業が中心の町で、緑したたる山並みとそれを映す水田、朝霧も美しく、豊かな自然に囲まれた小さな温泉町だった。

　1975年、大分県中部地震が発生し、町内のホテルが倒壊したニュースが全国に流れた。しかし、「いや、湯布院は健在だ」と全国にアピールするために、立て続けにイベントを企画していった。このような状況下で、湯布院の町おこしリーダー中谷氏と大分市の自主上映会の代表である伊藤氏が出会い、意気投合した。そして、中谷氏が仲間の観光協会のメンバーを誘い、伊藤氏が映画仲間に声を掛け、「湯布院で映画祭をやろう」となったのが1976年であった。

　この当時、日本に本格的な映画祭はなく、20歳前後の若い実行委員たちは東京の池袋文芸座・上板東映、京都の京一会館など、映画人を招きユニークな上映を企画していた映画館へ行き、指南を仰いだ。また、中谷氏は友人である東宝の監督、プロデューサーやキネマ旬報の当時編集長であった白井佳夫氏にも相談と協力を持ち掛けた。

　様々な意見を持ち寄り、まとまった第1回湯布院映画祭の骨格は以下の通りである。

- 日本映画に限定する（経費を考慮して）
- 大分市側の映画青年たちが企画、運営、財政に責任を持ち、湯布院側は受け入れ態勢に協力（上映会場の公民館使用料は無料。ゲスト、一般参加者の宿舎は安く提供、その他）
- 日本中の映画ファンを対象
- 映画をより深く探るため、上映、シンポジウム、パーティーの3本柱で構成
- 毎日、監督・俳優の1カップルを招待

これが湯布院映画祭の基本スタイルだが、招待ゲストが圧倒的に増えたこと以外は大きく変わっていない。全国各地に様々な映画祭が誕生するにしたがい、独自色を出すために日本映画へのこだわりはむしろ強くなった。
　このように、「湯布院映画祭」は、現存する最古の映画祭であり、かつ湯布院の健在さを全国にアピールするために始まったという経緯からも、町おこし的な要素が色濃いものであり、「アジアフォーカス・福岡国際映画祭」とはまったく異なる映画祭である（図表17-2）。

図表17-2　湯布院映画祭

・出典：由布市公式HP
（http://www.city.yufu.oita.jp/event08/yufuinneigasai/）

(4) 釜山国際映画祭と釜山の地域デザインとの関係

　陶山（2007）によると、釜山国際映画祭は1996年から開始された、比較的まだ新しい映画祭である。資料によると、釜山国際映画祭は、韓国とアジア映画の発展を目指してスタートしたが、開始当初から「ニュー・カレンツ（New Currents）」という才能あるアジアの新人監督を発掘するコンペティション部門が設けられている。釜山国際映画祭が大きく飛躍したのは、1998

年に PPP（Pusan Promotion Plan）というプロジェクトマーケットを発足させてからである。これにより、釜山国際映画祭は、アジアの映画関係者とスポンサーとの出会いの場になった。2005年には、17件の招待プロジェクト、30カ国320以上の会社から1,100人に上るゲストが参加し、600件以上のミーティングを行うプロジェクトマーケットに成長した。2006年からは、PPPとBIFCOM（Busan International Film Commission）が統合したアジアン・フィルム・マーケットが始まった。また、アジア映画における人材育成を目的に2005年、アジア映画アカデミーを発足させている。

　釜山国際映画祭は、「アジア映画を紹介するショーケース」「アジア映画産業のネットワークを広げるマーケット」「人材の育成・交流のためのアカデミー」を3本柱に他の映画祭との差別化を明確に打ち出している。これは、釜山国際映画祭を始めた大きな背景として、映画祭をきっかけに釜山市の活性化（産業振興）を図ろうとする狙いがあったからである。

　つまり、同じ国際映画祭でも、上質なアジア映画を上映し、文化交流、国際交流を推進するということが目的の「アジアフォーカス・福岡国際映画祭」とは映画祭を開催する目的が異なるのである。

第2節　映画イベントの地域デザインへの活用方法＝3事例を捉えて

　本節では、映画イベントの地域デザインへの活用方法として、上述した3つの映画祭を原田（2014）が提唱したZTCAモデルに当てはめて考察を行っていく。ZTCAモデルとは、デザインの対象がコンセプトと一体化した場を意味する「ゾーン（Zone）」、価値発現装置を意味する「トポス（Topos）」、心の奥底に定着した長期記憶を意味する「コンステレーション（Constellation）」、そして、デザイン行為の主体である「アクターズネットワーク（Actors network）」の頭文字を取ったものである。このような考え方に依拠しながら、本節では以下の4点についての考察が行われる。その4点とは、第1が映画イベントとゾーンデザイン＝釜山国際映画祭を捉えて、第2が映

画イベントとトポスデザイン＝湯布院映画祭を捉えて、第3が映画イベントとコンステレーションデザイン＝アジアフォーカス・福岡国際映画祭を捉えて、そして第4が映画イベントとアクターズネットワークデザイン＝3事例を捉えて、である。

(1) 映画イベントとゾーンデザイン＝釜山国際映画祭を捉えて

陶山（2007）によると、釜山国際映画祭は、毎年9～10月に9～10日間の上映期間で、釜山市南浦洞の映画館、水営湾ヨット競技場など20数カ所の会場で開催されている。

また、2005年、韓国政府は釜山市を映像文化都市に指定した。これにより、ソウル市にあった映像振興委員会や映画アカデミーが釜山市に移転してきた。さらに、2010年には釜山国際映画祭専用の建物PIFFセンターが完成した。このように、釜山市は釜山国際映画祭によって、ソフト、ハード両面で大きく変貌を遂げたゾーンといえるだろう。

(2) 映画イベントとトポスデザイン＝湯布院映画祭を捉えて

伊藤（1997）によると、昭和30年代、若い観光屋たちは湯布院をアピールするために、湯布院のよさを守る行動に出た。「別府にはなれないし、なりたくない。別府と反対のことをやろう」と。そして、「自然を出来るだけ残し、農林業と観光業が共存する方法を探ろう。快適な生活空間こそが町民にとっても観光客にとっても快適である」とする、新しいタイプの温泉保養地を模索したようである。

そのようななか、1975年、大分県中部地震が発生し、町内のホテルが倒壊したニュースが全国に流れた。しかし、「いや、湯布院は健在だ」と全国にアピールするために、立て続けにイベントを企画していった。例えば、「牛食い絶叫大会」や「星空のコンサート」（翌年からは「ゆふいん音楽祭」に改称）などである。そのアイデアマンであり旗振り役は、元東宝助監督であった亀の井別荘の中谷健太郎氏であった。このような状況下で、湯布院の町お

こしリーダー中谷氏と大分市の自主上映会の代表である伊藤氏が出会い、意気投合した。そして、中谷氏が仲間の観光協会のメンバーを誘い、伊藤氏が映画仲間に声を掛け、「湯布院で映画祭をやろう」となったのが1976年であった。

また、湯布院映画祭では、映画祭に集まった映画人、映画ファンは朝から映画を見て、シンポジウムで激論を交わし、さらにパーティーで酒を酌み交わし激論、あるいは個人的な話まで、直接映画人と映画ファンが話し合える場がある。さらに深夜、各自の宿でも映画談義は続いていく。5日間、映画だけの幸福な空間と時間が存在するのである。

湯布院映画祭は、他の大規模な映画祭とは異なり、このような映画人と映画ファンが一緒に語り合う場が存在することによって、大きな価値を生み出している。

(3) 映画イベントとコンステレーションデザイン＝アジアフォーカス・福岡国際映画祭を捉えて

陶山（2007）によれば、アジアフォーカス・福岡国際映画祭を考えるに当たって、福岡市総合博物館フィルムアーカイブの存在は重要である。フィルムアーカイブとは、映画フィルムを収集、保存する施設のことである。福岡市総合図書館は、このフィルムアーカイブを設置している。1996年6月に開館した福岡市総合図書館は、図書、文書、映像の3つの部門から成り立っている。映像部門が構想されたのは、「第1回の映画祭のシンポジウムで、出席した映画監督からアジアのフィルム保存の困難な状況が報告され、是非福岡市にアジアのフィルムセンターを建設して欲しいという要望が出された」ことも大きな要因となっている。

福岡市総合図書館は、フィルムアーカイブの理念使命を、「アジア各国では、貴重なフィルムが年々劣化し消滅の運命を辿るため、人類共有の財産として、後世に継承・貢献するために収集する」「映画上映を通じてアジア文化の理解とアジアの映像普及・振興を図る」、そして「文化的貢献を図るこ

とにより、国際交流拠点都市としての福岡市の海外認知度を高め、本市経済の発展に寄与する」としている。

このように、アジアフォーカス・福岡国際映画祭は、福岡市総合博物館フィルムアーカイブが存在することによって、映画を人々の長期記憶に定着させる役割を担っているのである。

(4) 映画イベントとアクターズネットワークデザイン＝3事例を捉えて

はじめに、アジアフォーカス・福岡国際映画祭のアクターズネットワークデザインについて考察してみると、陶山（2007）は、アジアフォーカス・福岡国際映画祭の主催は、アジアフォーカス・福岡国際映画祭実行委員会と福岡市であると述べている。実行委員会は、興業協会、映画配給会社、福岡市内の大手企業、新聞社、放送局、各種団体、福岡市の38名の委員から構成されている。実行委員会は関係者の合意形成機関であり、実質的に映画祭を運営しているのは実行委員会事務局である。事務局は福岡市市民局文化部に置かれている。事務局体制は、文化部長が事務局長、課長（アジアフォーカス・福岡国際映画祭担当）が事務局次長である。この他、担当者1名、嘱託1名が配置されている。専任職員は課長以下の3名である。このように、行政主体となって運営されているのがアジアフォーカス・福岡国際映画祭の特徴である。

次に、湯布院映画祭のアクターズネットワークデザインについて考察してみると、伊藤（1997）は、当初「よそ者（実行委員）とよそ者を相手に商売している奴（観光協会）が組んで、よそ者（町外の映画ファン）を集めていると陰口を叩かれたことがあった」と述べている。しかし、第4回に東京公開前の『月山』を特別試写したことで、町民も「全国どこよりも早く観られる」ことから参加が増え、町内にも定期的に映画を上映するグループが結成されるようになった。第13回からは駅前通りを交通遮断して野外上映も行われるようになり、浸透度がより深まったが、大分の実行委員会が主導なためか、町内の実行委員は長く継続する人が少ないという。この辺が今後の課

題になるだろう。

　最後に、釜山国際映画祭のアクターズネットワークデザインについて考察してみると、陶山（2007）は、運営には釜山国際映画祭組織委員会が当たっていると述べている。組織委員長は釜山市長であるが、実質的に業務を運営する執行委員会の委員長は、第1回釜山国際映画祭から金東虎（キム・ドンホ）である。彼は、韓国の文化体育部次官や映画振興公社社長を歴任した人物で、映画祭の資金集めや海外の人脈作りを担ってきた。釜山国際映画祭の成功は彼の貢献が大きいといわれている。釜山国際映画祭は、アジアフォーカス・福岡国際映画祭と比べ、実務の最高責任者をはじめボランティアまで、大規模で充実した運営体制が整備されている。

おわりに～地域特性を捉えた展開

　本章では、「映画祭を活用したアートゾーンデザイン」というテーマで、福岡・湯布院・釜山の3つの地域の映画祭について考察を行ってきた。

　第1節では、「映画イベントの地域デザインへの活用方法」というテーマで映画イベントと地域デザインの関係性について考察し、その後、アジアフォーカス・福岡国際映画祭と福岡の地域デザインとの関係性、湯布院映画祭と湯布院の地域デザインの関係性、そして釜山国際映画祭と釜山の地域デザインの関係性について考察した。

　続く第2節では、「映画イベントの地域デザインへの活用方法」というテーマで、ZTCAモデルを用いて、福岡・湯布院・釜山それぞれの映画祭について考察を行った。具体的には、ゾーンを釜山、トポスを湯布院、コンステレーションを福岡、そしてアクターズネットワークを3事例で分析した。

　その結果、一口に映画祭といっても、規模や目的など非常に多様なものがあり、それぞれの地域にあった映画祭を各地域で行っていることがわかった。

《参考文献》

伊藤雄 (1997)「湯布院映画祭―湯布院映画祭をやっている理由」『地域開発』第396号、財団法人日本地域開発センター。

陶山靖 (2007)「アジアフォーカス・福岡映画祭と釜山国際映画祭の比較研究」『都市政策研究』第4号、財団法人福岡アジア都市研究所。

西島建男 (1997)「映画祭とは何か」『地域開発』第396号、財団法人日本地域開発センター。

原田保 (2014)「地域デザイン理論のコンテクスト転換」『地域デザイン』第4号、地域デザイン学会。

第18章

アニメイベントによるアートゾーンデザイン
―― 地域に現出するアニメの舞台 ――

原田保・萩原功

はじめに～3つの事例としてのアニメイベント

　本章におけるアートイベントによるアートゾーンデザインに関する考察は、アニメイベントによる地域ブランディングにフォーカスして展開される。このアニメイベントについては多種多様なものが見出せるなかで、ここで取り上げるのは、地域の活性化に大きな影響があったアニメイベントである。それゆえ、本章において実質的にはアニメイベントを活用した地域デザインの方法についての考察が展開される。

　多くのアニメイベントのなかから地域デザインとの関連で注目できる事例として以下の3つを取り上げる。これらは、第1がアニメ「花咲くいろは」の舞台である石川県金沢市の湯涌温泉における「湯涌ぼんぼり祭」を中心にしたアニメイベントであり、第2がアニメ「らき☆すた」の舞台である埼玉県鷲宮町（現：久喜市鷲宮地区）の鷲宮神社を中心としたアニメイベントであり、第3が京都で開催される「京まふ」こと「京都国際マンガ・アニメフェア」である。

第1節　アニメイベントの地域デザインへの活用方法

　本節では、まずアニメイベント、すなわち、ここで特にはアニメを活用した「祭り」が地域デザインにいかに有効に機能するか、についての考察を行っていく。なお、考察する事例としては、多種多様な事例のなかから上述の地区と都市を選定した。また、これらの考察からアニメイベントの地域デ

ザインへの効果的な活用に関する一般解の紹介を試みたい。

(1) アニメイベントと地域デザインの関係性

　アニメイベントには、アニメのなかのシーンを再現して、アニメのストーリーに参加しているかのような疑似体験を提供するもの、アニメのキャラクター等を使って既存の祭礼やイベントを盛り上げるもの、アニメに関連する産業の見本市や展示会などが存在する。

　また、アニメやゲームなどの登場人物に扮することを楽しむ、いわゆるコスプレに関するイベントや、アニメ・ゲーム・マンガのキャラクターを車体に描いた、いわゆる「痛車」関連イベント、あるいは、アニメや漫画・ゲームに関する同人誌の即売会、アニメファン同士やアニメファンと地域の人々との交流イベントなど、アニメやアニメファンに関連する様々なイベントもアニメイベントの一種と見ることができよう。

　上記のようなアニメイベントでは、イベントのもととなったアニメの舞台やアニメイベントの対象とする地理的範囲によって、ゾーンがデザインされ、アニメイベントによって地域のもつ物語やブランド価値が変わるという意味でトポスがデザインされる。

　また、アニメイベントを通じて、様々な地域資源が可視化され組み合わされ創発され創造性が高まりイノベーションが加速するという意味から、アニメイベントによるコンステレーションデザインが行われる。そして、アニメイベントの企画・運営などを通じて、アニメの制作者や著作権や版権の保有者・地域住民・地域企業・アニメファンなどの関係性が循環的に変化し、アクターズネットワークが変化する。

　このように、アニメイベントによる地域デザインとは、アニメを活用してZTCAデザインモデルを構築し強化する手法といえる。当然ながら、イベントの効果を地域ブランディングに活かしていくためには、頻繁なアニメイベントの開催や持続的なブランドタッチポイントの形成などを通じて、地域のブランド力を維持し強化していく必要があり、これらを含めて地域デザイ

ンを行う必要がある。

(2) 湯涌ぼんぼり祭りと石川県金沢市湯涌の地域デザインとの関係性

湯涌ぼんぼり祭りは石川県金沢市湯涌という小さな温泉街をゾーンデザインし、アニメ「花咲くいろは」というアニメのなかの「ぼんぼり祭り」に関連するシーンを再現するアニメイベントである。

湯涌ぼんぼり祭りは、湯涌にアニメ「花咲くいろは」の舞台としてのトポスを加え、湯涌稲荷神社・湯涌の温泉街や温泉街の奥にある玉泉湖という人造湖や湯涌の地サイダーなどの湯涌の地域資源や近隣地域と能登鉄道沿線の地域資源等をコンステレーションし、湯涌の地域ブランディングに大きく貢献したといえる。

(3)「らき☆すた」と埼玉県鷲宮町（現：久喜市鷲宮地区）の地域デザインとの関係性

アニメの舞台となった鷲宮神社に、ファンがいわゆる「聖地巡礼」を開始。これを受けて、鷲宮商工会が積極的な対応を行い、鷲宮神社の初詣で参拝客数が飛躍的に増大するなどの効果を得た。この「らき☆すた」のアニメイベントのゾーンは、鷲宮神社を中心とした鷲宮町（現：久喜市鷲宮地区）である。また、「らき☆すた」イベントによって、古来よりの神社が存在するベッドタウンという鷲宮のトポスに、「らき☆すた」の「聖地」という新たなトポスが加わったといえる。この過程で、アニメ「らき☆すた」関連の様々な地域資源が、可視化され、再編集され、創出され、コンステレーションデザインされ、鷲宮の地域ブランドがデザインされたといえる。

(4)「京まふ」と京都の地域デザインとの関係

「京まふ」こと「京都国際マンガ・アニメフェア」は、西日本最大のマンガ・アニメの見本市であり、そのゾーンはイベントの会場である京都市を中心にアニメの舞台を訪ねるいわゆる「聖地巡礼」を通じて広く京都府各地に及ん

でいる。

　また、「京まふ」は、歴史と文化と産業や技術革新によってもたらされる多様で多層的な京都のもつ形而上と形而下のトポスに、漫画・アニメの「産地」としてのトポスを加えた。

　そして、「京まふ」は京都のアニメに関連する企業・個人・地域資源を可視化し、コンステレーションデザインを行った。これらのゾーンデザイン・トポスデザイン・コンステレーションデザインを通じて、アニメ産業に関する京都の地域ブランドが強化されていったと考えられる。

第2節　アニメイベントの地域デザインへの活用方法＝3事例を捉えて

　アニメやアニメイベントは、現実世界から、アニメの舞台となった地域やイベントの舞台となる地域をゾーンとして切り分け、テーマパークのゾーン分けのように、異なる「物語」や「舞台設定」が混入しないようにゾーンデザインを行う。このゾーンデザインを踏まえて、アニメイベントは、アニメの舞台設定の再現やアニメのキャラクター、アニメのストーリーや舞台設定を象徴するシーンの再現などを通じて、アニメという物語を地域の持つ物語に加えていく。このプロセスを通じてアニメイベントによって地域がトポスデザインされる。

　そして、アニメイベントの過程や成果を踏まえて、アニメに関わる様々な地域資源が可視化され、マーケティングされて、コンテクストとして編集され、組み合わされ、ビジネスマッチングやコラボレーションならびに創発が発生し、地域の価値が向上する。これがアニメイベントによるコンステレーションデザインである。

　なお、アニメ産業やアニメによるコンテンツツーリズムの見本市・展示会は、地域資源の可視化、マーケティング、編集、コラボレーションやビジネスマッチング、創発などを通じてコンステレーションデザインを行うアニメイベントとして捉えることができる。そして、このようなゾーンデザイン・

トポスデザイン・コンステレーションデザインを伴うアニメイベントの企画や運営・実施を通じて、アニメイベントに関わるアクターズネットワークも変化する。

　このような考え方に依拠しながら、本節では以下の4点についての考察が行われる。これらは、第1がアニメイベントとゾーンデザイン＝石川県金沢市湯涌温泉を捉えた、第2がアニメイベントとトポスデザイン＝埼玉県久喜市鷲宮地区（旧鷲宮町）を捉えた、第3がアニメイベントとコンステレーションデザイン＝京都市を捉えた、第4がアニメイベントとアクターズネットワークデザイン＝3事例を捉えた、考察である。

(1) アニメイベントとゾーンデザイン＝湯涌温泉を捉えて
①　湯涌温泉におけるアニメイベントとゾーンデザイン

　アニメイベントとゾーンデザインの事例として、石川県金沢市にある湯涌という小さな温泉街が、そこを舞台とした「花咲くいろは」というアニメの聖地としてゾーンデザインされた結果、「花咲くいろは」に登場する「ぼんぼり祭り」を実際に「湯涌ぼんぼり祭り」というアニメイベントとして再現し、新たな顧客層の開発につながった事例を取り上げる。

　湯涌温泉は小さな温泉街であり、金沢の奥座敷と称しつつも、従来はゾーンとして際立った特徴をもっておらず、石川県の統計によると兼六園や金沢市内の他の観光資源・宿泊施設に比べ、入れ込み客数の少ない地域である（石川県観光戦略推進部）。湯涌にはアニメ「花咲くいろは」の放送を機にアニメの舞台を探訪する行為であるいわゆる「聖地巡礼」を行うアニメファンが訪れるようになり、これにより湯涌は「花咲くいろは」の舞台、いわゆる「聖地」としてアニメファンの間ではゾーンデザインされていった。

　この気運を捕らえた湯涌側が「花咲くいろは」の放送中に、アニメの製作会社に「湯涌ぼんぼり祭り」というアニメイベントの実施を申し入れ、「湯涌ぼんぼり祭り」の実行委員に制作会社の役員が参加し、制作会社側が実現しやすさや持続のしやすさを考慮してアニメのなかで「ぼんぼり祭り」の描

写を行った[1]。

　この結果、高い精度でアニメのなかの「ぼんぼり祭り」を実際の「湯涌ぼんぼり祭り」として再現することができ、参加者にアニメの世界を入り込んだような疑似体験を提供することができた。そして、「湯涌ぼんぼり祭り」というアニメイベントにより、湯涌はさらにアニメ「花咲くいろは」の「聖地」として差別化され、ゾーンデザインされていったといえる。

　② アニメ「花咲くいろは」について

　アニメーション作品「花咲くいろは」は、石川県金沢市に隣接する富山県南砺市城端（旧城端町）に本社スタジオをもつ株式会社ピーエーワークスにより制作されて、東京の女子高生が湯涌温泉をモデルとした「湯乃鷺温泉」にある祖母が経営する旅館で仲居として働きつつ地元の高校で学ぶなかで周囲の人々と関わり成長していく姿を描いている。

　「花咲くいろは」は、2011年4月から9月まで放送され、東京 MXTV などの地上波においては夜半過ぎや夜半近くに放送された深夜アニメであり、ケーブルテレビで放送された石川・富山・福井においても22時以降の放送となっており、2013年3月に劇場版『劇場版 花咲くいろは HOME SWEET HOME』が封切られている。

　③ 「湯涌ぼんぼり祭り」による地域ブランディング

　「湯涌ぼんぼり祭り」は湯涌という地域の知名度を上げ、新たな顧客を獲得しリピーターを増やしたのみならず、「花咲くいろは」のキャラクターグッズや「花咲くいろは」とコラボレーションした能登鉄道沿線などの地域資源のブランディングにも貢献した。

　なお、コンテンツツーリズムにおいてはコンテンツの放送終了後の集客力の持続が課題となるが、アニメ「花咲くいろは」の放送が終了して数年を経た2015年の時点においては、NEC報道資料（2015）に見るように、「湯涌ぼんぼり祭り」の開催と集客力は持続している。この点も「湯涌ぼんぼり祭り」による地域ブランディングの効果であると思われる。

(2) アニメイベントとトポスデザイン＝鷲宮を捉えて

① 鷲宮というトポスと「らき☆すた」

アニメイベントとトポスデザインの事例としては、「らき☆すた」というアニメと鷲宮神社の祭礼などを中心とした様々なアニメやアニメファンに関連したイベントがもたらした埼玉県鷲宮町（現久喜市鷲宮地区）のトポスの変化を取り上げる。

埼玉県北葛飾郡鷲宮町は2010年3月に久喜市に合併し消滅した地方自治体で、合併時の人口は3万7千人、JR沿線と東武伊勢崎線沿線の市街地に囲まれて農地が存在する東京や県内有力都市のベッドタウンという形而下のトポスである。鷲宮は鷲宮神社の鳥居前町としての歴史的トポスを有しており、鷲宮神社が関東最古の神社であるので文字通り「聖地」としての形而上のトポスを有している。

「らき☆すた」のオフィシャルサイトによると、『『らき☆すた』とは、美水かがみ先生原作の「ゆる〜い癒し系4コマ」。また、これを原作とするアニメ、ゲーム作品である』という。そして、同サイトの「作品概要」によると、「らき☆すた」は『おたくな女の子「泉こなた」のボケに突っ込む普通の女の子「柊かがみ」を中心とした、ゆるゆるーな、何でもない女子高生の日常を面白おかしく描く4コマ漫画を元にした斬新な作品。「あ、それよくあるよねーー」と言った共感できる出来事を素直に描いた生活芝居』である。

② 鷲宮におけるトポスデザイン

アニメの放映に伴い、ファンによる鷲宮神社など鷲宮への「聖地巡礼」が発生し、これを鷲宮商工会（現在の久喜市商工会鷲宮支所）を中心に鷲宮が積極的に受け入れ、鷲宮神社の伝統的な祭礼などへの「らき☆すた」ファンの受け入れと参加などを通じて、アニメによる地域振興の成功事例としてのトポスを獲得した。また、アニメイベントによって鷲宮神社は初もうで参拝に関わるトポスを強化して、「らき☆すた」放送前の2007年には7万人であった鷲宮神社の初詣三が日の参拝客数が、2014年には4年連続で47万人を超えた。これにより、鷲宮神社は埼玉県の初もうで参拝客数ランキングで第2

位となった。

　この鷲宮神社への初もうで参拝数は、アニメ放送終了後も、高い水準で安定していることは、「らき☆すた」などのアニメイベント的な要素を取り入れた鷲宮のトポスデザインとブランディングが成功したことを示していると思われる。

③　アニメイベントの「キャスト」としてのアニメファン

　鷲宮における、歴史ある鷲宮神社の鳥居前町というトポスとアニメ「らき☆すた」の「聖地」というトポスの共存を象徴する事例として、鷲宮最大の祭りである「土師祭り」における「らき☆すた神輿」の存在を挙げることができる。土師祭りは鷲宮神社に奉納されている千貫神輿を担いで練り歩く行事であり、伝統の千貫神輿と「らき☆すた神輿」とのコラボレーションがマスコミの注目を浴び、土師祭りの見物客が増えたといわれている。前述の「湯涌ぼんぼり祭り」においては、祭り自体は湯涌の人々だけで行えるように設計されていたのに対して、鷲宮の「らき☆すた神輿」は、アニメファン自体が神輿づくりに参加したことや神輿の担ぎ手となるところに特色がある。

　これにより、「湯涌ぼんぼり祭り」のようなアニメイベントではディズニーのテーマパークでいうところの「ゲスト」であったアニメファンが、商工会など鷲宮の組織や地域共同体とともに、鷲宮への来訪者を楽しませる役割を果たし、ディズニーのテーマパークでいうところの「キャスト」となったと見ることができる。この他に、土師祭りにおいて、「らき☆すた」ファンやいわゆる「オタク」をキャストとした演目としては、「コスプレ祭り in 土師祭」や、コスプレ[2]した参加者がアニメの主題歌などとともにパレードする「進撃のOTAKOIソーラン＆コスプレパレード」、女装した男性による「わしのみやミスコン」などが行われている。

　このような変化には、鷲宮を訪れる熱心なアニメファン等いわゆる「オタク」に対して鷲宮商工会（現在の久喜市商工会鷲宮支所）を中心とした鷲宮という地域が真摯に接し、熱心なアニメファン等のいわゆる「オタク」を鷲宮の地域自体のファンや疑似的な地域住民に変えていったことが影響してい

ると思われる[3]。

(3) アニメイベントとコンステレーションデザイン＝京都を捉えて
① 「京まふ」というアニメイベント

「京まふ」こと「京都国際マンガ・アニメフェア」は、西日本最大のアニメや漫画の展示会・見本市として 2012 年より開催されているアニメイベントである。「京都国際マンガ・アニメフェア 2015」のホームページ（以降、「京まふ 2015」と表記）は「京まふ」の開催趣旨を「関西圏企業と首都圏企業とのビジネスマッチングの場の創出、関西で優秀な若手クリエイターが育つための市場づくり、マンガアニメファンおよび外国人も含めた観光客の新たな層の掘り起こしなど、関西圏のコンテンツ市場の促進を図ることを目的としています」としている。

② 「京まふ」のイベント内容

「京まふ 2015」によれば、「京都国際マンガ・アニメフェア 2015」ではビジネス向けイベントして「コンテンツ関連ビジネスに関心のある事業者の方」を対象に、「地方から世界へ発信！　マンガ・アニメの地方企業最前線」と題したビジネスセミナーを開催する。「世界から注目を集めつづける日本のマンガ・アニメ業界。そのなかで地方都市に制作拠点をおいて業界をリードしている方にご登壇いただき、地方起業の意義、メリット、成果、可能性を紹介することで関西経済活性化のヒントを探ります」として、ビジネスセミナーが行われた。

なお、このような動きの一環として、「京まふ」は 2013 年に世界最大級の日本文化の総合博覧会であるジャパン・エキスポとパートナーシップを結び、ジャパン・エキスポが開催されたパリとサンフランシスコで展示を行うことで、京都から世界へ発信する態勢を整えてきたといえる。

ところで、「京まふ 2015」によれば「京都国際マンガ・アニメフェア 2015」の一般来場者向けのイベントは、グッズ販売・ステージイベント・キャラ食コーナー・ダイヤの A 原画展・摺型友禅染体験・伝統工芸体験工房・

マンガ出張編集部・声優魂 in 京まふ・琳派オマージュ展である。このうち、琳派オマージュ展は伝統文化でありハイカルチャーである琳派と手塚治虫の「火の鳥」と「ジャングル大帝」や「ユニコ」並びに前述の「らき☆すた」などのアニメのキャラクター等を組み合わせたものである[4]。

　琳派オマージュ展は、京都ならではの伝統を踏まえたアニメイベントということができ、アニメ分野における京都のブランドを他から差別化するものであるとともに、アニメと地域資源としての琳派の伝統を、「京まふ」というアニメイベントがコンステレーションした事例として見ることができる。

　また、「マンガ出張編集部」については、「京まふ2015」は「マンガ出版社の編集部を招き、マンガ家志望者が自分の作品を持ち込み、見てもらうことができます」としており、漫画家志望者にとっては貴重なイベントになっている。なお、「声優魂 in 京まふ」については、「京まふ2015」は、「「声優魂 in 京まふ」とは全日本声優コンテスト「声優魂」本大会の京都大会に当たるものです。声優魂とは、全国の"声優"を目指す中高生が集う、声の祭典です！」としている。

　このように、「京まふ」の一般向けイベントではアニメの原作となる場合も多い漫画と漫画家の発掘・育成と声優を目指す人材の発掘が行われており、アニメ関連の人材とクリエイティビティという地域資源がコンステレーションされているといえる。

　③　「京まふ」のアクターズネットワーク

　なお、「京まふ2015」によれば、「京都国際マンガ・アニメフェア2015」の主催は京都国際マンガ・アニメフェア実行委員会と京都市であり、京都国際マンガ・アニメフェア実行委員会には、東京に事務局を置くアニメや映像の業界団体の代表者と役員や、アニメの作成や配給に関わる有名企業の役員が名を連ねている。また、「京まふ2015」によれば、「京都国際マンガ・アニメフェア2015」の共催は京都コンピュータ学院・京都情報大学院大学と京都国際マンガミュージアム並びにKYOTO CMEX実行委員会である。

　京都国際マンガミュージアムはそのホームページで「京都国際マンガ

ミュージアムは、京都市と京都精華大学の共同事業で、いまや世界から注目されているマンガの収集・保管・展示およびマンガ文化に関する調査研究及び事業を行うことを目的としている。このミュージアムは、博物館的機能と図書館的機能を併せ持った、新しい文化施設です。当館で保存されるマンガ資料は、明治の雑誌や戦後の貸本などの貴重な歴史資料や現在の人気作品、海外のものまで、約30万点（2011年現在）。これらの資料をもとに進められる調査研究の成果は、展示という形で発表＝公開いたします」としている。

　また、KYOTO CMEX（2015）によると、KYOTO CMEXとは「京都発コンテンツの祭典〜京都が創る新しい世界－先端コンテンツのクロスメディア〜」を意味している。

　そして、KYOTO CMEX（2015）は『映画・ゲーム・マンガなど我が国コンテンツの発祥の地となり、伝統・文化、観光やファッション、音楽、食など、過去から現在に至るコンテンツに関する我が国随一の地域資源を備えてきた京都を舞台に、オール京都の産学公連携のもと、コ・フェスタや京都学生祭典と連携し、映画・映像、ゲーム、マンガ・アニメ等のコンテンツをクロスメディア展開することにより、京都が持つコンテンツのポテンシャルと魅力を広く国内外に情報発信して、コンテンツ産業の振興とそれらを支える人材の育成・交流を図る事業として「KYOTO CMEX 2015（KYOTO Cross Media Experience 2015）」を開催し、日本が誇るコンテンツの更なる発信力の強化及び人材育成面での国際競争力の強化を目指します』としている。

　すなわち、KYOTO CMEXはアニメを含む地域のコンテンツ資源や文化資源をコンステレーションし地域をブランディングするものであるといえる。このように見ると、京まふというアニメイベントにおいて、アクターズネットワーク自体がアニメに関わる地域資源のコンステレーションを推進しているということができる。

(4) アニメイベントとアクターズネットワークデザイン＝3事例を捉えて

「湯涌ぼんぼり祭り」のアクターズネットワークにおいては、湯涌の地域住民に加えて製作者側が「湯涌ぼんぼり祭り」の実行委員に加わり、地域が実施しやすく地域によって継続しやすいように配慮し、アニメ「花咲くいろは」の内容を調整したところに他のアニメイベントと異なる特徴がある。

このように見ると、製作者側はアニメイベントのリーダーシップを担うアクターズネットワークに加わる一方で、ZTCAデザインモデルの特徴である地域とコラボレーションする外部の専門家として機能したといえる。

「らき☆すた」と鷲宮においては、アニメイベントのリーダーシップをとるアクターズネットワークは鷲宮商工会を中心とした地域住民であるが、アニメイベントを盛り上げる「キャスト」として「らき☆すた」ファンなどのいわゆる「オタク」が参加しているところに特徴がある。これは地域外部の人的資源とのコラボレーションという点でZTCAデザインモデルにおける外部の専門家とのコラボレーションと通底するものである。

「京まふ」の主催者である京都国際マンガ・アニメフェア実行委員会にはNPO法人映像産業振興機構ならびに一般社団法人日本動画協会といった東京を拠点とする業界団体の代表者や役員と、株式会社手塚プロダクション・東映アニメーション株式会社などアニメの制作や配給に関わり東京に本社を置く有力企業の代表者や役員が参加している。

このような地域外の有力な組織や企業を主催者として組み入れているところに「京まふ」のアクターズネットワークの特徴があり、外部資源とのコラボレーションという点でZTCAデザインモデルにおける外部の専門家とのコラボレーションと通底するものがある。

おわりに〜地域とのコラボレーション

湯涌と「湯涌ぼんぼり祭り」の事例から導かれる一般解はアニメイベントを祭礼等の形で年中行事化することにより地域をブランディングする手法の

有効性である。この手法をとる場合、地域と製作者側とのコラボレーションがイベントの成否に関わる重要な要因となろう。

　鷲宮と「らき☆すた」の事例から導かれる一般解は祭礼等の年中行事にアニメイベントの要素を加えることで地域ブランドを構築する手法の有効性である。この手法をとる場合、アニメイベント的要素の担い手であるアニメファンなどのいわゆる「オタク」をいかにして地域とコラボレーションさせるかが重要になる。

　そして、「京まふ」の事例からは、アニメ産業の育成に関しても、他の産業分野と同様に人材育成ならびにビジネスマッチングやインキュベーション、大学などの教育機関などとの連携が重要であり、コンテンツ流通の中心となる東京など首都圏の組織・企業とのコラボレーションが重要である、という一般解が導かれる。

（注）
1) 金沢大学（2011）と金沢大学（2014）を参照してほしい。
2) コスプレとは、アニメやゲームのキャラクター等に扮する行為でコスチュームプレイを略した和製英語である。
3) 河原（2015）「アニメ聖地、巡礼きっかけに移住まで　愛され続ける理由」では、数年わたり鷲宮に通い続け、「ここは自分が地を出せる第2のふるさとです」と語ったファンの事例が紹介されている。
4) 琳派オマージュ展（2015）を参照してほしい。

（参考文献）
石川県観光戦略推進部「統計からみた石川県の観光」平成26年度、4頁
　　http://toukei.pref.ishikawa.jp/dl/2987/kankoutoukeiH26.pdf（2016年1月19日現在）。
金沢大学（2014）「コンテンツによる地域活性化の取り組み｜金沢大学　地域連携推進センター」
　　www.crc.kanazawa-u.ac.jp/crc/region-cooperation/contents（2016年1月19

日現在)。
北陸新幹線かがやきで行く　第五回　湯涌ぼんぼり祭
　　http://www.jtbbwt.com/entertainmenttour/hanairo/（2016年1月19日現在）。
NEC（2015）『【NEC報道資料】準天頂衛星「みちびき」×アニメ「花咲くいろは」スペシャルコラボ企画「花いろのぞみ巡り」』http://gihyo.jp/ad/pr/2015/NRR2015139090（2016年1月19日現在）。
金沢大学（2011）「コンテンツによる地域活性化　アニメーションが地域にもたらすもの」
　　http://www.crc.kanazawa-u.ac.jp/crc/wp-content/uploads/2015/02/2011_contents_report.pdf（2016年1月19日現在）。
花いろ旅あるき　http://www.hana-tabi.jp/about_app.html（2016年1月19日現在）
「らき☆すた」オフィシャルサイト　http://www.lucky-ch.com/（2016年1月19日現在）。
河原夏季（2015）「アニメ聖地、巡礼きっかけに移住まで　愛され続ける理由」
　　http://www.asahi.com/articles/ASH2K7FTPH2KUTIL05P.html（2016年1月19日現在）。
京まふ（2015）「京都国際マンガ・アニメフェア2015」
　　http://kyomaf.jp/public/rimpa/（2016年1月19日現在）。
琳派オマージュ展（2015）「RIMP-A NIMATION 琳派400周年×『NEWTYPE』30周年　琳派オマージュ展」http://kyomaf.jp/public/rimpa/#01（2016年1月19日現在）。
KYOTO CMEX（2015）「KYOTO CMEXとは」
　　http://www.kyoto-cmex.jp/about/

第5部《考察編》

第19章

アートの観光客に及ぼす影響
―― 地域資源を活かした持続的展開への期待 ――

板倉宏昭・原田保

はじめに〜インバウンドの期待の星

　今後の日本経済を支える産業の1つとして、インバウンド観光に注目が集まっている。日本政府観光局（JNTO）（2016）によると、訪日外国人数は、2000年の476万人に対して、2015年度の速報値で4倍以上の2,135万8,955人に達し、2015年の消費額は3兆4,771億円に達し、2020年までに2,000万人という目標が4,000万人に大幅に引き上げられた。さらに2030年には6,000万人という大きな目標が加わった（観光庁、2016）。

　旅行業は、大きな潜在力を持った産業である。我が国の業種別の米国に対する生産性は、米国を100とすると、サービス業が61と低く、特に、旅館業の20、旅館を含む宿泊業の生産性43ときわめて低い（星野、2010）。逆に捉えると、生産性向上の余地が大きいと考えられる。一方、多くの世界の大手ホテルチェーンは、コモディティ化している。ところが、「その場所ならではの地域資源を経験したい」という需要が増大している。地域ならではの物語（Site Specific Storytelling：3S）が必要であろう。こうしたなかでアートの役割は大きい。

　本章は、アートの観光客に及ぼす影響を検討する。「アートの観光客に及ぼす影響」として2つの意味が考えられる。1つは「アートを見ることを目的とした観光客に対する影響」であり、もう1つは「アートを活用した観光客、地域価値創造」である。

　外国のモノ・カネ・技術・情報に加えて人々も世界的規模で行き交うグローバリズムは、もはや一部の国際企業だけのものではない。一般の人々の

大交流時代に、2003年からのビジット・ジャパン事業は、外部のヒト（ヨソモノ）の流入を目指して、日本が文化交流の場として世界のなかでプレゼンスを示そうとするものである。特別な観光地や外国人居住者が多い地域でない一般的な鉄道の駅や道路の案内表示で、外国語の併記が増えた。成熟社会となった我が国には、大量生産の工業品を安く輸出して外貨を稼ぐといった高度成長期型のビジネスモデルは必ずしも有効ではない。日本は、これまでになく知恵が問われている。多様化するニーズに対応すべく、国を構成する地域のそれぞれの強みを活かした産業戦略が必要であり、アートによる地域の価値創造は、その手段になる。

第1節　観光客から捉えたアートゾーンの価値

(1) アートゾーンとしての都市の価値

　都市の価値を捉える際に、行政単位の枠組みを超えた編集域という捉え方（原田、2015）が有効である。例えば、東京における千葉県成田市の新東京国際空港や千葉県浦安市の東京ディズニーランドなどである。外国人が千葉県成田市の成田空港を利用する場合、千葉県成田市という地域をそれほど意識する必要がないかもしれないし、編集域としては、新東京国際空港が正しいかもしれない。しかし、アートのゾーニングとしては、広げすぎないほうがよいケースもある。2010年から毎年開催されている成田山表参道の仲ノ町商店街を舞台とした「成田山アート博覧会～私たちの成田と日本～」は、未来を担う学生や地元住民が主体となってアートを通して地域活性化を図ろうとするものである。仲ノ町商店街は、国の有形登録文化財である大野屋旅館や三橋薬局などの歴史ある街並みがある。このケースのゾーニングは、成田詣りが盛んであった江戸時代と同じ成田山新勝寺を中心とした編集域としてのゾーニングでなければならない。

　2020年に開催される東京オリンピック、パラリンピックに備え、芸術都市としての東京に関する議論が繰り広げられている。現在の東京は発展して

きたために、アートゾーンからすると冷たい氷河に見えるという意見もある。編集域からアートゾーンを考えることが望まれる。

　オリンピック・パラリンピックを通じて、世界中から東京を含む日本への注目度が上がる。訪日客のなかでも、すでに日本を訪れたことのあるリピーターは、オリンピック観戦のみならず「日本で何をしたいか」の目的がはっきりした人々が増加し、アートも対象となるであろう。成熟した消費者となった彼ら彼女らに満足してもらえるように、多様な主体とともに官民一体となってアートによる地域価値を磨き高める千載一遇の好機である（板倉、2015a）。

(2) アートゾーンとしての地方の価値

　スペインは、世界第2の観光大国であるが、すべての観光客が首都マドリードを訪問するわけではない。イタリアにも共通することであるが、地方毎に国があるといわれるほど郷土色が豊かであり、むしろ、地方都市や街を訪れている。例えばバルセロナの他、マドリードから500km以上離れたアンダルシア地方のカルモナやロンダといった小さな町の人気が高い。スペインでは、ワインのアグロツーリズモやオリーブのオレオツーリズモが盛んである。本来のワインやオリーブの製造や販売だけでなく、宿泊施設を含んだ体験型地域観光が人気である。外国人旅行者は、帰国しても、旅行の経験からスペインのファンになり、スペインのワインやオリーブあるいは革製品を楽しむようになる。

　瀬戸内も編集域として捉えるべきアートゾーンである。「世界の宝石」とも称される瀬戸内海国立公園は、その多島美が類稀であると高い評価を受けて、雲仙や霧島とともに昭和9年（1934年）に我が国で最初の国立公園の1つとして指定された。歴史と伝統のある多島海公園として、島国日本ならではの景観を誇っている。2014年3月には、香川県高松市で「瀬戸内海国立公園指定80周年記念式典」が行われた。「備讃瀬戸」という呼び方があるが、あたかも瀬戸内海が中国地方と四国地方の間の湖のように、内海の周りの地

域を1つのゾーニングで捉えている。もしも海がどこでも同じであったならば、地域に対する愛情のこもった、まるで芸術作品を扱うようなこのような表現はなされなかったであろう（板倉、2015b）。

(3) アートイベントによるアートゾーンの価値

2000年の新潟県「大地の芸術祭」や2010年の瀬戸内国際芸術祭が開催され、地域活性化として成功したことが高く評価され、多くの地方自治体は芸術祭を地域活性化の手段として考えるようになり、トリエンナーレ化するなど、芸術祭が盛んに開催されるようになって来た。

アートイベントによる価値創造を考えるとき、デスティネーションを通じた地域価値を考えることが必要である。その際には、明確なゾーニングが有効である。

海に囲まれた島では、人々はさながら1つの船に乗り合わせた相客であり、一体感を共有することができゾーニングとして有利である。2013年からトリエンナーレ化され、3月から11月まで春季・夏季・秋季の3季に分けて、瀬戸内海の島々などを舞台に、瀬戸内国際芸術祭が開催されている。同芸術祭実行委員会と日本政策投資銀行は、2013年の芸術祭の香川県内での経済効果は132億円に上ったと公表している。3年に1度開催される芸術祭「トリエンナーレ」である同芸術祭の経済効果は、知名度が向上したことや会場となる島の数を増やしたことから、2010年の初開催時の111億円に比べて19％の伸びを示した。芸術祭の成果として「地域住民とアーティスト、来場者の交流で地域に活気が生まれた」「眠れる地域の宝を再発見した」などと総括した。2016年の瀬戸内国際芸術祭では、外国人客が増加している。

この芸術祭は、単なる芸術鑑賞にとどまらずしてどのように現代アートを介して地域と内外の人々を結び付けているのだろうか。

現地に滞在してアート作品を制作する「アーティスト・イン・レジデンス（AIR）」では、外部から訪れたアーティストが瀬戸内の島の暮らしを肌で感じながら作品を仕上げていく。瀬戸内国際芸術祭では、瀬戸内海の小豆島と

粟島が芸術家たちを受け入れた。

　美術館の白い壁に既成の絵画や彫刻を運んで飾るいわゆるホワイトキューブ（white cube）のアートではなく、風景や建物も作品の一部としてその土地でしか表現できないサイト・スペシフィック・アート（site specific art）を制作するのは、現地でしかできない。穏やかな瀬戸内海に浮かぶ島々を自然のアトリエにして制作に励む傍ら、彼らも島の生活者となる。外部者（ヨソモノ）である招聘芸術家もまた、島の内部者（ジモティ）との交流を通じて、開放的な島の物語の一部となっている。

　また、瀬戸内海の豊島では、建築アーティストの安部良が設計し、使われていない空き家をレストランに生まれ変わらせた「島キッチン」で訪問客をもてなしている。一般の島の生活では水不足の問題に悩まされることが多いが、豊島はもともと豊富な湧水の恵みで自給自足が可能な「豊かな島」である。瀬戸内国際芸術祭 2010 に出展して以来、芸術祭がない年にも継続して夏を中心とした気候のよい季節限定で「食」と「アート」で人々をつなぐ出会いの場となった。東京の丸ノ内ホテル総料理長・山口仁八郎が島の住民とともに考えたメニューを提供し、新潟県出身の芸術祭アートディレクターである北川フラムが主催するアートフロントギャラリーを併設している。内部力（ジモティ）と外部力（ヨソモノ）の新結合（neue kombination）が、地域の特性を活かして新しい地域デザインの価値を創出している。

　もしこの芸術祭が、美術や建築、料理などの特別な技能を持った人々だけのものであったならば、ここまで成功しなかったのではないだろうか。瀬戸内国際芸術祭では、観光客としてだけでなく芸術祭の提供者として一般の人々も参加できる仕組みが用意された。ボランティアで芸術祭を支えるスタッフ「こえび隊」である。芸術祭のすべての期間を通じて参加することが難しくても、こえび隊に参加登録した上で、アート作品の一部の制作や受付など、参加できそうな仕事の種類や時期を選んで手伝うことができる。この仕組みにより、アーティストだけでなく一般住民（ジモティ）や外部の一般の人々（ヨソモノ）にも参加のハードルが下がり、当事者意識が芽生えた。

特別な人種と思われて近寄りがたい芸術家とそれ以外の人々との境界、同時にまた、地元の人々と外の世界から来た人々を分断していた境界が曖昧になり、内と外の世界の融合に成功した。

芸術祭の島々は、地域全体がアートなのである。住民の生活を彩る地域デザインが、同時に、訪れる人々にも体験してみたいと思わせるデスティネーションとしてのまちづくりとなっている。

島はゾーニングがはっきりしていて地域ブランドを構築しやすい。観光客向けの作りものではなく、島々のリアルな生活とサイト・スペシフィック・アートは個性的な地域ブランドとして模倣困難な差別化に成功している。島と島が海で隔てられ、異なるゾーンへの移動は船でしかできないので、島を訪れるときと離れるときのそれぞれに、訪問客は旅の物語の場面転換を感じることだろう。

(4) 地域価値発現の方向性

観光という言葉は、いささか抽象的である。現代求められている観光とは、どんなものであるかを板倉（2015a）により確認したい。

観光立国懇談会は、「観光の原点は、ただ単に名所や風景などの『光を見る』ことだけではなく、一つの地域に住む人々がその地に住むことに誇りをもつことができ、しあわせを感じられることによって、その国や地域が『光を示す』ことにある」としている。観光とは「光を観る」と書くが、成長段階においての観光が単に名所を巡って見物する『光を見る』ものであったのに対し、成熟段階においての観光は、国や地域の魅力を感じてもらう「光を共有する」ことが求められている。

名所を訪れるだけの観光の概念においては、住宅地や農地を内部に住まう者のための場所、観光地を外部から訪れる者のための場所というように、「内」と「外」を分断して認識されていた。戦後、日本人の暮らしが豊かになり、旅行に行く余裕ができた頃、寺院や美術館を含む団体旅行は日本人の旅行の定番であった。大人数で一律にバス等で移動し、建築物や美術品など

を観て巡った後は、同じ食事が運ばれてくる。業者主体の大量生産大量消費型の規格旅行であり、これは効率的な対応であったといえよう。

住民から見て「外」から来たヨソモノは、ヨソモノ用に用意された場所で用意された行動をとるものとされており、「内」のジモティの日常生活に入ってくることは稀であった。旅行者から見て「外」であるアートゾーンでは、地元のコミュニティや学校や職場のように人間関係を築いたり持続させたりする必要がある「内」ではなく、ややもすれば「旅の恥はかき捨て」のようにその場限りの縁と捉えられることもしばしばであった。旅行業者が目的地を選び、日程を整え、交通機関を押さえ、レストランを予約してメニューも決めてくれる、いわゆるパックツアーの旅行では、観光客は料金を払って座っているだけでアート鑑賞ができる。

観光立国の基本理念「住んでよし、訪れてよしの国づくり」では、観光を内部の者と外部の者が国や地域の魅力を分かち合う交流の場と捉えている。住民の生活の場と外からの観光客が楽しむ場所が重なっている。もしくは、両者の境界が曖昧になっている。

かつて、海外旅行は日本の庶民には高嶺の花であった。昭和39年（1964）年に海外観光旅行が解禁されてからも1米ドル＝360円時代が続き、変動相場制に移行した後も米ドルへの交換レートは200円を上回る時代が長く続いた。「外の世界に遊びに行く」。それだけで羨望の的となる時代には、単に行って帰ってくるだけでも充足感が得られた。

そういった意味では、国内観光旅行もまたしかりである。かつては団体客を対象に、たいていの観光客が訪れたいと推測される有名美術館などのスポットに連れて行ってくれるあるいは、連れて行かれるという業者主体の最大公約数的なパックツアーが多かった。アートのスポットに「行く」ことが目的化しており、内容は没個性的な内容となりがちであった。こうした場合は、外部の目から内部を眺めている。観光客とアートゾーンは異質なものであり、観光客とアートゾーンは物理的に接しているが、精神的には隔たりがある（図表19-1）。

図表19-1　接するアートゾーンと観光客

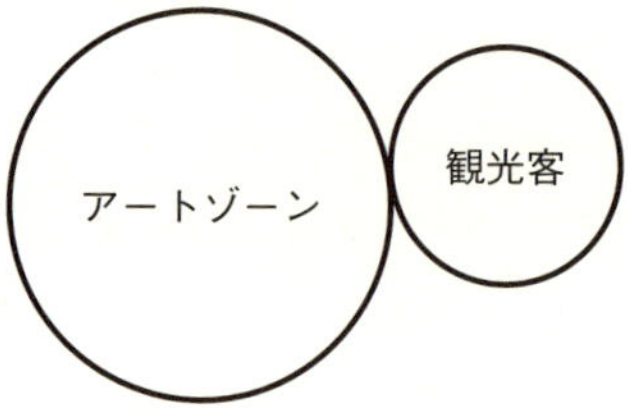

　しかし、1米ドル100円を下回る円高が過去数年間続いて格安海外旅行が普及した現代の成熟した社会では、非日常の体験が強く求められている。インターネットを使って遠隔地のアートの情報を簡単に手に入れられる現代の成熟社会では、顧客の「何をしに行くのか」という目的意識がより明確になり、顧客が主体のオーダーメイドの観光が選択肢に加わった。そこでは、単にアートを眺めるだけでなく「アートを実際に制作してみる」ことや、「現地の人やアーティストと交流する」ことにより、観光客はアートとその地域に交わって深い理解や共感が得られ、アートゾーンの一部と同化する満足感が得られるのである。そのとき、観光客は、「外」であったアートゾーンを「内」の一部として感じている。同時に、アートが立地するアートゾーンは、「外」であった観光客を「内」の一部として捉えている。言い換えれば、観光客とアートの交流によってお互いを内在化しており、内部の者（ジモティ）にとって外部の者（ヨソモノ）は、地域の生活のなくてはならない一部であり、外部の者（ヨソモノ）にとっても内部の者（ジモティ）は、地域への訪問目的のなくてはならない一部なのである（図表19-2）。

　地域への誇りや価値の認識を共有する、すなわち「光を共有する」ことにより、内部（ジモティ）と外部（ヨソモノ）は、ともに観光を通じた地域づくりを担うアクターとなっている。第1に、経済的つながりだけではなく、地域の問題を自分自身の問題として捉えて個人が地域を内在化（internalization）、あるいは同一視（identification）する「地域の内在化」と、第2に、地域への愛着といった感情を表わす「地域愛」あるいは、とにかく地域に貢

図表19-2　重なるアートゾーンと観光客

献すべきという「規範意識」といった彼らの地域へのコミットメントが、地域づくりを支えている。

第2節　コンテクストで捉えた地域観光の方向性

インターネットのSNSを通した不特定多数の口コミなどで、今までは知られていなかった地域のアートの魅力を、一般の人々が業者を通さずとも自分で安価に手に入れられるようになった。その結果、旅行者が成熟し、以前に増してコンテクストとしての地域やコンテクストとしてのブランドを求めるようになっている（原田、2013）。

(1) 都市における地域観光の方向性

Florida（2012）は、これからの社会は「創造性」を生産手段とする経済が台頭すると述べている。そして、このクリエイティブ・エコノミーを牽引するのは、創造力で経済的価値を生み出す創造的階層（the Creative Class）と呼ばれる人々であるとしている。さらに、その中核をなすのがスーパークリエイティブコア（super-creative core）であるという。アートによる地域創造社会が拡大すれば、創造的階層の社会に与える影響力は増大する。消費行動や消費トレンドに影響を与えることになる。観光分野についても同様である。その意味でアートのアクターズネットワークは、新製品・新サービス普及のバロメーターとされるイノベーターとして位置づけることが

できる。

　アートなど観光による地域価値創造には「まち歩き」が重要との指摘は多い（中村、2014；板倉、2015a）。地域の魅力をより深く知って、楽しんでもらいながら地域にお金が落ちる仕組みが必要で、地域経済が活性化してこそ観光が成り立つ。そのためには、目玉の観光名所だけでなく周辺地域のアートなどの文化や歴史、自慢の味を堪能してもらうまちのガイドやインストラクターといったアクターズネットワークが外部からの訪問を点から線や面にして楽しんでもらう役割が重要となる。

(2) 地方における地域観光の方向性

　地方における地域観光には、ソフトインフラ整備における異質性への寛容性が求められる。長い間というもの、海外進出を成功と捉えてきた多くの日本人に、外国人を迎え入れる「内なる国際化」の準備はできているだろうか。いや、外国人だけではない。都会への人口流出が続く日本の地方に、他地域からの訪問者を受け入れる体制はできているだろうか。

　地域に対する興味や地域での消費を外部の人々（ヨソモノ）に一方的に期待するのでは、相互交流は覚束ない。内部の人々（ジモティ）が地域への愛情や誇りを持つことはもちろん、その価値を広く外部の人々（ヨソモノ）と分かち合おうという寛容性が、インバウンド観光のソフト面のインフラ整備として不可欠である。

　第12章で述べたように、地域に外部の人々（ヨソモノ）を受け入れる仕組みを用意し、活性化を図っている１つが、徳島県中部の山間の町、神山町の神山アーティスト・イン・レジデンス（KAIR）である。全国有数のブロードバンド環境を強みにNPO法人グリーンバレーが行っているサテライトオフィス誘致事業で有名になった神山だが、サテライトオフィスで働く滞在者の誘致以前の1999年から、神山アーティスト・イン・レジデンスは、アーティストの創作活動を支援し、3名の外国人アーティストを毎年一定期間招聘している。

過疎に悩む神山に人を呼び込もうと民間主導で始まったこの試みは、渡航費・滞在費・材料費などの費用を全額支援して、2カ月間の滞在期間で神山に作品を残してもらうという事業であるが、短期滞在にとどまらず、アーティストのなかには移住者も現われた。また、サテライトオフィス誘致事業やアーティストに加え、パン職人のようにクリエイティブな能力を持った、町に必要な人を「逆指名」し、起業ニーズの受け皿を提供することによって、多様な移住者を迎えて町に活気をもたらしている。アーティストへの支援は、将来は有償化することによって、まちおこしをビジネスにつなぐ可能性を秘める。このように、多様性を受け入れるおおらかな文化が経済を育む神山の戦略は、常時制作の場を提供して欲しいアーティスト、滞在してアート作品を鑑賞したいという観光客、地域活性化の事例研究の視察客を惹きつけ、ツーリズムビジネスへの需要も喚起している（板倉、2015a）。

(3) イベント地域における地域観光の方向性

2020年に東京オリンピック開催に向けて、訪日外国人客の増加が予測されるなか、受け入れ準備を迫られるのは東京だけではない。大都市圏や有名観光地に偏ることなく訪日客の満足度を高めるように、幅広い訪問先に上手く誘導していく仕組みの整備が必要である。インターネットや航空路線網の充実によってますます世界レベルの交流が盛んになっている今日はニーズが多様化しており、知名度の高い大都市以外にもピンポイントで地方を訪れたいという、成熟した観光ニーズが潜在しているからである。

多様な国々から訪れる多様な訪問客へのニーズに対応するには、自治体の枠を超えたゾーニングを想定し、点ではなく線や面での「おもてなし」が求められる。日本政府観光局事業連携推進部事業開発担当部長の亀山（2014）は、地方への来客誘致を図る上で、自分のエリアにこだわらずに「外国人だったらどう旅行するか」を想定して、他の自治体を巻き込んだプロモーションを考えることを奨励している。「例えば、北陸新幹線の開通に合わせ、長野県や石川県のような沿線自治体が手を組んで、「点」ではなく「線」「面」と

して売り込むイメージづくりも大事だ（亀山、2014、9頁）」。通常、我々が旅行または観光に訪れる際、「○○市」や「△△町」といった自治体を指定して観光することは稀である。「○○川の流域」「△△山地」など、県や市をまたいだ目的地の希望に沿う受け入れ体制は有効である。

　陸と陸に挟まれた内海である瀬戸内海の穏やかさと多島美は、他地域から訪れる日本人の海の概念を新たにさせるものがある。ましてや、大陸や単島出身の外国人には、家族と訪れたい、写真に撮って故郷の仲間に見せたい、SNSでより多くの人と感動を共有したいと思わせる希少価値のある地形なのではないか。地元の人々にとって当たり前の景色も、視点を変えれば貴重な地域資源となる。

　美しい瀬戸内海も、海を観る目的だけのためにはるばる外国から訪れる人は稀であろう。しかし、そこに地域の恵みの物語を加えれば、味わいは重層的に増してくる。それが現代アートの祭典である瀬戸内国際芸術祭であった。

(4) 地域イニシアチブによる地域観光ビジネス

　一般的な観光客は、初めての土地を訪問したときに、情報不足から有名な観光スポットを表面的になぞるだけになりがちである。例えば、京都・奈良に旅行で訪れた際、数々の寺院の建築物や美術品を駆け足で集団移動して、結局どの名所がどれだったか記憶のなかで混乱してしまったことはなかっただろうか。

　個人的な旅行で親しい友人を訪ね、現地を案内してもらうのであれば、来訪者の興味に応じた場所や体力に応じた移動の仕方を考慮して満足感を高めてもらうことが期待できる。また、アートを訪れて見るだけでなく、そのアートにまつわる住民（ジモティ）目線のエピソードを聞くこともできよう。そのような手作りのおもてなしの仕組みを用意できないものか。

　ヨーロッパの国々には、日本と異なり、地続きの四方の諸外国から外国人を受け入れてきた歴史がある。EUや統一通貨ユーロの存在もあり、旅行客にとって国境の壁が低い国々となっている。国境をまたいだ広域の人的交流

が盛んなヨーロッパでは、古くから観光産業は国に富をもたらす重要産業の1つと認識されてきた。宿泊施設や交通機関がばらばらに観光振興を考えるのではなく、もっと広域のゾーニング概念の基に、地域や国レベルでデスティネーション（観光地）をトータルにデザインするアクターズネットワークがDMO（Destination Management/Marketing Organization）となる。DMOは地域観光マーケティングの主体であり、観光の品質向上に向けて注目されている。

　これまでは、多くのデスティネーションは旅行会社から送客を受けることはあっても、主体的・戦略的な集客のノウハウやそのための仕組みを整えてこなかった（大社、2013）。一般企業において広く活用されているマーケティングやマネジメントの概念を観光産業に導入しようとするものである。

　日本政策投資銀行・日本経済研究所（2013）によると、デスティネーションマネジメント（destination management）とは、デスティネーションにかかるプランニングやマーケティングに加えて、組織的取組、個別事業の運営等、様々な観光資源／活動／関係主体を効果的に一体化することを管理・サポートすることを意味する。他方、デスティネーションマーケティング（destination marketing）とは、デスティネーションのイメージアップや地域の旅行商品の販売促進を実施することを指し、前者のほうがより広い概念

図表19-3　アートと観光サービスの個別提供

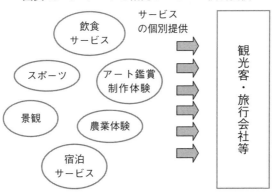

図表 19−4　アクターズネットワークによる一括提供

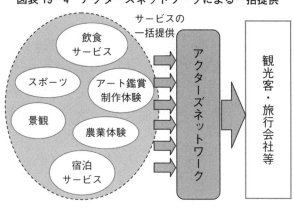

である。ヨーロッパの国や地域レベルの着地型観光振興に大きな役割を果たしているDMOを、ここでは前者のDestination Management Organizationの概念で捉えることとする。

　日本でDMOの機能を果たす機関としては、アクターズネットワークが担い手となる。地域が独自の「着地型」観光資源を工夫して外部の観光客にアピールしようとしても、個々の団体や個人の観光資源提供者は旅行会社や観光客に直接のアクセスをもたないことが多く、発信力が弱いので、せっかくの魅力を知ってもらいにくい。また、観光客も、アートゾーンの地元密着型の楽しみ方を知りたくてもどのように需要にマッチした情報を集めればよいのかわからない。そこで、アートなどの地域資源と需要者をワンストップで結び付けるアクターズネットワークの形成が期待される（図表19−3、19−4）。

おわりに〜観光を超えて

　旅行者の行動は、すでに新しい時代に入っている。その要は、やはり「人」である。観光客として訪れる人と迎える人が、どちらも当事者として一緒にその地の物語を作り上げていく。

　アートによる地域の価値創造には、パッケージ化された名所巡りではなく

自分で選んだ場所を訪ねる地域観光が有効である。水木しげるを生んだ、水産業の町境港市は、若者の妖怪アニメアートの文化を後世に伝えている。ただし、オブジェをただ設置すればよいわけではない。その魅力を伝えていく担い手であるアクターが必要である。すなわち、「ビートルズの町にはビートルズ好きが、町家の町並みには町家好きが、自信と誇りを持って輝いている必要がある。(中略)旅人と住民の異なる文化が接触し、そこから新しい文化が生まれるための触媒として、魅力的な人が不可欠なのである(宗田、2006、14頁)。」

古来、人はアートなど文化や交易を求めて遥かな地を往来してきた。我が国では、中国の先進文化を学ぶため遣隋使や遣唐使が海を渡り、権力者への忠誠の証に日本各地から参勤交代の大名行列が江戸と領地を行き来した。世界に目を向けると、大航海時代の新天地開拓、布教のための宣教師派遣など、旅によって人々の交流の歴史が紡がれてきた(板倉、2015a、22頁)。

アートの背景には、様々な物語がある。観光客がアートを内部化することで、「内」と「外」の境界がどこにあるのかわからなくしてしまう。そのような境界融合(原田・古賀、2002)の仕組みづくりにより、遠い地のアートを訪れるのにもかかわらず、まるで心の故郷に帰るような心地よさが味わえる。そうしたパラドックスが新鮮なのかもしれない。

国や都道府県の枠組みにとらわれず、もっと小さい「観光客目線」のアートゾーニングで地域づくりを考えることは、地域が主体性を持って自らのブランドを育てていくために不可欠である。地域経済活性化の手法として、従来は、企業誘致や公共事業など外部資本や政府に頼る他力本願の発想が目立ち、工場撤退や政策転換に振り回されるリスクが高かった。それに対して、未来型の手法は、それぞれの地域のアクターズネットワークがアートゾーン内部の「そこにしかない魅力」を見出し、持続性のある地域力に育てていく、すなわち自立した地域経済を目指すものである。幹が太くて枝葉が青々と茂り、しっかりと地に根づいた樹木のように、そこに行けば迎えてくれる安心感が地域ブランドとなる。

（参考文献）

板倉宏昭（2015a）「旅行の歴史と未来—人が旅行に望むもの—」『旅行革新戦略』白桃書房、22-34 頁。

板倉宏昭（2015b）「観光研究の今日的アプローチ—観光学からの脱却へ向けて—」『旅行革新戦略』白桃書房、35-49 頁。

大社充（2013）『地域プラットフォームによる観光まちづくり』学芸出版社。

観光庁（2016）『訪日外国人消費動向調査平成 27 年』
http://www.mlit.go.jp/common/001116071.pdf（2016 年 1 月 19 日）（2016 年 1 月 25 日アクセス）。

中村雅子（2014）『観光による地域おこし　事例研究』香川大学大学院地域マネジメント研究科公開講座「地域活性化と観光創造」第 13 回資料。

日本政策投資銀行・日本経済研究所（2013）『地域のビジネスとして発展するインバウンド観光—日本型 DMO による「マーケティング」と「観光品質向上」に向けて—』
http://www.dbj.jp/pdf/investigate/etc/pdf/book1303_02.pdf（2016 年 3 月 25 日アクセス）。

日本政府観光局（JNTO）（2016）「訪日外客数・出国日本人数」『統計発表平成 28 年度』
http://www.jnto.go.jp/jpn/news/data_info_listing/pdf/160420_monthly.pdf（2016 年 4 月 24 日アクセス）。

原田保・古賀広志（2002）『境界融合—経営戦略のパラダイム革新—』同友館。

原田保（2013）「コンテクストブランドとしての地域ブランド」地域デザイン学会誌『地域デザイン』芙蓉書房出版、第 2 号、9-22 頁。

原田保（2015）「『第 3 のゾーン』としての『リージョナルゾーン』に関する試論—「編集域」としての『グローバルリージョン』と『ナショナルリージョン』の提言」『地域デザイン』第 5 号、9-29 頁。

星野佳路（2010）「目指せ観光大国！」慶應義塾大学アート・センター『Booklet』Vol.18、86-98 頁。

宗田好史（2006）「都市の再生とオルタナティブ・ツーリズム」大阪ガス㈱エネルギー・文化研究所情報誌『CEL』第 76 号、9-14 頁。

Florida, R. (2012) *The Rise of the Creative Class—Revisited: 10th Anniversary Edition--Revised and Expanded*, Basic Books.（井口典夫訳『新クリエイティブ資本論—才能が経済と都市の主役となる』(2014) ダイヤモンド社）。

第20章

アートの住民に及ぼす影響
―― 住民価値を創出する限界アートの可能性 ――

佐藤茂幸・原田保

はじめに〜住民起点のアート戦略への期待

　アートゾーンにおける住民は、主要なアクターであることはいうまでもない。したがって、アートゾーンにおける地域住民の役割やその変化は、地域価値の発現に大いに関係するであろう。そこで、本章ではアートの住民に及ぼす影響を、大都市系・地方系・イベント系のアートゾーンのタイプ別に考察することから始める。

　すでに理論編の第3章において、アクターズネットワークから捉えたアートゾーンの価値は、大都市においては「知的ネットワーク」、地方系においては「協創性」、イベント系では「住民と来訪者の共振」としている。これらを念頭に、事例考察からアクターズネットワークとしての住民の特性を論述する。

　これらを前提に本章の目的とするところは、アートにおける住民への影響や評価の検証を行い、地域価値の発現戦略の一端を提示することである。このために大都市・地方・イベント系アートゾーンを体系的に捉え、限界アート理論の援用をもって住民起点のアート戦略を導いている。その戦略の原点は地方系アートゾーンであって、大都市系も含めた多様なアートゾーンの連携・競争を通じて、持続可能な地域価値の発現ができると結論づけた。

第1節　住民から捉えたアートゾーンの価値

　本節においては、第2部（大都市）・第3部（地方）・第4部（イベント）

の3テーマに及ぶ事例を考察し、住民から捉えたアートゾーンの価値を整理する。その意義は、地域内に生活を構える住民の価値を検討することで、アートゾーンの内発的な価値を検証することにある。

前章（第19章）が観光客による外発的な価値の考察であったのに対して、本章本節ではゾーン内の内部人材である住民の影響変化を扱う。これについて、結論を急ぐならば、下の図表を参照願いたい。大都市・地方・イベントのアートゾーンのタイプ毎に、それぞれ3つに価値要素を整理しており、このことの具体的な解説を次に展開することとする（図表20-1）。

図表20-1　住民から捉えたアートゾーンの価値①

	住民マインドへの影響	住民の生活と仕事への影響	コミュニティへの影響
都市型アートゾーン	プライドや誇り	刺激的な生活スタイルの創造	多様性のあるコミュニティの構築
地方型アートゾーン	モチベーションの向上	地域問題の解決とそれに伴う生活の向上	コミュニティの再生
イベント型アートゾーン	自己変革の実現	経済的な恩恵	都市と地方の交流

出所：筆者作成

(1) アートゾーンとしての都市の住民価値

まずは、大都市系アートゾーンに関わる事例の考察である。大都市の住民にとって3つの価値を浮き彫りにすることができ、それはすなわち、第1に住民のプライドや誇りによる価値、第2に刺激的な生活スタイルの創造、第3にコミュニティの構築である。これらをそれぞれ事例に言及しながら解説していこう。

第1の住民への影響は「プライド」を高めることであり、その都市に住んでいる誇りを醸成させるものである。フィレンツェにおいては、本書事例か

ら歴史的な都市アートを支えてきたのは、そこで暮らす人々であるという自負がうかがえる。美の繁栄に貢献したのは、過去においてメディチ家を代表とするパトロンであって、それを継承したのは市民であった。高尚なアート資産があることによって、住民は誇りをもってフィレンツェの都市を守り、市民として文化形成を担ってきたのである。

第2の住民への影響は、文化的・刺激的な「生活スタイルの創造」に関わることである。事例で取り上げた歴史芸術都市のヴェネツィアは、芸術家や住民たちの知的創造性を刺激する都市である。美しい水の都の景観や、繁栄と衰退の歴史を語るアートは、住む者に知的な創作意欲を喚起させ、アートフルな生活スタイルを促すものである。また、事例のラスベガスにおいては、ショーやエンタテイメントによる非日常性が住民の日常生活に溶け込んでおり、ライフシーンそのものが魅惑的なものとなる。

都市系アートゾーンの第3の住民価値は、コミュニティ構築によるものである。都市は、異文化・多言語の多様な人々を吸引する機能を有する。人種や性的マイノリティも地方に比べて多いだろう。こうした孤立し個人主義に陥りがちな都市住民を、アートの力をもって交流させコミュニティを形成させる。実際に、事例考察で取り上げたバルセロナは、近年において異文化の移住者が大量に流れてきた都市である。また東京も地方出身者の人口流入が続いており、様々なアート文化を発信していることは本書でも紹介している。アートはこうした多様な住民の共通言語となり、アートゾーンがコミュニティを構築するプラットフォームになるのである。

住民にとって都市に求めるものは、一般的には生活や労働における機能性・利便性が重視される。都市系アートゾーンは、都市の暮らしにありがちな無機的・合理的な偏重部分を補い、プライド、生活スタイルの創造、コミュニティによるつながりといった有機的・精神的な価値を提供するのである。

(2) アートゾーンとしての地方の住民価値

6つの地方系アートゾーンの事例(第9章～第14章)から、地方の住民

にとってアートは無縁なものではなく、その土地の生活や仕事に密接に結び付いていることが確認された。それを整理するならば、都市系と同様に住民にとっての3つの価値をここで指摘しておきたい。それは、第1に住民のモチベーションへの影響、第2に地域問題の解決とそれに伴う生活の向上、第3にコミュニティの再生である（図表20-1再参照）。

第1に指摘する地方系アートゾーンの影響は、住民のモチベーションの向上であり、創造的なことへの挑戦や意欲のエネルギー的高まりである。アートやアーティストは、地域住民にとってある種の異物であり、それゆえに現状の閉塞感を打ち破る期待もかけられる。例えば、小布施においては、葛飾北斎をテーマに地域企業や住民主体の事業が創造されている。また、直島では「家プロジェクト」の作品制作において100名以上の島民が参加したという。これらは、アーティストと地域住民とが一体となり協働で作品や事業を完成させることで、住民のモチベーションは格段に向上している事例である。

第2の住民価値は、アートによる地域の問題解決に伴う生活の向上である。アートは生活には役に立たないものではなく、地域住民の生活を変えていく価値を保有している。事例の尾道では、「NPO法人尾道の空き家再生プロジェクト」の活動を紹介した。このNPOは、その名の通り空き家となった建物をアートによる新たな価値を付加して蘇らせる事業を展開している。住民の暮らしの問題をアートによって解決する事例である。また、米沢の「田んぼアート米づくり体験事業推進協議会」の活動も、住民に対して農業とアートへの関心を高め、地域の問題解決に寄与するものである。農業とアートを融合することで、農業への誇りを喚起させ担い手不足を解消する取り組みである。

第3の住民価値はコミュニティの再生であり、地縁のネットワークを再構築することである。コミュニティの崩壊が進む地方において、事例地域ではアーティストの活動が地域の関係性をつなぎとめ、地域外の人も巻き込んだ新たなコミュニティへと進化させることが確認できる。例えば、境港は、商店街の再生をテーマにコミュニティが活性化している。水木しげるロードや

鬼太郎をテーマにした、商品開発とイベント企画を担う協創の市民ネットワークが商店街の活性化を後押ししている。また、神山においては、アーティスト・イン・レジデンスによってよそ者のアーティストやクリエーターを地域内に受け入れている。こうしたアーティストの何人かは、その後、家族で神山に移住をしている。神山の事例では、過疎地域のコミュニティを再構築し、よそ者と地元民との関係性の価値を高めていることが確認できる。

(3) アートゾーンとしてのアートイベントの住民価値

アートイベントにおいても、住民のマインド、生活と仕事、コミュニティの3つの切り出しから、住民の価値が確認できる（図表20-1再々参照）。

第1の住民の価値は、住民自らの自己変革への意識づけであり、現状打破のエネルギーを受けることである。第16章で紹介したアートフェスティバルにおける越後アートトリエンナーレや、瀬戸内トリエンナーレは、当初は地域住民の反対や無関心が大勢であったという。地域の充分な合意が得られないまま、それをプロデューサーやアーティストらが強引に進めるなかで革新的なイベントが実施された。今では、イベントの成功を目の当たりにすることで住民の理解が進み、住民とアーティストが協働で制作活動に取り組んでいる。このように、アートイベントは地域の住民を変革するパワーをもっている。

第2の住民価値は、経済的な恩恵を受けることである。音楽イベント、映画祭、アニメイベントは、何千人、何万人が訪れるイベントが少なくないことは、すでに本書で紹介済みである。アートイベントの集客効果は開催期間中の一過性になる心配はあるが、知名度向上による観光への貢献も期待できる。そうなれば、地域住民にとっては、アートイベントに関わる宿泊・飲食・物品販売といった事業収入を得る機会が増えるだろう。

第3の住民に対するアートゾーンの価値には、地方と都市の人的交流が指摘できる。地域を異にする人々が非日常的な空間において交流することで、新たな関係性を構築する。アートイベントを契機に地域住民と都市住民との

交流が常態化すれば、新しいタイプのコミュニティの形成につながるだろう。

第2節　住民の価値ベースとなる限界アート

　ここまでアートゾーンの事例考察により、アートは住民に好影響を与える可能性が確認できた。しかし、そうした住民価値に持続性はあるのか、一過性であり瞬間的なものではないのか、価値享受できるのはアートに関心の高い一部の住民に限られているのではないか、といった持続可能性や普及性に関わる疑問が生じる。

　そこで本節では、住民の価値要素をもう一歩踏み込んで検証した上で、3タイプのアートゾーンの連動による価値発現の方向性を提示したい。そして、この検証には住民の主体性を引き出す「限界アート」の理論を援用し、価値発現に関わる持続可能性と普及性の課題検討を試みる。

(1) アートゾーンの方向性

　前節において、アートの住民に及ぼす影響をその提供価値のリストアップをもって考察してきた。これを3つのアートゾーンの関係性によって再整理を試みるならば、次頁のような体系図が作成できる（図表20-2）。この図表の縦軸は住民個人のマインドに関わる価値であり、横軸は住民コミュニティへの影響を示している。

　図表右上に位置する大都市系アートゾーンは、住民のプライドや知的刺激を喚起し、その魅力でコミュニティを構築していく機能を有する。この2つのアートパワーをもって、多くの住民を惹きつけ、都市住民による文化を形成している。こうした筆者考察の背景には、「欧米に見られる大都市型の文化特性は、激しい文化や蓄積の文化である」との指摘があってのことである（青柳、2015）。つまり、住民にとって都市のアートは、競争のなかで生まれる先鋭性をもって非日常的なマインドを受けるものである。そこに魅力を感じた人々が集まり、アクターズネットワーク（＝コミュニティ）を構築し、

図表20-2　住民から捉えたアートゾーンの価値②

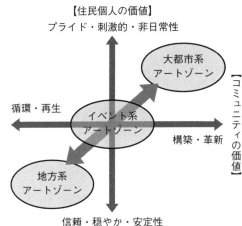

その拡大によって普遍的で重厚な文化が都市ゾーンに蓄積していく。

　一方、同図表左下に位置する地方系アートゾーンは、住民のモチベーションに影響を与え、豊かで安定的生活に寄与するものである。そして、アートの伝承・創造・循環によって世代替わりのなかでコミュニティを再生する機能をもつ。こうした地方系の文化の様相に対しても、青柳（2015）は、「穏やかな文化や循環の文化」と評している。日本の地方では、地震等の災害に見舞われる国土特性からハードの建造物の永久保存は困難である。したがって、建築工法や技術などソフト文化の伝承・改良が重視され、人災・天災あるいは人口動態で崩壊したコミュニティを再生させるアート（技術）に価値が置かれる。

　このように考えると、地方系アートゾーンは、大都市系アートゾーンとまったく異なるポジションを有している。そして、イベント系アートゾーンは、大都市系と地方系の中間に位置し、まさに都市と地方の住民を交流させる立ち位置にある。

　こうした住民から見た3つのアートゾーンの異なるポジションから、日本の地域における価値創造の戦略の一端がうかがえる。それは、地方系アート

ゾーンの多種性・多様性を活かした戦略である。本書事例で紹介したような地方系アートが様々な形態で価値発現し、そこから発生した一部の尖鋭的アートが、大都市系アートゾーンに連動していく構図である。こうした重層的なアートゾーンの全体構造の有効性について、次に説明する「住民主体の限界アート」の論をもってさらに考察を加えていく。

(2) 住民主体の限界アートとは

住民主体の限界アート[1]とは何か。小暮（2013）は、芸術の創り手（芸術家）と受け手（享受者）において、その担い手の専門性と非専門性の対応から、芸術概念をいくつかに分類している（図表20-3）。そのなかでも特に、小

図表20-3　芸術概念の分類

種類	担い手	創り手・芸術家	受け手・享受者	市場性／社会との関係	具体例
純粋アート (Pure Art)		専門者	専門者		
	伝統芸術	専門者（家元、流派）＋有名芸能家	専門者＋タニマチ、稽古者	人気のあるものは市場が成立	交響音楽、バレエ、歌舞伎、能、文楽 等
	先端芸術	専門者（アーティスト、未知を開拓する人）／自ら創発する人	専門者（見たことのない芸術を見たい人）	市場は不成立／芸術の非社会化	現代アート、絵画、彫刻、前衛映画 等
大衆アート (Popular Art)		プロデューサー＋専門者（アーティスト）	大衆（マスコミの影響下にある）	市場が成立／芸術の過度な社会化	流行歌、映画、アニメ、写真集、演劇 等
限界アート (Marginal Art)		非専門家（地域住民等の趣味・生活・労働の一部で実践）	非専門家、創作者と同じあるいは相互、共同で創作・享受	市場は不成立／芸術を人間の活動全体として把握	民謡、盆踊り、園芸・盆栽、らくがき、ストリートパフォーマンス 等

出所：「芸術の『創り手受け手』の分類―限界アート論の展開―」（小暮、2013、170頁）を筆者が加筆修正

暮は「限界アート」の重要性を指摘しており、筆者においてもこの限界アートに住民の価値源泉があると見ている。

そもそも、限界アート（Marginal Art）とは、「非専門家によってつくられ、非専門的享受者に享受されるもの」であり、「純粋アートと大衆アートよりもさらに広大な領域で芸術と生活の境界線にあたる作品領域」のことである（小暮、2013、154頁）。つまり、限界アートの領域は、アートの創り手も受け手もプロでないことを意味し、それは例えば、地域住民による生活や労働に根差した遊びや踊り、仕事の合いの手など風習や地域文化を含んでいる。そして、本章における筆者の主張は、アートゾーンが住民の価値として限界アートのレベルまで浸透してきたときに、初めてコンテクストの価値として地域に定着するということである。したがって、住民不在のアートや、住民の生活レベルに落ちてこない一過性のアートでは持続可能なアートゾーンを形成しえないのである。

実は、本書の事例においては、この限界アートの領域はほとんど触れていないことが確認できる。事例の多くがコアなアート領域であり、後述の純粋アート[2]や大衆アート[3]の分野である。それは仕方のないことであって、アートゾーンを形成するためには、純粋アート等によるインパクトのあるアートコンテクストが必要であって、そこに本書でもスポットを当てざるをえなかった。しかし、住民価値を継続的に高めるには限界アートを無視することはできないというのが、本章での筆者の主張である。むしろ、限界アートと、純粋アートや大衆アートとの連動がアートゾーンに求められている。このことを次項において解説し、本章の結論へと導いていこう。

(3) 限界アートと地方系アートゾーンによる住民価値の創造

さて、住民価値における限界アートの必要性を述べる前に、純粋アートと大衆アートの位置づけを、今一度アートの創り手と受け手の担い手の整理から説明しておきたい（図表20-3再確認）。まず純粋アートとは、アートの創り手も受け手も専門者であり、さらに伝統芸術と先端芸術に区分される。

前者の伝統芸術は、能楽・文楽・歌舞伎などの古典芸能がその典型である。創り手・受け手の専門者は流派や家元制という日本独特の組織機構によって、クローズドなアクターズネットワークが形成されていることが多い。したがって、一般住民には少なからず敷居の高いアート分野である。

また後者の先端芸能は、専門アーティストによる現代アートや前衛芸術と呼ばれるアート領域である。先端芸術の享受者も専門者であることが多く、アートへの見識が高く、見たことのない芸術を見たいという動機を持つ人が受け手である（小暮、2013、171頁）。したがって、先端芸術のアートは、住民にとっては難解であり、生活圏では異物扱いとなり敬遠されるものである。しかし、こうした異物としてのアートが、ときに地域に個性とインパクトをもたらしている事実を本書ではいくつかの事例で扱ってきた。

他方、大衆アートは、アートの創り手はプロデューサーやアーティストの専門チームであり、受け手は大衆である。これには、例えば流行歌や演劇、大衆映画が含まれ、本書で扱ったアートイベントの多くは、大衆アートを射程に入れたものであるといってよいだろう。大衆アートは、住民にとっては受け手としてなじみやすく、多くの人に一様な感動や衝撃、心の安定をもたらすものである。しかし、住民の主体性や創造性を引き出す力は相対的に強くはない。したがって、例えばアートイベントが地域に集客効果をもたらすのみでは、アートゾーンとしての継続的な価値にはならない。常に地域住民の参画を促し、創り手側のアクターに巻き込む仕掛けが必要となる。

以上のように、純粋アートと大衆アートにおいては、アクターとしての住民は主役ではなく、受益者の域を出ないというのが理論上の整理である。地域のアートゾーンを確かなものにするためには、価値提供者や価値創造者としての住民が必要である。そこで注目したいのが限界アートの領域である。

限界アートは、前述で説明の通り、アートの創り手・担い手がともに非専門者としての生活住民を想定している。親密圏である地域コミュニティのなかで営まれる、遊びや踊り、盆栽等の園芸、仕事の合いの手、近年に見られるストリートパフォーマンスがこれに該当する。これらがアートか？という

議論はさておき、少なくともこうした地域に息づく限界アートの発展の先に、今の日本の多くの純粋アートや大衆アートが生まれてきたといってよいだろう。また、逆に純粋アートや大衆アートに刺激をされて住民価値に定着する形で、豊かな限界アートの変容が起こるのである。この構図は、前述の図表20–2で体系化を試みた、大都市系・地方系・イベント系アートゾーンのポジションと重ね合わせることができる。つまり、地方系アートゾーンに限界アートが横たわっており、大都市系アートゾーンには純粋アート（先端芸術、伝統芸術）や大衆アートが親和している。このことから、日本のアートゾーンによる全体戦略は、地方系アートゾーンを起点に進めるべきであって、限界アートによる住民の価値創造が重要な評価指標となる。

したがって、アートゾーンにおいては、例えば先端芸術がただ実験を繰り返すのではなく、あるいは大衆アートが地域の集客機能に終始するのではなく、専門アーティストの活動が子どもたち、老人たち、困窮者、障がい者、生活者を含めた地域住民に向き合い、潜在的な限界アートの能力を呼び覚ますことである。そして、狭域のコミュニティとしての親密圏にある限界アートを、公共圏における純粋アートとの協働作業に連れ出す作業によって（小暮、2013、154頁）、住民にとって価値のある、持続可能なアートゾーンの形成につながるのである。

おわりに〜住民価値を高める2つの課題

本章においては、アートゾーンにおける住民への影響を考察してきた。それは、基本的にはポジティブな価値であり、住民の視点からアートの可能性を探るものであった。しかし、宿題も残った。それは、住民に対するアートの負の影響側面と、住民の地域雇用に関わるアートビジネスの視点の検討が十分になされなかったということである。この2つの課題もアートゾーンの価値発現においては大切なことである。

アートの負の側面として、現実的には住民にネガティブな影響も発生す

る。例えば、地方においては、景観の破壊、伝統や文化の喪失、住民と部外者アーティストや観光客との軋轢などである。大都市においても、都市の機能性への障害や喪失、無用になった流行アート作品の維持・管理などが挙げられる。アートは自由で革新性があるため、受け入れる住民にとっては劇薬となり、ときに副作用も心配されるのである。したがって、本章で扱った穏やかな限界アートの領域が必要であって、アートの毒性を緩和させポジティブな価値を地域に定着させる期待があるわけである。こうした課題の論点考察については、別の機会に委ねていきたい。

　また、アートの地域雇用についても本書以外での先の課題となろう。アートゾーンが住民レベルで定着するには、やはりそこにビジネスを発生させる必要がある。一般論として、大衆アート以外の純粋アートや限界アートの領域は市場が形成されない。したがって、アートゾーンにおいて地域住民の雇用が成り立つビジネスモデルや、公共投資モデルに関わる研究が求められるところである。

（注）

1) 限界アーツを、小暮（2013）は「限界芸術」としている。ここでは「限界アート」と呼ぶことにしている。
2) 純粋アーツを、小暮（2013）は「純粋芸術」としている。ここでは「純粋アート」と呼ぶことにしている。
3) 大衆アーツを、小暮（2013）は「大衆芸術」としている。ここでは「大衆アート」と呼ぶことにしている。

（参考文献）

小暮宣雄（2013）『アーツマネジメント学』水曜社。
青柳正規（2015）『文化立国論』筑摩書房、81-95 頁。

エピローグ

地域を捉えたアートゾーンに対する総括

原田保

はじめに～舞台とキャンパスがアートゾーンを創る

　さて、本書ではアートによる地域価値の創造に関する3つのアプローチから議論が行われてきた。その第1は、大都市に関する地域価値発現のアプローチであり、第2は地方に対する地域価値発現のアプローチであった。なお、アートイベントによる地域価値の発現方法は後者の展開のバリエーションであるとも考えていただきたい。これらはともに、ある特定の地域に見出されるアートの活動やアーティフィシャルな景観による地域デザインの展開という視点からの考察である。これに対して、第3は地域自体のアートに対するアプローチというよりは、むしろ外部資本のゾーン推進主体の客体としての地域というような側面からの考察になる。

　そこで、ここではアートで地域価値の発現を指向する地域のアートゾーン化の多様性を考えていきたい。これはすなわち、アートが先か地域が先かという議論になってくる。こう考えると、これは地域特性によって地域価値の発現方法が異なることが改めて理解できる。

　例えば、直島（島であり町である）のような小さな地域はまずはイベントから入って地域をいわばキャンパスに見立てて色を塗っていけば、ある特定のコンテクストによって単純で明確なメッセージ性を発信できるアートゾーンの形成が可能になる。これに対して、歴史のある例えばフィレンツェのような歴史的な芸術都市では、歴史的な文化に幾重にも彩られた個性的なコンテクストによって意味が付与された都市のありのままの相貌が、まさにアートゾーンのゾーンとしての実相になる。

これらから理解できることは、歴史的か現代的かを問わず、大都市はアートがそれこそアートとして存在するためのまさにある種の舞台のようなものであり、これに対して地方はアートによって新たな価値が付与されるべきキャンバスである、という差異である。

☆舞台としての大都市（街は舞台だ！）
vs.
☆キャンバスとしての地方（田舎はキャンバスだ！）

もちろん、これは類型的に特徴を整理したものであり、現実にはそう明確には区別することは困難である場合が多い。それでもこう考えることによって、どちらかというと都市（特に、大都市）はアートを成立させる価値発現主体であり、地方（特に田舎）はアートによる価値が発現される客体である、と理解できよう。

これはすなわち、アートゾーンの分析には、地域が先かそれとも方法が先か、というような問題があることを示している。両者においては、ともにクリエイティブな行為がゾーンに価値を与えるということでは共通であるが、フィレンツェのような都市は多くのアーティストの憧れの場になっているが、これに対して例えば直島のような地方はアーティストのたんなる仕事の場にしかなっていない。

このような問題意識に立脚しながら、ここでは以下のような2点についての議論を試みたい。これらは、実は地域とアートの関係形態に関する都市と地方との差異に対する議論であると考えてもよい。なお、これらは具体的には、第1がアートゾーンとしてデザインされる都市と地方、第2が今後のアートによるゾーンデザインの方向性、についての議論である。

エピローグ～地域を捉えたアートゾーンに対する総括　385

第1節　アートゾーンとしてデザインされる都市と地方

　すでに周知のように、都市と地方であるとか海と島であるとかについてはあたかも1つの対抗概念として捉えられる場合が多い。例えば、後者の場合には神話の世界における海彦と山彦は1つのセットとして存在しているが、両者の関係は最後には悲劇的なものに陥っている。また、前者の都市と地方においても地方は都市に支配されてしまったり搾取されたりするのが、それこそ一般的な現象として現出している。

　実は、このような対抗関係を超克するためには新たな概念が構想されることが必要になっている。このようなことは、地域デザインにおいてもまったく同様である。つまり、これは、都市と地方を対抗概念であると捉えるのではなく、地域の価値を発現するという点においては、両者はまったく同じ地平に立っているという主張になる。

　これはすなわち、都市も地方も同じ地域であるという考え方に依拠した主張である。つまり、これにおいては、都市も地方もともに地域価値を発現させるための対象である点ではまったく同じである、というような考え方から導出されている。つまり、これは、都市や地方という地域特性の差異には関係なく、筆者の唱える何度も述べられているZTCAデザインモデルに依拠しながら最適なゾーンを構築するという課題への対応になる（図表21-1）。

　こうなると、今後においては芸術が都市に、そして農業が地方にというような既成観念からの脱却が不可欠になる。こうして、地方においても、芸術はそのゾーンデザインの重要なリソースになり、例えばこれに吸引される芸術家が集まることは期待できるような魅力的なアートゾーンに転換できる。つまり、これについては、地方も都市と同様に何らかのアートゾーンになれることを示している。

　さて、地域デザインの視点から見れば、都市も地方も同様に1つの価値発現の対象としての地域であることには差異は存在していない。そうなると、都市においても地方においても、ともに地域の生き残りのためには他の競合

図表21-1　アートゾーンとしての都市－ニューヨークとフィレンツェ

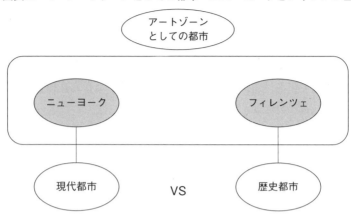

地域に対する比較優位性の獲得が不可欠になる。つまり、アートゾーンという概念で地域をゾーンデザインすれば、都市も地方も、それこそ同じアートゾーンとしての競争にさらされる。その際には、それぞれ都市はその特性を、地方もその特性を活かした戦略の展開が期待される。

まず一方の都市に設定されるアートゾーンには、大別するならば歴史都市と現代都市に分別ができる。前者には、本書でも取り上げたフィレンツェなどがあり、後者にはニューヨークや本書で取り上げた東京などがある。なお、これらについてはともに自然発生的な都市であるのだが、実はこれらとはまったく異なるあたかも突如としてこの世に現出したかのように感じられる、いわば人工都市とでも呼べるような都市も、近年ではかなり見て取れる。これらのある種の計画都市には、1つには本書でもとりあげたラスベガスのような都市、2つにはブラジリア[1]やキャンベラ[2]などの都市が存在している。

なお、これらはともに人工都市ではあり、ともにこれといった派手な過去がほとんど存在していないからなのか、あたかもある種の未来都市のような乾いた地の相貌が現出している。なお、周知のように、前者のラスベガスはカジノとエンタテイメントの都市であるために、コンテンポラリーなアートゾーンとしてのイメージが濃厚に現出している。これに対して、後者のブラ

ジリアやキャンベラは首都であるためにもっぱら政治の中心地であることもあり、そこにはある種の都市計画面の秀逸さが感じられる景観が現出しているが、ラスベガスのような華やかな芸術都市の相貌は見出せない。

☆歴史都市におけるアートゾーンとしての発現価値！

$\geqq$

☆人工都市におけるアートゾーンとしての発現価値！

これに対して、フィレンツェのような歴史のある芸術都市には、確かに明確な都市創造のためのコンセプトを維持することや、これに適合させたゆっくりとした漸進的な進化の実践が強く要請される。

その意味では、この世に突然に現出したラスベガスのような、いわば単機能型都市ともいえるエンタテイメント都市では、確かに1つの完全なアートゾーンであるものの、それでもこれが厚みのある歴史や文化に裏付けられていないためか、時代の最前線にあるかのように感じられる表層的な地域価値を凌駕するような深い感動を与えられる対応が強く要請される（田村、1984）。

これに対して、他方の地方におけるアートゾーンにおいても、都市のアートゾーンと同様に、歴史的な地域とそうではない地域とが見出せる。前者には、例えば本書で取りあげた尾道や小布施があり、後者には、例えば本書で取りあげた直島や境港がある[3]。後者の地域では、大都市とは異なり歴史のない地域にあたかも接ぎ木的に芸術性を付与することによって、歴史のある地域とは異なる価値による同様なレベルのインパクトを保持するアートゾーンの構築に成功している。

☆醸成型地方におけるアートゾーンとしての発現価値！

$\fallingdotseq$

☆接ぎ木型地方におけるアートゾーンとしての発現価値！

こうして地方においては、例えば尾道や小布施がアートゾーンとしての狼煙を魅せられているのだし、他方の例えば直島や境港においてもアートゾーンとしての位置を確立できたのである。このように、地方のアートゾーン化についてはここで論じたように少なくとも2つのアプローチが見出される。もちろん、これらはともにアートゾーン化によって地域価値の発現を可能にするという点においては、まったく同様であるとは思われる。

　さて本書では、大都市と地方のアートゾーンとしての成功事例を紹介してきたが、これらの事例は大きく2つに分別できる。これに関して認識すべきは、前述したように地域がイニシアチブを発揮している事例と外部資本がイニシアチブを発揮している事例が存在していることである。しかし、このことをよく見るならば、歴史のある地域にはどちらかというと地域がイニシアチブを発揮している事例が多くあり、これに対してどちらかというと歴史のない地域には外部アクターがイニシアチブを発揮している事例が多くある、という事実が読みとれる。

　筆者は、アートゾーン化の今後の展開方法については、何といっても我が国には優れた伝統芸能や伝統技芸があるのだから、まさにこれをアートゾーン化の前面に押し出した地域デザインを展開することが望ましい、と考えている。それは、このような対応こそが、地域にそれなりに新たな産業も含めて経済効果を現出しうるし、また地域がイニシアチブを保持する地域デザインの実践を可能にすると考えられるからである。それゆえ筆者は、今後においてはどちらかというと、欧米と同質化する危険性もある現代アートなどによるアートゾーン化を展開するのではなく、むしろ我が国固有の伝統芸術や芸能にフォーカスした展開が望ましいと考えている。

第2節　今後のアートによるゾーンデザインの方向性

　さて、アートによって地域価値を増大させようという試みが地域デザイン

においては有効であるかどうかは、すでに本書の事例紹介からも明白であろう。しかしここで留意すべきは、いかなるゾーンをアートゾーンとして設定すべきかについては、それぞれの地域においていかに地域価値を最大限に発現できるかどうか、に大きく左右されることである。これはすなわち、このゾーンデザインこそが地域価値の発現に決定的な影響を与えているからである、ということから導出された留意点である。しかしそれでも、現時点では、いかにすれば効果的なゾーンデザインができるのか、に対する定説は確立してはいない。

そこでここにおいては、現在考えられるアートゾーンとして成立しうるゾーンについての紹介を行いたい。結論を急げば、筆者はこれには3つの方法がある、と考えている。これらはすなわち、第1が大都市に見られるような広域の都市全体がアートゾーンである場合であり、第2が地方の小規模な市町村をまるごとアートゾーンとして捉えた場合であり、第3が広域から狭域に至るまでの多段階において切り出された戦略的にゾーンとして設定される、本来的には広域ゾーンに対するトポスに当たるべき地域である。なお、今回は、このような型のアートゾーンは設定しなかったために、今後の課題にしていきたい。

第1は、本書でも紹介した主に大都市自体がまるごとアートゾーンになるようなゾーンデザインがなされる大都市型のアートゾーンである。ここにおいては、地域としての都市における様々な活動、そしてそこでの様々な行為のすべてに、実はアートとして現出する風景が見出せる。これについては、例えば前述したニューヨークに代表される総合型の大国際都市であることが多く含まれる。このような都市については、あたかも「グローバル経済型現代芸術都市」ともいえるゾーンである、とも考えられる。これに対して、本書でも取り上げたフィレンツェに代表される歴史性が強い都市であれば、それは「グローバル観光型歴史芸術都市」であると考えられる（前掲図表21-1）。

第2は、多くの人々に対して地方の小都市や町村がそれらの全地域をあげて何らかの統一されたアートゾーンとしての印象を強烈に感じさせるアート

ゾーンである。これは、さしずめ「ローカル型芸術地方」とでもいうべきアートゾーンになる。ここでは、ここを訪れた人がもっぱらアートのみに注目を寄せる地方の市町村である。これには例えば、本書でも取りあげた小布施や直島が典型的なものとして挙げられる。

　第3は、広域なアートゾーンにおいて、これはゾーンに対して地域価値を発現させる著名なトポスにもなりうる、まさに狭域のアートゾーンともいえるようなゾーンである。これはゾーンがトポスにも、またトポスがゾーンにもなりうるZTCAデザインモデルの特徴を捉えて現出させたゾーンになる。なお、これについて筆者は、大都市の一部を捉えたゾーンデザインという特徴を捉えて「パワートポス型芸術地区」と命名している。

　これからは、例えば前述したニューヨークのマンハッタン（島）や橋を渡るとすぐあるブルックリン[4]などが容易に想起できる。また、このマンハッタンを広域ゾーンとして捉えれば、これより狭域のアートゾーンであるともいえるハーレム[5]、ブロードウェイ[6]、ソーホー[7]なども、またゾーンとしてのそれなりの地位を確立できる。これらはすべて、ニューヨークのブランド力を活用しなくても、単独であるいはセット化（例えば、ニューヨーク・ハーレム）で世界中から人々を吸引することができる（図表21-2）。

図表21-2　ニューヨークとマンハッタンにおけるゾーンとトポス

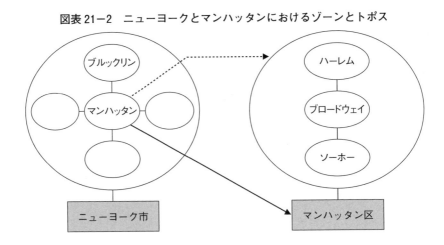

また、我が国においても、例えば東京というゾーンにある浅草や六本木、さらには銀座などがこれにあたるアートゾーンである、と考えられる（原田、1999）。

　続いて、このような考え方に依拠しながら、このような東京という大都市を捉えた第3のアートゾーンについて考察することにしたい。もちろん、多様な顔を見せる東京は、全体としてまさにグローバルな芸術都市としての認知もすでにそれなりになされている。しかし、その範囲については東京ではおそらく23区内を示していると考えられる。それは、八王子や立川の住民でさえも、新宿に行くときには東京に行くというのだから、住民自身が自身の地域を東京であるとは思っていないことは明白であるからである。つまり、これは、アートゾーンとしての東京を最大限広く取っても、さしずめ23区内に限定される、ということを示している。

　また、外国人を対象にして考えるならば、東京はこれより狭域のトポスについても単独のアートゾーンに設定できるであろう。これは、例えば皇居を中心にしておおむね山手線の内側とその沿線の外側にある一部の区域ということになろう。また、例えばまさにコンテンポラリーなゾーンとしては六本木をコアにした東京ミッドタウンというゾーンも考えられるし、トラディショナルなゾーンとしては例えば江戸情緒が残る浅草をコアにした下町[8]がゾーンとして設定できる。そして、ミッドタウンと下町を併せ持つ広域のグローバル対応のゾーンとしてのトーキョウ（TOKYO）という地域ブランディングを行えば、それこそミッドタウンも下町もそのコアトポスに位置付けられる。

　以上の議論から、アートゾーンの設定方法は多様に構想できることが理解できたであろう。そこで、まずもって行政の地域単位でのゾーンに捕らわれずに地域価値の最大化を指向した戦略的なゾーンデザインを行うことが、地域デザインの必須の対応課題になる。そうなると、多くの場合には、歴史や文化を捉えたゾーンが大きく浮上することになろう。

　その意味においては、東京ミッドタウンも江戸下町も行政単位のゾーンの

枠組みを完全に超えている。これは、まさに筆者が主張するZTCAデザインモデルの成果であるといっても過言ではない。つまり、これから理解できることは、すべての地域デザインはまずはゾーンデザインの成否に依拠していることを肝に銘じた取り組みが大事になる、ということになる。

おわりに〜醸成か、接ぎ木かの選択！

　さて、多くの人においては、本書の主張に接することによって地域がアートゾーンとして構築できれば地域価値の増大化が可能になることが理解できたであろう。また、このアートによる地域再生や地域活性化は観光客の増大にも地域産業の振興にも結び付く有益な方法であることも理解できたであろう。それゆえ、多くの消滅の危機が予測されている地域においては、ぜひアートを捉えた地域デザイン戦略の推進に挑戦すべきである。

　このアートゾーンの構築には、前述のように2通りの方法が可能である。これについては、地域の置かれた状況に応じて、それぞれに有効である、と思われる方法を選択すればよいわけである。これらは具体的には、1つが「醸成型」のアートゾーンの構築であり、いま1つが「接ぎ木型」のアートゾーンの構築である。もちろん現実的には、これらのミックス型も構想できることはいうまでもない。

　本書で取りあげた事例においては、前者の醸成型の代表的な事例は小布施であり、後者の接ぎ木型の代表的な事例は直島である。前者は地域のアクターが自身で展開できる方法であるが、後者は外部のアクターによる展開が不可避である。このようなことは、前者の小布施は町自身がアートゾーンを構築できたのに対して、後者の直島が主にベネッセ（正式にはベネッセコーポレーション）によって構築された、という事実からも容易に理解できる。

　もちろん、アートゾーン化に成功するのであれば、その推進方法はどちらでもよいのだが、それでも地域の人々が自身に誇りをもたないならば、前者が後者に比べてより望ましいということは実に自明である。しかし、接ぎ木

型でないと地域のアートゾーン化が困難である場合には、地域の住民のアートゾーン化への参画が望ましい。それゆえ、外部のアクターが取り組む際には、地域の人々が自身のために立ちあがるためのトリガー人材になるような働きかけが大事になる。また、アートゾーンの構築にあたっては、当該地域のアクターの積極的な関与が大いに期待される。

最後に確認したいことは、アートゾーンとして成功するには、よい芸術作品や優れたアーティストを集めればよいのではなく、むしろ地域価値の最大化を指向する地域プロデューサーが存在するかどうか、に依拠していることである。これは、価値はコンテンツによってよりは、むしろコンテクストによって現出するという筆者の持論が、まさに地域デザインにおいても適用できることを意味している。

（注）
1) ブラジルの首都であり、内陸部の高原に人工的につくられた都市である。ここは20世紀を代表する世界遺産として認定されている。
2) オーストラリアの首都であり、20世紀を代表する計画都市である。メルボルンとシドニーとの争いを避けるために、これらの間にあることから首都にされた。
3) これらには先史はあるのだが、それでも現在の文化や景観には過去の文化や景観とは連続性は見出せない。
4) かつては、ニューヨークに含まれていなかった。ここの住民は民族的に多様性を見せているために、ここでしか見出せないエピソードを楽しむことができる。
5) マンハッタン北部に位置する黒人にとっての聖地である。ここでは、黒人を捉えた経済活動や芸術活動が展開されている。
6) アメリカにおけるミュージカルのメッカである。ニューヨークで最も華やかな地域でもある。
7) マンハッタン南部にあるサブカルチャーのメッカである。1979年頃からアートをベースにした若者文化の先端を走っていた地域である。

8) 旧東京市街地域のことである。具体的には、日本橋、京橋、神田、渋谷、浅草、本所、深川である。

(参考文献)

原田保（1999）「ハリウッドとブロードウェイのエリア戦略」『ウィナーズウェイ 次世代勝利企業の条件』同友館、190-194 頁。

田村明（1984）「都市の美しさ」『都市の個性とはなにか 都市美とアーバンデザイン』岩波書店、1-38 頁。

執筆者一覧
（＊は編著者）

原田 保（はらだ たもつ）＊
担当：はしがき、プロローグ、第3章、第4章、第5章、第6章、第8章、第9章、第14章、第15章、第16章、第18章、第19章、第20章、エピローグ
ソーシャルデザイナー、地域プロデューサー。
1947年生まれ。早稲田大学政治経済学部卒業。（株）西武百貨店取締役、香川大学教授、多摩大学大学院教授等を歴任して、現在は文化学園大学特任教授等を務める。なお、西武百貨店時代に米国のシアーズ・ローバック社に研修出向を経験する。併せて、現在（一社）地域デザイン学会理事長、（一社）ソーシャルデザイン研究機構代表理事、（一社）日本スロースタイル協会代表、（一社）日本ペンクラブ会員。
著書としては、『知の異端と正統』（編著、新評論）、『ソシオビジネス革命』（単著、同友館）、『安全・安心革新戦略』（共編著、学文社）、『世界遺産の地域価値創造戦略』（共編著、芙蓉書房出版）、『旅行革新戦略』（共編著、白桃書房）、『食文化スタイルデザイン』（共編著、大学教育出版）、『スロースタイル』（共編著、新評論）、『インターネット時代の電子取引革命』（共著、東洋経済新報社）、『デジタル流通戦略』（単著、同友館）、『eマーケティングの戦略原理』（共編著、有斐閣）、『ロジスティクス経営』（編著、中央経済社）、『小売＆サービス業のフォーマットデザイン』（共編著、同文舘出版）、『場と関係の経営学』（単書、白桃書房）、『スーパーエージェント』（共編著、文眞堂）、『ビジネスプロデューサー』（単著、中経出版）、『境界融合』（編著、同友館）、『場と関係の経営学』（単著、白桃書房）、『無形化する経営』（共著、同友館）、『コンテクストデザイン戦略』（共編著、芙蓉書房出版）等多数有り。

板倉 宏昭（いたくら ひろあき）＊
担当：第1章、第7章、第12章、第19章
国立大学法人香川大学大学院地域マネジメント研究科教授。
1962年生まれ。東京大学大学院先端学際工学博士課程修了、学術博士（東京大学）。米国のマサチューセッツ工科大学大学院スローンスクールマネジメント（MIT SLOAN School of Management）修了、経営学修士（MIT）、（一社）地域デザイン学会理事。
日本IBM株式会社勤務後、東京大学先端科学客員研究員、マサチューセッツ工科大学客員研究員、浙江工商大学客員教授などを歴任し、2004年より現職。同研究科長、同大学評議員、中讃定住自立圏共生ビジョン懇談会会長、香川県オリーブ産業強化プロジェクト推進戦略会議委員などを務めた。情報通信学会論文賞、四国産業技術大賞革新技術奨励賞を受賞。
論文としては、組織科学（単著／共著、組織学会）、Technology Management in the Knowledge Era（単著、IEEE）、Journal of Transnational Management（単著、Routledge, Taylor & Francis）。著書としては、『経営学講義』（単著、勁草書房）、『デジタル時代の組織設計』（単著、白桃書房）、『ケースブック　地方発企業の挑戦』（編著、税務経理協会）、『ネットワーク化が生

み出す地域力』（共著、白桃書房）『旅行革新戦略』（共編著、白桃書房）等がある。

佐藤 茂幸（さとう しげゆき）*
担当：第2章、第11章、第13章、第20章
大月短期大学教授。
1962年生まれ。明治大学商学部卒業。立教大学大学院21世紀社会デザイン研究科比較組織ネットワーク専攻課程修了。中小企業診断士。(株)日本総合研究所株式会社、(株)リンク総研財団法人、さいたま市産業創造財団を経て、2007年より現職。現在は、山梨県大月市に対し地方創生に関わる政策企画を行う。(一社)地域デザイン学会理事。
著書としては、『コンサルティングイノベーション』（共著、同友館）、『境界融合 経営戦略のパラダイム革新』（共著、同友館）、『SOHOベンチャーの戦略モデル』（共著、中央経済社）等がある。

宮本 文宏（みやもと ふみひろ）
担当：第3章、第4章、第5章、第6章、第15章、第16章
日本ユニシス株式会社勤務。
1966年生まれ。岡山大学文学部哲学科卒業。情報処理技術者（PM）資格者、多摩大学大学院経営情報学研究科修士課程修了。
主な著書としては、『プログラム＆プロジェクトマネジメント標準ガイドブック』（共同編集・執筆、JMA）、『地域デザイン戦略総論』（共著、芙蓉書房出版）、『世界遺産の地域価値創造戦略』（共著、芙蓉書房出版）等がある。

鈴木 敦詞（すずき あつし）
担当：第3章、第8章、第9章
りんく考房代表／芝浦工業大学デザイン工学部非常勤講師。
1963年生まれ。多摩大学大学院経営情報学研究科修士課程修了。
著書としては、『温泉ビジネスモデル』（共著、同文館出版）、『海と島のブランドデザイン』（共著、芙蓉書房出版）、『旅行革新戦略―地域デザインとライフデザインによるコンテクスト転換―』（共著、白桃書房）等がある。

河内 俊樹（かわうち としき）
担当：第10章
松山大学経営学部・大学院経営学研究科准教授。
1981年生まれ。明治大学大学院商学研究科博士後期課程単位取得退学。明治大学商学部専任助手、松山大学専任講師を経て現職。その他、(一社)地域デザイン学会理事を務めている。
主な著書としては、『ベーシック流通論』（共著、同文舘出版）、『食文化のスタイルデザイン』（共著、大学教育出版）等がある。

吉澤 靖博（よしざわ やすひろ）

担当：第 14 章

一般社団法人ソーシャルユニバーシティ総合研究所研究所長。

1966 年生まれ。日本大学理工学部卒業、東京理科大学大学院総合科学技術経営研究科修士課程修了。(一社)地域デザイン学会理事。

著書としては、『地域ブランドのコンテクストデザイン』（共著、同文舘出版）、『温泉ビジネスモデル』（共著、同文舘出版）。『海と島のブランドデザイン』（共著、芙蓉書房出版）、『食文化のスタイルデザイン』（共著、大学教育出版）がある。

佐藤 正弘（さとう まさひろ）

担当：第 17 章

西南学院大学商学部准教授。

1975 年生まれ。早稲田大学商学部卒業。明治乳業株式会社（現：株式会社明治）勤務を経て、明治大学大学院商学研究科博士後期課程修了。博士（商学）。西南学院大学商学部専任講師を経て、2009 年 10 月より現職。(一社)地域デザイン学会理事。

著書としては、『就活のための自分マーケティング―戦略的思考で内定を勝ち取る！―』（単著、中央経済社）、『戦略的 SCM ケイパビリティ』（共著、同文舘出版）等がある。

萩原 功（はぎわら いさお）

担当：第 18 章

(株)AStar 総合研究所研究員。

1959 年生まれ。多摩大学大学院経営情報学研究科修士課程修了。流通政策研究所主任研究員等を経て現職。

著書に『調達・物流統合戦略』（共著、同友館）、『無形化する経営』（共著、同友館）等がある。

●監修

一般社団法人地域デザイン学会（理事長　原田保）

　2012年3月の設立。地域振興や地域再生を、産品などのコンテンツからではなく知識や文化を捉えたコンテクストの開発によって実現しようとする学会である。地域デザインを知行合一的に展開することで、インテグレイティッド・スタディーズとしての地域デザイン学の確立を指向している。

2016年7月31日　第1刷発行

アートゾーンデザイン
──地域価値創造戦略──

　　　　監　修　　一般社団法人地域デザイン学会

　　　　　　　　　　原　田　　　　保
　　　　Ⓒ編著者　　板　倉　宏　昭
　　　　　　　　　　佐　藤　茂　幸

　　　　発行者　　　脇　坂　康　弘

発行所　株式会社 同友館

〒113-0033　東京都文京区本郷3-38-1
TEL. 03(3813)3966
FAX. 03(3818)2774
http://www.doyukan.co.jp/

落丁・乱丁はお取り替えいたします。　　　　三美印刷／東京美術紙工
ISBN 978-4-496-05207-1　　　　　　　　　　　Printed in Japan

本書の内容を無断で複写・複製（コピー）、引用することは、特定の場合を除き、著作者・出版者の権利侵害となります。また、代行業者等の第三者に依頼してスキャンやデジタル化することは、いかなる場合も認められておりません。